国家社科规划项目成果（项目编号：14BFX068）
南京航空航天大学中央高校基本科研业务费专项资金资助，
资助编号：No.NR2023019

光明社科文库
GUANGMING DAILY PRESS:
A SOCIAL SCIENCE SERIES

·法律与社会书系·

近代中国证据法学知识体系形成研究

何邦武 | 著

光明日报出版社

图书在版编目（CIP）数据

近代中国证据法学知识体系形成研究 / 何邦武著. ——北京：光明日报出版社，2023.8
ISBN 978-7-5194-7417-1

Ⅰ.①近… Ⅱ.①何… Ⅲ.①证据—法学—研究—中国 Ⅳ.①D925.013

中国国家版本馆 CIP 数据核字（2023）第 158499 号

近代中国证据法学知识体系形成研究
JINDAI ZHONGGUO ZHENGJU FAXUE ZHISHI TIXI XINGCHENG YANJIU

著　　者：何邦武	
责任编辑：杨　娜	责任校对：杨　茹　贾　丹
封面设计：中联华文	责任印制：曹　净

出版发行：光明日报出版社
地　　址：北京市西城区永安路 106 号，100050
电　　话：010-63169890（咨询），010-63131930（邮购）
传　　真：010-63131930
网　　址：http://book.gmw.cn
E - mail：gmrbcbs@gmw.cn
法律顾问：北京市兰台律师事务所龚柳方律师

印　　刷：三河市华东印刷有限公司
装　　订：三河市华东印刷有限公司

本书如有破损、缺页、装订错误，请与本社联系调换，电话：010-63131930

开　　本：170mm×240mm
字　　数：269 千字　　　　　　　印　　张：16.5
版　　次：2024 年 3 月第 1 版　　　印　　次：2024 年 3 月第 1 次印刷
书　　号：ISBN 978-7-5194-7417-1
定　　价：95.00 元

版权所有　　翻印必究

前　言

1979年以来的中国证据法学研究，在繁荣的背后仍然面临着研究方法和知识建构范式的转型问题。因此，反思既有的证据法学知识体系及其基础理论，探索构建新的证据法学知识体系的理论渊源，探寻以新的研究方法与证据知识建构范式，在重新厘定微观层次的证据法律概念和范畴的基础上，构建汉语世界证据法学知识体系，是当下研究者必须面对的课题。在寻求突破的路径上，历史主义的研究方法理应得到同样的重视。因为纵向来看，包括证据法学在内，自清季至民国时期初步形成的法律知识体系，某种意义上已然构成中国法律现代化进程中"一以贯之"的"学统"，其概念演绎、话语表达、法律逻辑运思等知识本身，已成为中国法律现代化的"元叙事"，当下中国法制建设则是百多年前开始的法制现代化的逻辑延伸和有机组成部分，是一种"接着讲"（冯友兰语）。因此，秉持追寻现代中国证据法学知识"元话语"的问题意识，本书拟探究清季至民国期间，证据法学自制度至学说从继承到创新再到其后独立发展的逻辑演进情况。在行文结构上，本书首先梳理了近代证据法学知识演进的一般逻辑，即法律概念的产生、证据立法的演进以及证据法学理的演绎情况；其次，依照近代证据法学知识通行的以证明为中心的一元化知识逻辑，依次梳理了包括证明责任与证明程度在内的证明的一般理论、证据保全的理论、证据方法的理论以及证据调查与辩论的理论等的演进状况。

作为近代证据法学知识的元素，现行汉语法律概念与现行法律制度一样，是近代中西交汇以后，中国对西方法律语汇移植的结果。通过以"自由心证"为中心的考察，可以发现，作为其先在的基本元素的法律概念，在此过程中是在大量吸收外来语词（主要源自日本）或创设新词的基础上形成的。总体而言，近代法律新词发展演变的轨迹，经历了词形上由不固定到固定、意念上由附会到理性、译法上由音译到意译、来源上由英美到日本、内容上由公法到部门法等方面的曲折探索，逐步摆脱了语词对应上的混乱现象，实现了能指与所指的同一。

自清末修律始，近代证据法律知识正式走进立法，由此开启了近代法律知识制度化表达的进程。总体来看，近代大规模的立法经过了清末、北洋政府和南京国民政府三个时期。其中，证据立法循沿制度自身发展的内在逻辑，维系着其制度法理的连续性而不断理性化，没有因其间政权的更迭而受到影响，在与社会、政治相对独立的制度发展空间，近代证据法律知识体系演绎着并在制度层面逐渐成熟。近代证据制度自身逐步完善的内在逻辑即表面的自洽性，离不开其背后日渐丰实的证据法学理论知识的襄助。就证据法学理演进的逻辑而言，近代证据法学知识从萌生到逐渐发达，相继经历了单纯的翻译介绍、法条注释和独立撰述三个阶段。伴随着汉语世界证据法学知识自主表达的完成，其知识体系在汉语世界中初步成熟。这种初步成熟以东吴大学法学院编写的《证据法学》为标志，呈现为以证明为中心的一元化、逻辑体系清晰的知识结构形式。这种体系化的知识逻辑，又从以下几个方面的证据法理中得到夯实。

首先是证明的一般理论，包括证明责任和证明程度。在近代有关证明责任的论述中，有关证明责任的概念相对稳定。各研究著述中，皆以举证责任指称证明责任的全部内涵，尚无时下研究中将证明责任分为举证责任与结果责任的分类。同时，研究者都视举证责任为案件审理的体系化规则，因而，免证事实成为举证责任的题中应有之义。而且，这一时期有关免证事实的论述，在免证内容上基本一致，在免证事实与举证责任的关系上认识也趋于一致，由此反映出有关免证事实理论研究的成熟程度。与此相关的证明程度理论在近代的演进情况同样值得关注。在近代法学知识体系中，证明程度理论为自由心证理论的有机组成部分。无论是松冈义正关于证明程度是对自由心证状态进行描述的论述，还是其后其他关于证明程度的论述，其知识体系遵循的是同样的逻辑结构。对近代证明程度的解读可以为当下证明标准理解的客观化倾向提供一种反思的视角，使当下的理论研究及实践运用能够回到常识性理念，在对该理论绝对化客观主义理念祛魅的同时，为当下证明标准知识体系的构建，贡献新的知识基础。

其次是证据（证明）方法的理论。近代有关证据法学的著述围绕证据

（证明）方法知识体系的，除证据方法的性质、资格、证据力这些核心的知识外，还有诸如证人、鉴定人等的义务、权利等保障证据方法得以顺利提出、实现证明目的等次一级的知识。对此，各家著述在证据方法知识体系的逻辑结构上具有同质性，这反映了当时证据法学理论在证据方法上的某种共识。证据方法知识体系一体化还预示着以证明为中心的一元证据知识体系在证据方法中的贯通。其中，除各种类证据的性质、证据资格等理论外，各种类证据中证据力的评断也是该知识体系中不可分割的一部分，是证据资格、证据提出等合乎逻辑的结果。

再次是证据保全的理论。证据保全理论是近代证据法学理论体系中一个重要的部分，一直受到当时证据法理论研究的重视。根据各家理论来判断，各家有关证据保全的理论有较多的一致性。其中主要的原因：一方面是理论来源的影响，即各家多受来自以松冈义正为代表的大陆法系证据保全法理及同一时期英美法系的证据保全法理的影响；另一方面是来自对当时民事刑事诉讼与证据制度的诠释，因此，表现出较多的一致性并不令人感到诧异。

最后是证据调查与证据辩论的理论。关于证据调查的理论，近代各家证据法学著述中在证据调查上使用的概念不同，且具体内容有差异，对于证据辩论似乎也有明显分歧：一种是著述中没有出现证据辩论的论述，而是将调查与辩论综合论述的，如周荣的《证据法要论》，松冈义正的《民事证据法论》；另有一种即以东吴大学法学院的《证据法学》为典型，视证据辩论为证据整个知识结构中一个独立且重要的部分（四编之末），而将证据调查仍旧作为总则内容的一部分（证之通则）。

近代证据法学知识及其形成历程可予今天的启示是多方面的，一是由于汉语世界法律语言所依存的汉藏语系与现代法律产生和成长的印欧语系之间存在着较大的差异，而且，人类语言与其思维方式之间存在着共生关系，加之不同文明一定程度上存在的"不可通约性"的阻滞给跨文化的法律移植带来的困难，这些因素将使法律语言、概念的冲突与融合长期地存在着，由此，对法律语言、概念的研究将任重而道远。鉴往所以知来，近代证据法学概念语词形成中的诸多方法、翻译者在翻译过程中的心路历程，仍然可以为当下提供一种反思理性。二是在对证据学理的探索中，对两大法系关于证据学理兼容并包的精神。这种兼容并包的学术自觉在清末沈家本、伍廷芳主导的立法中即已显现出来，并成为其后证据法学从制度到学理演进的"底色"。随着近代法学知识的输入从以日本为代表的大陆法系知识传统向英美法系的知识传统转变，证据制度及学理研究发达的英美法系证据知识在传输吸纳中所占比重逐渐增大。尽管由于在早期的法律移植中，受日本的影响，近代中国证据制度及其法理逐渐定格为大陆法系证据法学的知识及逻辑，但事实上，如何糅合两大法系证据制度的学理并使其成为"为我"之学，即所谓"折衷各国大同之良规，兼采近世最新之学说"（沈家本），仍然是今天中国证据法学理论研究中不能回避的命题。三是近代中国证据知识体系是自清末开始的中国法制现代化的应然之果，是中国"新轴心时代"迸发的众多文明成果之一，是汉语世界证据法学知识的"元叙事"，具有先在性。同时，逐渐成长起来的近代中国证据知识体系，作为一种理论类型，在尝试进行本土言说的同时，其语词、概念层累过程的经验，以及与同一时期域外证据法学理论相比，在共相与特质之间，存在怎样的取舍与互融关系，该理论如何实现其在守恒与嬗变之间的均衡，这些难题及由此产生的挑战，同样是当下中国法律文化面临的问题。如果承认近代证据法学知识体系及其中蕴含的证据法理念能够成为一种先在的约束，是应然的证据法理，那么，主流证据理论中所谓的从证据到证明的转型只是一个伪命题，而重拾汉语世界证据法学的研究传统，以近代证据法学知识体系为逻辑起点，构建以证明为中心的一元证据知识体系，即为当下证据法学知识体系建构的必由之路。尽管承认这一命题的真实性，却并不意味着否弃1979年以来证据法学研究成果。

目 录
CONTENTS

绪 论 近代证据法学知识体系研究的意旨、方法与进路 ········· 1

一、导言：近代证据法律知识体系研究的问题意识 ········· 1

二、现行证据法学知识体系及其研究方法的反思 ········· 3

三、近代证据法律知识体系研究：成为一种"权力话语"的可能性 ········· 11

四、近代证据法律知识体系研究的进路 ········· 15

五、结语 ········· 19

第一章 近代证据法学概念的萌生：以"自由心证"为中心的考释 ········· 20

一、导言：研究的对象与方法 ········· 20

二、"新政"以前现代自由心证的传输 ········· 23

三、"新政"前期现代自由心证的初步引入 ········· 28

四、"新政"后期现代自由心证制度的初步构建 ········· 32

五、本章小结 ········· 35

1

第二章　近代证据知识的制度化表达：清季至民国证据制度立法评述 ······ 38

一、清末证据制度立法 ······ 38
二、北洋政府时期的证据立法 ······ 44
三、南京国民政府时期的证据立法 ······ 55
四、本章小结 ······ 62

第三章　近代证据法学知识体系的学理演绎 ······ 63

一、译介：对近代证据法学知识体系的原初认知 ······ 63
二、注释：对近代证据知识体系的初步阐述 ······ 68
三、述说：对近代证据学理的自主表达 ······ 78
四、本章小结 ······ 89

第四章　近代证明责任知识体系的中国式生成述论 ······ 92

一、证明责任概念及相关法理演进 ······ 93
二、免证事实的理论沿革 ······ 99
三、结论与启示 ······ 108

第五章　证明程度在近代的学理演进 ······ 112

一、引言 ······ 112
二、证明程度（标准）概念在近代早期的形式 ······ 113
三、近代后期对证明程度（标准）的认知 ······ 117
四、结论与启示 ······ 123

第六章　近代证据方法学理的沿革评述 ········ 128
一、引言 ········ 128
二、近代证据方法理论概述 ········ 129
三、各种类证据性质与资格 ········ 133
四、各种类证据证明力判定 ········ 148
五、与各种类证据方法相关制度的理论 ········ 165
六、结语 ········ 173

第七章　证据保全制度的学理演进 ········ 174
一、证据保全概述 ········ 174
二、刑事证据保全理论评述 ········ 176
三、民事证据保全理论评述 ········ 180
四、启示与借鉴 ········ 184

第八章　证据调查与辩论的法理评析 ········ 190
一、引言 ········ 190
二、证据调查的基本程序 ········ 191
三、证据辩论的基本内容 ········ 202
四、本章小结 ········ 209

结束语　重撼汉语世界证据法学的研究传统 ········ 211

参考文献 ········ 220

附录一　亲属作证制度在近代中国的演变及启示 ·············· **228**
　　一、导言：问题的提出与研究方法的反思 ················ 228
　　二、亲属拒证制度在中国的早期历程：自清末至民国 ········· 229
　　三、从伦理到法理的蜕变：促成亲属作证制度权利化的内外因素辨析
　　　 ·· 234
　　四、启示："亲属免予强制出庭作证"献疑——基于制度场域的分析
　　　 ·· 240
　　五、结语 ·· 244

附录二　博士后出站报告后记 ································· **246**

跋　何处乡关锁离愁 ·· **248**

绪 论

近代证据法学知识体系研究的意旨、方法与进路

一、导言：近代证据法律知识体系研究的问题意识

1979年以来，伴随着中国法制建设的重新起航，法学研究开始勃兴，三大诉讼法典陆续颁行，证据法学的研究在从业人数、研究成果等方面也都达到历史的峰值，证据法学研究中的对外交流与合作也空前活跃，大量域外证据法学的著述在境内译介并出版发行，不仅出现了一大批高水平的研究者，涌现一大批高质量的研究成果，还因研究领域的拓展和其他学科的加入，使新兴的科技证据的研究也呈兴盛之势，凸显了证据研究的现代性特征。而与不同国家和地区间的学术交流与对话，又使国内学者迅捷地掌握了证据法学研究的世界趋势和前沿动态，以致证据领域中的后现代话语也为中国学者所熟谙。[1] 无可否认，30多年的证据法研究已经取得十分可喜的成就。不过，在取得成就的同时，仍然存在一些缺憾，笔者将在下文中专门就此进行分析。因此，反思当下证据法学的研究方法，质疑其逻辑知识体系，重新厘定微观层次的证据法律概念和范畴，探索构建新的证据法学基础理论，真正实现其知识生产质的增长而非简单的量的扩张，是研究者必须面对的课题。和其他法学领域一样，不少研究学者已经提出重构证据法学知识体系的主张。

在寻求突破的路径上，基于类型学的研究方法，采取横向时空中的"拿来主义"，以"研究问题，输入学理"（胡适语），俨然成为当下研究的"不二法

---

[1] 关于当下证据法学的研究动态可参见中国政法大学证据科学研究院和中国政法大学出版社2007年9月15—16日在北京联合主办的"证据理论与科学"国际研讨会的会议综述：《多学科视野中的证据问题——"证据理论与科学"国际研讨会综述》。

门"，即通过借鉴域外证据法学知识，探索其知识发展的逻辑，以此为基础，反观已身存在的问题，寻求研究出路和努力方向。尽管由于诸多原因，比较的方法在研究中产生了很多负面的效应，但对于行进在现代法治之路且已作为"世界的中国"来说，比较、借鉴似乎是唯一可行的选择。因为这种横向时空的比较，其方法的优越性不言而喻：诸如观念的趋新，话语的天然正当性，以及由此所致的理论、观点的可接受性，等等。

然而，随着研究的深入，令研究者更纠结的问题也随之出现而无法回避：这些构成现时证据法学知识体系的概念、范畴究竟是如何形成的？其原初的意旨是什么？其变化演进的过程又折射出何种法理意蕴？归纳言之，当下中国证据法学知识话语的"根"在何处？能否经由"鉴古"以"观今"，为当下证据法学知识体系的重构找寻一种历史的资源？这些都将成为无法排解的问题意识而萦绕于心。

显然，求解上述问题，必须吁求历史研究的方法，从对近代中国法律移植起始时期相关证据法学历史资料的爬梳与知识的寻绎中获得。尽管与居于主流和中心的类型学比较研究相比，有关法律制度的历史研究，即当下法律制度在"西法东渐"伊始如何渐次建立的情形，则显得"门庭冷落"而呈边缘态势（内中原因，将在下文详为论述），但历史的研究方法仍然成为一种"执拗的低音"（王汎森语）。在目前的证据法学研究中，与整个法学研究方法日渐多元、对象不断扩展以及水平明显提升的宏观情势相一致，研究、整理清末至民国时期证据法学的理论演进、制度嬗变及实践表达，逐渐汇聚成一股新潮，凸显了研究者追寻汉语世界证据法学知识"元叙事"的问题意识，以及希求以史为鉴，为当下的证据法学研究寻求历史支撑的研究初衷。其中，既有基于近代法制变革与法律教育发展的"大历史"而梳理的证据法律语词、法律知识及相关人物介绍；也有对该时段全体或特定地域的司法档案的整理分析所折射的证据法制度与理念渐次变化的描述；还有对该时段证据法学著述的校勘和再版。此外，部分学者在对诉讼法学知识的纵向梳理，尤其是立法档案的整理等中，也对该时段的证据法学知识及其依存的背景做了总结和梳理，这些努力为了解该时段证据法学知识的流变提供了弥足珍贵的素材。①

不过，既有研究、整理在丰富这一时段证据法学研究资料、升华其研究意义的同时，尚存在以下不足：一是除少数学者外，专门以该时段的证据法学为研究对象的著述尚不多见，尤其是作为现代证据法学源头的该时段证据法学学术史的梳理尚未见于现有研究当中；二是与之相关，该时段证据法学知识仅有的整理和研究，多具有附随性特征，尚未成为独立的研究对象，同时，既有的资料整理和研究尚未能从宏观上对该时段前后时期证据制度、理论及司法实践之间存在怎样的内在发展的逻辑，以及因此而走向内在超越之路关注不足；三是既有的研究虽然奠定了基础、开拓了疆域，但尚未形成系统化的研究，对该时段证据法的理念、制度与实践的互动情形作为一种知识体系的整体研究尚待开掘。

有鉴于此，笔者将由本书所设定的问题意识出发，在分析当下中国证据法学知识体系及其研究方法存在问题的基础上，以反思性视角，探索清季至民国时期证据法学知识体系自制度、语词至学说从萌芽到继承再到创新并独立发展的逻辑演进情况，探究证据法学知识体系在此间渐趋成熟的内在理路，在对该时段证据法学知识体系的"形塑"中，为当下证据法学知识体系的建构提供一个历史性的"他者"。

二、现行证据法学知识体系及其研究方法的反思

首先，支撑当下证据法学的基础理论存在着先天缺陷。有研究者在论及1979年以后证据法学的研究状况时曾经指出，证据法学研究中的许多思想和观念还是在资料匮乏、视角单一的历史条件下"独创"出来的，而且，这些思想和概念还成为我们无法抛弃的认识前提和知识基础。② 虽然此话本身仍不无商

---

① 有关清季至民国证据法学知识的研究，笔者目前搜集到的较具影响力的著述主要有：黄源盛《民国初期近代刑事诉讼的生成与开展：大理院关于刑事诉讼程序判决笺释（1912—1914）》；王健《沟通两个世界的法律意义：晚清西方法的输入与法律新词初探》；俞江《近代中国的法律与学术》；李贵连《近代中国法制与法学》；何勤华《民国法学论文精萃·诉讼法律篇》；陈刚《中国民事诉讼法制百年进程》（清末及民国各卷）；蒋铁初《中国近代证据制度研究》；吴丹红《面对中国的证据法学》.
② 沈德咏，宋随军．刑事证据制度与理论：总序一［M］．北京：法律出版社，2002：2.

权之处，因为所谓的资料匮乏只是由于特定历史政治格局产生的学术研究中断、隔绝的外部人为因素所致，但是，由于1949年对伪法统的废除，原有的法律知识传统走向边缘，加上1979年前近30年间造成的与外部世界隔绝的状态，的确使1979年以后的法学重建中理论资源极度稀缺，形成了中国证据法学中的特殊镜像。

一是，证据制度完全植根于认识论，价值论没有得到应有的重视。固然，"所有的证据规则（除了免证特权规则）都指向同一个目的：案件真相。所有的证据规则（除了免证特权规则）的设置都是帮助事实审理者发现案件真相"①。但是，发现真实并非证据规则的唯一目标，证据的使用不仅仅是一种以恢复过去发生的事实真相为目标的认识活动，而且包含着一种程序道德价值目标的选择和实现过程。尽管发现事实真相的途径多种多样，但裁判者只能按照某种符合特定价值观念的特定途径揭示案件事实，绝不能为达到目的而不择手段，或者为发现事实真相而不考虑任何代价。因此，有学者断言："现代证据法学的核心问题应当是发现事实真实的方式和手段的正当性问题，因此它必须建立在程序正义理论的基础上。"②然而，在中国主流证据法学理论中，学者曾经十分重视实体正义，强调证据的真实发现功能，认为"我国证据制度要解决的核心问题是如何保证司法人员能够正确认识案件事实，亦即如何保证其主观符合客观"，提出"要忠于事实真相……务必查明起初情况，还事实的本来面目"③。经由一些学者的努力，价值论也应成为证据制度的理论基础的观念逐步深入人心，并在刑事和民事诉讼法有关证据的修改中得到体现，如非法证据排除的规定、举证时效制度等。不过，理论的转型和观念的转变远非一日之功，尤其在素有重实体、轻程序传统的我国社会，当支撑整个证据的理论体系没有根本性转型前，可以想见，过去证据理论中注重发现真实的理念，影响将是久远的。

二是，受国家至上理念的影响，证据法的设定以一切从国家利益出发为原

---

① FENNER G M. The Hearsay Rule [M]. Carolina: Carolina Academic Press, 2003: 5.
② 陈瑞华. 刑事诉讼的前沿问题 [M]. 北京：中国人民大学出版社, 2000: 217.
③ 陈一云. 证据学 [M]. 北京：中国人民大学出版社, 2000: 95；常怡. 民事诉讼法学新论 [M]. 北京：中国政法大学出版社, 1989: 71；类似观点可见于：廖永安. 民事证据法学的认识论与价值论基础 [M]. 北京：中国社会科学出版社, 2009.

则，个人及社会的空间受到挤压，权利被限缩。施行中的《刑事诉讼法》和《民事诉讼法》关于证人作证都规定：凡是知道案件情况的人（单位或个人），都有作证的义务。没有设置免于作证例外。本来，拒证特权及作证豁免制度，是现代证据制度中涉及亲属、职业等现代社会多方面关系的系统性制度规定，为现代证据制度中的常识、常理和常情。然而，两部法律全然没有考虑到证人作证中，在涉及自身、亲属、特定社会关系时，究当如何协调个人、社会与国家的利益，规定得相当简陋。这种证人无限作证义务在《刑事诉讼法修正案（草案）》中已得到一定程度的纠正，但遗憾的是，此次修改尚无职业拒证特权的规定，突出如律师的拒证特权，反而可以看到在律师与当事人之间规定中左支右绌的矛盾心态，显现了修改理念在传统与现代之间艰难徘徊的纠结。而《民事诉讼法修正案（草案）》则在此条的规定上，一如既往，没有进行修改。笔者揣度，除当初立法时知识准备不足外，还有国家至上的理念潜存于立法人员心里，成为一种集体无意识并影响至当下的一个十分重要的原因。此外，在刑事证据立法中，其话语表述还带有有罪推定的色彩。《刑事诉讼法》第50条关于八种证据的规定中，将"犯罪嫌疑人、被告人供述和辩解"列为一种，置身于中国的法律语境，不难看出其"供述和辩解"中潜在的有罪预设。这不仅表明尚缺乏证据本应具有的独立、中立的品性，也反映了在国家和个人对立的两极中，国家及其权力优先而个人及其权利尚处于从属地位的情形。

三是，意识形态话语解释法律的格式化思维模式仍然存在。这使得即便是苏联的法律知识传统也未能得到很好的继受，甚至在某些方面表现出一种反智的倾向。[①] 这集中体现在作为现代证据制度核心的自由心证理论的命运遭际上。自清末以迄民国，自由心证都作为继受的法律制度规定于法典中。在苏联和东欧国家的法律中，自由心证也仍然是其证明理论的根基，"内心确信"原则仍然在"苏维埃法律中占支配地位"，只是用"社会主义法律意识"替代了

---

① 江平先生的一些回忆可以帮助我们想象当时法律学习中的这种反智倾向，参见江平. 法律的继受性不容否定 [EB/OL]. 法治网，2011-04-06. 这种反智的倾向还表现在对待1949年前的旧法律人的态度上。具体可参见陈夏红. 百年中国法律人剪影 [M]. 北京：中国法制出版社，2006. 另外，纪坡民对伪法统废除的前因后果也有过分析，参见纪坡民. 《六法全书》废除前后 [N]. 南方周末，2003-03-20.

大陆法系的"良心"和"理性"。① 例如，苏俄民事诉讼法典第56条"证据的判断"中规定："法院依照法律和社会主义法律意识，并根据在法庭上全面、充分和客观地综合审查一切案情的基础上所形成的内心确信，对证据进行判断。任何证据对法院都没有先决效力。"但在中国却被斥之为资产阶级主观唯心主义的理论而遭摈弃，代之以辩证唯物主义实事求是的认识理论，并以客观真实为证明标准。② 按照权威的解释，辩证唯物主义认识论包含3个基本的理论要素：可知论，实践是检验真理的唯一标准和追求客观真实。但问题在于：将普遍意义的认识方法作为证据制度原则，不能体现司法证明活动的独特个性。并且，这种理论以主客二元对立的认知模式为基础，坚信认识主体之外存在一个"客观真实"的世界，坚持认为，从理论上来说，一切客体都具有可知性，通过人的主观努力能够认识这一客观世界，可以达到"绝对的真实（绝对真理）"，认为知识是外部世界的摹写，知识的正确性就在于与外部世界的符合。这种认识理论存在着罗蒂所说的把人心看作"自然之镜"的隐喻，即"心灵是一面巨大的镜子，它包含种种表象，并能够用纯粹的非经验方法进行研究工作"。③ 因缺乏可操作性，加之所谓客观真实的理想化诉求，在实践中，这种证明理论或者束缚法官的心证自由，形成以口供印证其他证据的"印证"证明模式，产生诸多负面效应；或者逆向形成实践中的"超自由心证主义"，使心证在事实上无约束。在另外一种修正的并以之与前者对立的"法律真实"观中，人们认为证明的目的是客观真实，而标准是融主观性、客观性与法律性为一体的法律真实，但这种法律真实观仍然与前者一样，坚

---

① 张建伟. 证据法要义［M］. 北京：北京大学出版社，2009：388.
② 陈光中. 刑事诉讼法学［M］. 北京：中国政法大学出版社，1990：153；沈德咏. 刑事证据制度与理论［M］. 北京：法律出版社，2002：188.
③ 罗蒂. 哲学和自然之镜［M］. 李幼蒸，译. 北京：商务印书馆，2003：2. 又，据哲学界的研究，马克思的主体理论及属性是对传统主体理论的颠覆，因而主体与客体并非处于二元对立的状态，二者统一于实践，如此，中国马克思主义认识理论求解的出路则在向经典马克思理论回归。但依笔者所见，如该学者所言，马克思的理论是一种社会行动理论，认识论不是其理论的兴趣所在，那么，解决诸如证据理论中的纯粹认识论问题似有另辟蹊径的必要。即使循依旧的理论，也有一个重新认识"认识"的问题，而并非当下的理论。参见张汝伦. 良知与理论［M］. 桂林：广西师范大学出版社，2003：1.

持真理的客观性和认识的至上性（可知论），同样滑入认识论中主观与客观对立的二元论，无法触及我国证明标准问题的本质，即心证究竟是如何形成的实质，没有正视证明标准的主观性，"不能为证明标准、证据规则提供正当性"[①]。

其次，证据知识体系的构建仍然处在探索阶段。1989年，以裴苍龄教授出版的《证据法学新论》为标志，中国证据法学知识体系开始形成"证据""证明"二分的知识表达格局，该知识格局自此成为主流，在此后的民事、刑事诉讼法教材及各类证据法学教材中相沿不绝。与此前出版的证据法学教材相比，其创新的知识体例给人以耳目一新的感觉，作者自己也以创新自期，"根据证据、证据实践各个部分的客观联系，必须创立我国证据法学的新的学科体系"[②]。联系到裴先生"向传统观念挑战"的学术个性，我们不难窥见其语不惊人不肯休的学术勇气，也不能否认，由于秉继大陆法系传统，一向不太重视证据资格及其搜集调查程序的中国，这种二分的知识体系在学术界和司法实践部门所产生的积极影响。裴书的出版表明，随着证据理论研究的深入，学术研究的自觉和独立意识促使证据法学研究者开始进行构建自己的证据法学知识体系的尝试。

证据与证明二分的知识体系的理论基础，根据裴苍龄先生的论述，是在与形式证据观相对的实质证据观确立后形成的。所谓实质证据观，是指从实质上理解和把握证据，即把客观存在的或者客观上已经发生过的，同待证事实相关联的事实视为证据。事实构成证据的条件是：事后能认识或事中已认识且与待证事实之间存在客观联系。实质证据观的确立，使证据和证据材料、证据力和证明力的界限、实质效力和形式效力、证据和证明、客观和主观等等的区分成为可能，也因此使证据中的一切问题迎刃而解。证据同证明的界限是证据学的最终界限。证据是指客观存在的，或者客观上真实发生过的，同案件事实或其他待证事实相关联的事实。证明则是人凭借自己的亲闻

---

① 王敏远. 公法：第4卷 [C]. 北京：法律出版社，2003：172. 关于客观真实和法律真实的论争，还可参见王敏远，等. "证据法的基础理论"笔谈 [J]. 法学研究，2004 (6)：106-127. 此外，陈光中、李浩等学者在相关论述中也有讨论。

② 裴苍龄. 证据法学新论 [M]. 北京：法律出版社，1989：3-5.

亲见，或者通过发现证据、认识证据、掌握证据、运用证据，直接或间接认定案件事实或其他待证事实的活动。证据是证明的客观依据，证明是人运用证据的过程和结果。证据属于客观范畴，证明属于主观范畴。划清证据同证明的界限，本质上就是划清客观与主观的界限。由此可以看出，证据学中有两重世界：一为客观世界；二为主观世界。两重世界有两块奠基石：一块是"证据"；另一块是"证明"。"证据"和"证明"，就是证据学的两块奠基石。以此为基础，就可以建造证据学真正的科学殿堂，使得证据学既可以远离唯心主义，又可以建基于辩证唯物主义之上，并因此而获得自身发展最正确的方向。据此，裴先生自信地指出：从实质证据观开始的这场大革命，以不可阻挡之势，浩浩荡荡向纵深发展，其影响波及证据学的一切角落。在短短十多年的时间里，这场大革命冲破了形式主义的一切羁绊，清除了历史沉积下来的污泥浊水，重新打造出了证据学的新天地。裴先生还具体论述了这场"革命"的详细内容。①

不过，值得反思的是，这种证据与证明二分的知识体系，就其实际理论效果而言，正如有研究者所说，使"证据"与"证明"被人为地割裂开来，"一方面，在有关证据的研究中，证据被置于证明活动之外，成了一种纯客观的、静态的、已经确定无疑的东西，忽视了证明活动中证据的主观性、动态性、多变性。另一方面，在有关证明的研究中，证明成了单纯的分析、归纳、推理、判断活动，忽视了证明活动受制于诉讼法定程序的典型特征，诉讼证明几乎被等同于纯粹的认识活动而失去其规范属性"②。显然，该知识体系划分的本意是为了使有关证据的知识简单明了，但结果却有违初衷，只能使原来的知识体系更加凌乱，不符合"奥卡姆的剃刀"的简单有效原理，其理论的创新和实践价值令人怀疑。

该知识体系在理论中的另一消极影响是，有研究者以证据与证明对极理论为研究的出发点，梳理英美法系的证据法学的研究历史，认定其研究已发生了从证据到证明的蜕变，并超越时空，将1979年以来中国证据法学研究发展的路径，通过简单的比附，也归纳为由证据与证明并重到向以证明为中心的转

---

① 裴苍龄. 证据学的大革命：再论实质证据观 [J]. 法律科学, 2010 (3): 87-97.
② 沈德咏, 宋随军. 刑事证据制度与理论·总序一 [M]. 北京：法律出版社, 2002: 3.

移。这种研究罔顾证据仅为证明的种概念且是证明的手段或方法,即在证据法中,证据从来就是证明中的证据,"运用证据以证明事实"始终是证据法的核心,从而错误地将证据法学研究描述为从证据到证明的发展逻辑,读来让人错愕。而对中国证据法学研究发展的简单比附,还有忽视或者悬隔其知识渊源差异后的误读。①

不仅如此,该知识体系划分的依据也存在疑问,难以成立。根据裴先生的描述,将证据与证明作为两个不同的范畴对举,是因为证据和证明分属于客观和主观的二重世界。如果将着重从形式层面(即证据学)研究证明的逻辑学定名为"形式逻辑",那么,着重从实质层面研究证明(即证明学)的证据学,就应当定名为"实质逻辑"。二者在不同的层次展开运思,判然有别。然而,且不论所谓的主观与客观二分的方法有违作为其理论基础的辩证唯物主义哲学实践性(即主观客观统一于实践)的原则,即使在裴先生自己的论述中,我们也已无法区分所谓的客观与主观世界,更无法将证据与证明分置于不同的层次按不同的逻辑进行运用。

一方面,裴先生的实质证据观即客观真实本身是人的认识状态的描述而非证据的客观呈现。裴先生关于实质证据观的定义及其二重属性的说明,是穿透证据表象,深入证据与其他事物的内在关联,方能体认和感知的,无法排除从客观进入主观的过程中如裴先生所说的主观性。

另一方面,裴先生的证明构成理论中,又堂而皇之地将客观因素作为三要素之一。裴先生认为,证明必须有主体,必须有客体,还必须有人的认识活动,即证明活动。主体、客体、证明活动,这就是证明的3个构成要素,可称之为"小三要素"。而"证明的构成"是指证明的整体,它包括证明中的主观、客观两重世界,因而可称之为"大三要素"。如此论述让人一头雾水,不知道这里的客观究当何指。而裴先生所谓的证明力由证据力产生,为证据力制约,受证据力检验。因此,证明力必须与证据力相统一。让人读罢更加对区分

---

① 封利强. 从"证据法学"走向"证明法学"——证据法学研究的基本趋势[J]. 西部法学评论, 2008 (6): 36-41.

证据与证明感到无所适从。①

与整个法律乃至人文社科领域一致,当下的证据法学研究,由于受到各种人文社科思潮,尤其是域外思潮的影响,在其知识体系的构建过程中,也与多元文化和相互冲突的价值迎面接触。前文所说的一些学者对证据知识体系建构的后现代性思考,即是这种碰撞下的反应。持平而论,诸种后现代法学理论尽管"乱烘烘你方唱罢我登场",但在其对现代法治本质主义的质疑、解构中,其独特的视角、运思方式及后学知识本身都可以为现代法治理论和方法提供"他者",从而省察自身,促进自身的完善。然而,变换的时空环境,对后现代法学理论不加辨认的急切拥抱,并以之寻找所谓的"法治本土资源",常常使中国在各种后现代法学理论的引入中出现"南橘北枳"的结局。类此情形在各种证据理论中杂沓纷呈:对司法可能产生专制的警惕,成为中国导入所谓司法民主以限制司法权的行使,干预法官证据调查和心证形成的理论利器;英美法系成熟的证据规则及完善的对抗制庭审环境下放宽传闻证据适用的理论,成为中国可以不引入传闻规则的借口;等等。在上述现象中,有些属于纯粹的理论反思,有些则是现代法治国家制度运行中的新调整,但都有些后现代的意蕴,

---

① 事实上,对这种二分的知识体系,早在20世纪90年代,就已有学者提出质疑:"传统的观点认为,证据制度是个属概念,证明制度是个种概念,证明制度是证据制度的当然内容",是一种本末倒置的理论体系。他们认为,证据是诉讼证明的基本要素,证据的价值是在证明过程中体现并最终实现的,而且,证据是一种静态事物,而证明是一种动态过程,因此,作为一种理论体系,证明制度更能反映事物的本质。(参见肖胜喜.刑事诉讼证明论[M].北京:中国政法大学出版社,1994:3.)该学者的论点已切中证据与证明二分知识体系的弊端,触及证据知识体系的本初状态。而近年来有关以证明为中心,将证据作为证明的手段的证据知识体系的构建,与上述反思在理论演绎上具有一致性,可视为对两大法系关于证据的既有知识体系的回归。这已体现在卞建林教授的《刑事证明理论》中。但遗憾的是,由于缺乏进一步的研究和论证且因受固有知识体系的影响,这一观点仍未能成为证据法学理论的主流。而且,将证据与证明视为两个对极的理论,已成为主流证据学研究当然的证据理论,即便是指出证据与证明知识二分存在缺陷的沈德咏,在其主编的《刑事证据制度与理论》中,仍然沿用这一体例。从目前的情况来看,将证据与证明二分似已习焉不察。另外,也有学者进行了另外一些尝试,参见易延友《证据法的体系与精神:以英美法为特别参照》,以及易延友《证据法学的理论基础——以裁判事实的可接受性为中心》。

以法治的发达为前提。①

此外，由于证据法学的跨学科发展趋势，证据法学知识体系是否应该包括证据学的知识，还存在争论。②而如果深入到证据知识体系内部，一些微观层次的证据法律概念和范畴也尚待澄清。例如：关于证据的属性问题，如何确立证据的属性，通说的"三性说"有无阙陋？在国际学术交往的背景下，是否需要重新界定证据的属性并使之与英美证据法中的"相关性"和"可采性"或者大陆法系的证据能力相融通？关于证明标准的概念内涵及其属性问题，学界争论不休的关于证明标准这一概念起源于何时？通过何种方式可以找到更加令人信服的论证？关于案件事实、证明对象、推定和司法认知等等，其内涵与外延如何界定，以及证据种类如何划分，等等，迄今仍无定论，都是尚待继续探究的问题。

归纳言之，1979年以来的证据法学研究，虽然有对两大法系证据法学理论的借鉴，但由于迄今为止主流学界对前述所谓"革命性变革"的证据法学知识体系的肯认，新知识的加入并没有催生证据法学知识体系质的变化，如张灏先生所说，在既有传统内的而非突破性的知识转型，证据法学研究因之仍在回归途中艰难跋涉。

三、近代证据法律知识体系研究：成为一种"权力话语"的可能性

晚清以降，中西交汇，面对东西方文明之间的巨大势差，迫于"五洲列国，变法者兴，因循者殆"（李鸿章语）的社会情势，清王朝终于迈动了"模范列强"的步履，蹒跚于以西洋文明为摹本的现代化之路上，古老的中华帝国从此沦入数千年未有之大变局当中。在法律制度的变更上，1901年，历庚子、

---

① 适当刑讯的观点源自孙长永教授2005年在重庆主持的"侦查取证与人权保障"的研讨会，笔者有幸忝列其间，得以一识部分与会者的观点（此次会议论文后来结集为孙长永主编的《现代侦查取证程序》）。关于传闻证据是否需要引入的争论可参见何邦武. 刑事传闻规则研究[M]. 北京：法律出版社，2009：233页以下.
② 陈瑞华. 从"证据学"走向"证据法学"——兼论刑事证据法的体系和功能[J]. 法商研究，2006（3）：83-93；易延友. 证据学是一门法学吗——以研究对象为中心的考察[J]. 政法论坛，2005（3）：35-51；吴丹红，易延友. 面对中国的证据法学[J]. 政法论坛，2006（2）：105-118.

辛丑之变，惊魂甫定的慈禧太后正式宣布实行"新政"，准备修订法律，实施"预备立宪"，以西方的法典模式改造传统的法律体系，中华法系自此走上不归之路。

由于中日两国原系"同文之邦"，且"风土人情，与我相近，取资较易"，具有文化、语言沟通上的便利，甲午战后，近代中国仿行西法的变革转而取道日本，法政学堂的课程设置、教材、师资无不深受日本影响，现代法律知识曾经经由中国传至日本的传播路径由此发生逆转，① 出现了董康氏所谓的"近十年效法日本之说盈于耳，游历日本之人接于途"的特殊镜像。经由冈田朝太郎、松冈义正、志田甲太郎等日籍法科人士的努力，短短五六年时间，清朝刑事法、民商法、诉讼法等一批新式法典相继出炉。由此开始直到民国初年，新式的法律概念、术语和名词纷纷涌现于中土，以法政学堂命名、专以法律课业为务的法科学校蜂起，时人对学习法律以谋求法律职业趋之若鹜，社会风习几与同时代日本崇尚的"法科万能"相符，颇有"乱花渐欲迷人眼"之势。尽管后人在总结反思此一时期狂热浮滥的法学教育中不无讥诮，② 并因1911年辛亥革命而发生了王朝更迭的政制丕变，但其于新的法律知识体系的建立功不可没。而且，1912年以后，这一法律知识体系在变化的时局中仍相沿不替，并逐渐走向成熟。尽管在政局的跌宕起伏中，中国现代法治建设受到军阀割据、党人内讧、外族入侵等因素的干扰，但仍然从法律制度到法律实践，从法学教育

---

① 故宫博物院明清档案部编. 清末筹备立宪档案史料 [M]. 上海：中华书局，1979：265. 正是由于中日两国之间特殊的历史文化关系，晚清的同光新政、戊戌新政和1901年—1905年的新政都以日本为取法对象。有关介绍可参见罗华庆. 清末立宪何以仿效明治宪法 [J]. 北方论丛，1991（3）；侯欣一. 清末法制变革中的日本影响：以直隶为中心的考察 [J]. 法制与社会发展，2004（5）. 清末新政取法日本，还与清末五大臣出洋考察有直接关系：1905 年，清廷令五大臣分赴德、日、英、美、法考察，结果发现美国"纯任民权，与中国政体本属不能强同"，英国法律又"条理烦琐"，难以把握，但对德国和日本推崇备至（参见故宫博物院明清档案部. 清末筹备立宪档案史料 [M]. 北京：中华书局，1979：7 页以下.）。但是不应忽视的是，中国曾经在包括法律在内的西学的引入中为日本提供了便捷的途径和知识源头，只是由于甲午战后，中国失势，才使这段历史被遮蔽，并在客观上造成对此前引入的西学的放弃。参见王健. 沟通两个世界的法律意义：晚清西方法的输入与法律新词初探 [M]. 北京：中国政法大学出版社，2001：218 页以下.

② 方流芳. 中国法律教育之路·中国法学教育观察 [M]. 北京：中国政法大学出版社，1997：3 页以下.

到法学研究,在各领域曲折而全面地展开探索。逮至1948年,几经修缮,以大陆法系的"六法"体系为标示的国民政府法律制度和法学知识体系初步奠立。

1949年,中国政局再变,作为原国民政府时期的"六法"因被宣布为伪法统而见弃,法律转以苏联为宗,在对民国"六法"的彻底否弃中,一种以阶级性为特征的苏化法律知识体系渐次确立。① 然而,1979年以后,经历一场又一场的政治运动,人们重新认识到"治道运行,皆有法式"的重要性,提出了"有法可依,有法必依,执法必严,违法必究"(邓小平语)的法制建设目标。2004年,更是在《宪法》中明确提出"依法治国,建设社会主义法治国家"的目标。随着各领域对外交往的扩大,以及香港、澳门的回归和中国陆续加入各类国际及地区性组织,学习、认识他国法律成为一种外部强制和内在需求,两大法系的法律制度及相关的知识和理论重又成为当下法制建设的参照系。法学教育和研究中,为求得话语正当,甚至出现了言必称英美、欧陆的局面,以致学界开始对这种研究范式进行反思乃至批评。尽管如此,共享两大法系的知识话语体系,并以此开展多元法律文化价值观下的学术交流和制度对话,已经成为法学界的共识。

纵向来看,自清季至民国时期初步形成的法学知识体系,某种意义上已然构成中国法律现代化进程中"一以贯之"的"学统",其概念演绎、话语表达、法律逻辑推演等知识本身,已成为中国法律现代化的"元叙事",当下法制建设则是百多年前开始的法制现代化的逻辑延伸和有机组成部分,是一种"接着讲"(冯友兰语)。这并非在捍卫一种"宏大叙事"的历史发展逻辑,而只是为了说明学术演进和知识传承中固有的内在理路。另外,这种"元叙事"地位的获得,还与其根柢的纯正有极大的关系。当中华法系绝续之时,法学知识体系完全依赖外来法律知识而新创,而担当这一新创使命者,多从域外留学

---

① 1949至1979年间,中国的法律制度及法律思想的发展情况较为复杂,由于持续不断的政治运动,事实上在这30年中,有很长时间连苏联的法律制度及思想也没能得到很好的继受,20世纪五六十年代甚至连一本法律研究的专著也没有出现,以致1957年之后以改造旧有的法律教育的政法教育也失去了法学教育的性质,表现为制度和生活中的法律虚无主义。有关这一时期的法学教育及法律建设情况,可参见方流芳先生前揭文,以及江平、徐显明、孙国华、韩大元等学者的访谈、相关文章,此类文献较多,恕不一一列明。

归来,他们既亲沐了近代法治文明,又极注重会通中西基础上的"本土化"。其中,不少留学者师从当时法学名家,或者如吴经熊、杨兆龙等法律学人等,与他们直接交流对话,使国内的法学研究得以迅捷进入较高的学术交流平台。①

不仅上述赓续的内在逻辑使其对当下中国证据法学知识体系的构建具有应然的话语权,具有"故为今用"的该当性;而且,如果回到作为现代证据法学知识原点的清季至民国②,梳理从汪有龄口译、熊元襄编辑的京师法律学堂笔记,张知本翻译的日本人松冈义正的《民事证据论》,到1937年周荣著述的《证据法要论》,再到1948年东吴大学法学院编著出版的《证据法学论》,其间的证据法学知识演进逻辑,经历了从早期的"翻译型知识及话语"到后来的"自主型知识话语"体系,探寻蕴藉其中而又关乎现实的证据法学知识根本的问题,这些无疑富有启发性。

福柯认为,知识不是一种纯粹思辨的东西,而是权力关系的产物,权力产生出知识,权力和知识直接地相互包含。不存在任何没有相关知识领域之构造的权力关系,也不存在任何不同时以权力关系为先决条件并构造出权力关系的知识。这种权力是以社会机构来表现一种真理,而将自己的目的施加于社会的方式,是一种贯穿整个社会的"能量流"。③ 在话语秩序的形成中,这种作为"能量流"的权力又分别表现为外部控制因素、内部控制因素以及话语适用中的条件因素,并结合在一起,编织成稠密的网络,综合地产生作用,对话语进

---

① 这方面的例子非常多,如国学大师王国维对矶谷幸次郎《法学通论》的翻译,就十分注重中日文化的不同背景而拿捏出合适的中文词。有关资料还可参见俞江. 近代中国的法律与学术:清末至民国法学家人名简录［M］. 北京:北京大学出版社,2008.
② 由于民国法律创制与清季修律之间的继承关系,本书将一并梳理清季证据法的知识和思想。
③ 随着知识的研究方法由考古学向系谱学的转换,福氏将权力作为一种肯定性力量而不是作为一种纯粹的否定性力量进行了重新阐释,权力不再被理解为通过作用于身体上面的物质后果,以一种单向的方式来运作,而是被描述为一种"对抗性的斗争",这种"对抗性的斗争"发生于"自由的个人"之间。这使得福氏可以比"支配的无穷作用"更为复杂的方式来解释社会规则的体系。(参见路易丝·麦克尼. 福柯［M］. 贾湜,译. 哈尔滨:黑龙江人民出版社,1999:89页以下.)

行稳固的控制。① 福氏理论向以多变著称且受颇多争议,尽管如此,其话语秩序的形成理论,的确在一定程度上揭示了知识话语形成中的制约因素和特点。

以福氏关于权力与话语关系理论为观照,在对清季至民国时期证据法学知识体系形成的纵向梳理中,不难发现,由清季开始的现代证据法学知识体系话语,其中权力与知识相互涵摄,不仅在其自身形成过程中成为一种控制话语秩序的能量流,而且还以潜在或显在的形式,影响着其后的证据法学话语体系,成为一种实实在在的"在场者"。亦即,原生态的证据法学话语体系的"先在"意义规范、制约着话语的主体,这种"话语秩序"并非只是语言的秩序或者表象的秩序,它还是一种结构原则,这种结构原则支配了信仰、实践以及"词语和事物"。话语的自主性和有限性,使知识主体的处境、功能和认知能力,事实上都是由规则所决定,这些规则超越了先验意识的范围。②

四、近代证据法律知识体系研究的进路

"一切历史都是当代史。"意大利历史学家克罗齐的这句话已经成为评论历史学的经典之语,但却经常被误读,以为克氏是在为历史实用主义张目,似乎

---

① 外部控制即话语由"排除程序"(procedures of exclusion)控制,通过禁忌、区分和拒绝以及真伪之间的对立或曰真理意志而完成。内部控制属于话语的自行控制,是一系列的内部提纯程序,包括通过评注(commentary)而建立文本的等级制度、通过同一性建立的作者原则,以及将话语的生产和意义的流通保持在狭窄的范围内的学科原则,从而在话语的过程中起着分类、排序和分配的作用,以防止和控制话语的偶然性。话语适用条件的控制意欲通过对说话主体的提纯或限定来实现话语的控制,主要方式有话语仪规(ritual)、话语社团(the societies of discourse)原则、信条(doctrine)原则和话语的社会性占有。总体而言,外部控制程序要限制的是权力的力量,内部控制程序控制话语的偶然性,而对话语主体进行控制的程序则着重于话语的应用条件,对话语主体进行相应的规范。与这种话语的控制相对应,福氏还提出了反向原则(a principle of reversal)、断裂性原则(a principle of discontinuity)、特殊性原则(a principle of specificity)以及外在性原则(a principle of exteriority)等话语反控制的策略,这些可以消解、抵抗或反抗话语的控制,并借此识别权力话语在历史语境中的"本相"。(参见路易丝·麦克尼.福柯[M].贾湜,译.哈尔滨:黑龙江人民出版社,1999:90页以下;刘晗.福柯话语理论中的控制与反控制[J].兰州学刊,2010(4):204-208.)

② 参见路易丝·麦克尼.福柯[M].贾湜,译.哈尔滨:黑龙江人民出版社,1999:51页以下;福柯.知识考古学[M].谢强,马月,译.北京:生活·读书·新知三联书店,2003:83.

20世纪60、70年代流行于中国且沦为政治斗争手段的"映射史学"也有其理论鼻祖。然而事实上,克氏想要表达的是,历史固然一方面构成我们当下精神生活的一部分,绝不是死去了的过去,每一种历史的叙述都不过是叙述者自身根据当下兴趣而对历史所作的重新阐述和解释。另一方面,克氏还表达了这样的思想,即历史应以当前的现实生活作为其参照系,过去只有和当前的视域相重合的时候,才为人所理解。面对史料时,历史研究者不是被动接受、考订和阐释史料,而是发挥其主动性和创造力。显然,历史研究与研究的主体有莫大的关系,其"思考的问题和思索的方式,解释的话语和实现的途径,一代又一代地重复、变化、循环、更新,有了时间和空间,于是就有了历史"①。在克氏影响下,柯林伍德则将历史与哲学结合在一起,做出一切历史都是思想史的论断,认为"历史的知识是关于心灵在过去曾经做过什么事的知识,同时它也是在重做这件事,过去的永存性就活动在现在之中"②。

如果相对于过去发生的"事件",所有以事件为对象的历史在本质上都是一种解释行为,那么,这种历史解释是否会导致解释中的相对主义,或者出现如后现代历史学所主张的"历史在本质上是一种语言的阐释,它不能不带有一切语言构成物所共有的虚构性"③ 的恣意,以致历史与文学之间的藩篱不再?甚至,在历史的书写中,"由于意识形态的压力、价值观与感情的好恶、思路与方法的偏好、时势与政治的需要、历史史料的缺失和残存的偶然性,虽然都无关'过去'的事实,却都会影响'历史'的叙述,不在场的阴影始终笼罩着在场的书写者,所以'过去'与'历史'的裂隙越来越大",以致如前文所述的"权力"构成知识(福柯语),这一问题又如何解决?④ 这些是历史研究常常面临的难题,但从经典的诠释学理论和对后现代历史学批评性回应的观点来看,这样的担心虽具有质疑的意义,却并不具备颠覆的功能。

一方面,历史研究中的解释虽然是基于解释者的"前见",即解释者在现实生活中所获得的世界经验对所处历史传统的认识,并在此基础上形成其思想

---

① 葛兆光. 思想史的写法:中国思想史导论 [M]. 上海:复旦大学出版社,2004:2.
② R.G. 柯林伍德. 历史的观念 [M]. 何兆武,译. 北京:中国社会科学出版社,1986:247.
③ 盛宁. 人文困惑与反思:西方后现代主义思潮评判 [M]. 北京:生活·读书·新知三联书店,1997:166.
④ 葛兆光. 思想史的写法:中国思想史导论 [M]. 上海:复旦大学出版社,2004:175.

观点或价值方向；但解释者必须与文本作者对文本意义的预期表达这一"视界"的"融合"，才能促进文本新的意义的产生。同时，文本新意义不断生成的重要方法是"解释学的循环"，即解释是在文本内部的整体与部分，文本与语境之间的整体与部分，以及当代语境与文本历史之间的整体与部分的循环。纵使"前见"亦来自传统本身，是一种"客观的前见"。① 另外，由于语言的先在约束，外部的制约内化为技术性的控制手段，内在的气质则成为外在社会力量的反映，社会行为只能在一个"客观"的框架之内被理解。②

另一方面，尽管怀特·海登将历史的叙述主义推向非现实主义的极端，认为："历史并没有规定它只能以唯一的一种形式出现。关于过去究竟是如何构成的这一问题，历史写作不过是一种诗性的想象之间的竞争而已。"③ 然而，历史的真实性并没有被"叙述"一词瓦解，在前述诠释学的理论之外，已经可以看到解释的"相对确定性"，同时可以确信的是，后现代史学如果想要成为严格的历史学，其最后的边界和限度必须也只能是，承认有一个确实存在的"过去"，并且，每一个历史学家的"叙述"以及"文本"都要受制于这个曾经存在的"过去"。倒是后现代历史学对普遍性共识的质疑，对那些看上去似乎天经地义的道理的追根究底的追问，无疑对一切历史研究领域都富有启发意义。④

那么，历史研究中无法逃离的解释应当如何进行？1937年，陈寅恪先生在审阅冯友兰先生著述的《中国哲学史》的"审查报告"中，就史料的解读，提出了"了解之同情"的观点，认为"古人著书立说，皆有所为而发；故其所处之环境，所受之背景，非完全明了，则其学说不易评论"。因此，"必神游冥想，与立说之古人，处于同一境界，而对于其持论所以不得不如是之苦心孤诣，表一种之同情，始能批评其学说之是非得失，而无隔阂肤廓之论"。为防止同情的理解中出现"穿凿附会"，陈寅恪先生还论及具体的治史方法，指出"若加以联贯综合之搜集，及统系条理之整理，则著者有意无意之间，往往依

---

① 伽达默尔. 真理与方法：诠释学的基本特征 [M]. 洪汉鼎，译. 上海：上海译文出版社，1999：341.
② 参见哈贝马斯对伽达默尔《真理与方法》的评论，转引自伯恩斯，皮卡德. 历史哲学：从启蒙到后现代性 [M]. 张羽佳，译. 北京：北京师范大学出版社，2008：319.
③ WHITE H. Tropics of History [M]. Baltimore：Johns Hopkins University Press，1978：98.
④ 葛兆光. 思想史的写法：中国思想史导论 [M]. 上海：复旦大学出版社，2004：182.

其自身所遭际之时代，所居处之环境，所熏染之学说，以推测解释古人之意志"①。而在此之前，梁启超先生亦曾主张，"盖吾辈不治一学则已，既治一学，则第一步须先将此学之真相，了解明确，第二步乃批评其是非得失"②。比较二者的观点，无疑有异曲同工之妙。纵向来看，笔者揣度，"了解之同情"的研究方法还可以表述为"无我之境"和"有我之境"两个阶段，而前者又是后者不可或缺的基础，没有前一阶段研究主体的潜入、归化和融通，后一阶段难免搔痒不着，甚或沦为"戏说""妄语"（除有意媚俗者外）。

有鉴于此，有关近代证据法学的研究，将秉持追寻现代中国证据法学知识"元话语"的问题意识，探索清季至民国期间，证据法学自制度至学说从继承到创新再到其后独立发展的逻辑演进情况。亦即，笔者在近代证据法学知识体系的研究中，将采用一种"逻辑"的而非"历史"的视角，关注证据法学知识体系在此间从萌生到渐趋成熟的内在理路，而不是对此间频繁更迭的政权主体所颁行的证据法律制度单纯编排并进行评述。依照其演进的逻辑，现代证据法学知识于此间经历了民国初年北京政府时期在继受清末证据法学知识基础上的奠基和南京政府时期的修缮两个阶段。由于与清末的直接和深厚的渊源，笔者将在研究中拟对清末证据法学知识的引入情况一并予以介绍。

需要申明的是，本研究关于中国近代的时间跨度，取其中一种论点，即以1840年第一次鸦片战争为起点，以1949年为终点。③但就法律制度与思想从中华法系向近代西方法治转变而言，这样的起讫点尚不够精确，因为真正和自觉的制度变革实际上始于1902年。这年，清政府任命沈家本、伍廷芳为修律大臣，负责修订现行法律，开启了中国法律近代化的航程。不过，为了话语交往的便利，姑且从前述观点。另外，英语中近代和现代同为modern，相对于传统而言，近代化（现代化）的过程就是传统社会向现代社会变迁的系统过程，是指社会生产力、经济制度、政治制度、思想文化乃至人们的生活方式、价值观念和心理态度的多元化等各个方面的变革，近代与现代实为同义。

---

① 陈寅恪. 审查报告一 [M] //冯友兰. 中国哲学史（下）. 上海：华东师范大学出版社，2000：432.
② 梁启超. 清代学术概论·十二 [M]. 北京：中华书局，2010：65.
③ 还有一种通行的观点以1919年的五四新文化运动为中国现代史的开端，而以1949年为当代史起点。

五、结语

除一种基于对"元叙事"的探究始因外,在当下证据法学研究中,这种历史向度的诉求还因为研究者面临着与清季至民国学人在证据法学建构中一样的场景,即如何在汉语言中植入外来证据法学概念并构建证据法学知识。这种跨文化的"译不准"(奎因语)是所有本土与异质文明之间永恒的难题。对此,除求助整体主义即置身证据法学的知识语境中予以理解的方法外,借助历史,从前人的处理中获取灵感,仍然是可行的选择。

需要特别说明的是,这里所主张的"了解之同情"的方法,对于包括证据法学研究在内的整个近代法学研究,由于学术中断所致的"正统壅绝"而"旁道歧出",研究者因之囿于当下证据法学知识的"前见",常常会前门拒却(显意识),而后门揖进(潜意识),以致实际上无法阻隔当下主流证据法学知识、逻辑以致理念的困扰。此类现象在目下不多的关于清季至民国的诉讼或证据法学研究中并不鲜见,足见摆脱此种知识"前见"困扰的不易。与诸位同时代的研究者一样,受30多年来"新时期"证据法学知识与理论"熏染"的笔者又将何以处之,何以言之?这确实是一场挑战。

第一章

近代证据法学概念的萌生：以"自由心证"为中心的考释

一、导言：研究的对象与方法

本章所欲讨论的是作为近代证据法学知识体系基本元素的概念形成问题。由于古今绝续，伴随着"西法东渐"，传统的中华法系曾有的法律概念，如三纲、株连、五刑、八议、官当、钱粮细故、审转制度等所构建的话语体系，最终让位于权利、义务、正义、平等、法治、审级制度等现代法律概念。[1] 中国近代法律的继受性、非原发内生性特点，决定了移植而来的西法进入汉语世界必须首先有适宜表达自己思想理念的话语体系，这些法律概念多是引进而来，或是在外来概念的影响下产生的。意大利学者马西尼教授在对1840年至1898年间中国语言和历史认真梳理的基础上，认为汉语外来词的基本来源途径有：(1) 音译词 (phonemic loans)；(2) 混合词 (hybrid)；(3) 词形借词 (graphic loan)；(4) 意译词 (semantic loan)；(5) 仿译词 (syntactic loan 或 loan-translation)；(6) 本族新词 (autochthonous neologism)，又分为语义新词和组合新词。[2] 在这一时期汉语新词迸发状态的大势中，法律新词是其中十分活跃的成

---

[1] 法律概念一般可分为3个类别，第一类是法律特有词，即能够准确、扼要、无歧义地表达的法律概念；第二类是通用词，是各种语体中的通用语词；第三类是两栖词，即兼具法律语词与社会日常用语两种性质的语词。(参见刘愫珍. 法律语言的类别和特点 [J]. 语文建设，1993 (3)：25-27.)

[2] 马西尼. 现代汉语词汇的形成 [M]. 上海：汉语大词典出版社，1997：153.

第一章 近代证据法学概念的萌生：以"自由心证"为中心的考释

分，学界对此的研究已经有了较为丰硕的成果。① 本书将在既有研究成果、研究方法的基础上，以自由心证一词为切口，就证据法领域新词的形成作一探究。

自由心证，作为一项证据判断原则，旨在要求法律不预先设定机械的规则来指示或约束法官，而由法官针对具体案情，根据经验法则、逻辑规则和自己的理性、良心来自由判断证据和认定事实。研究表明，远在古罗马时，就有裁判官自由判断证据的规定和实践，当时的自由心证主要体现在对证据、证人的判断上。帝国时代，哈德良皇帝在其批复中言："你们（裁判官，行省总督）最好能够确定证人的诚实信用程度，他们的身份，他们的尊严，他们的名声，谁似乎闪烁其词，是否自相矛盾或显然的据实回答。"② 现代意义上的自由心证则是拜文艺复兴和启蒙运动所赐，以理性主义、人文主义代替古代的自然主义和中世纪的神学主义，系统地提出民主、自由、平等、人权、法治等理论以后，作为现代法治文明逐渐昌明时的产物。就证据制度自身演绎的逻辑来看，这一证据制度的出现还是对中世纪法定证据制度的反动，也因此成为司法文明的重要标尺。虽然作为一种概念和术语的自由心证只出现在大陆法系国家，但作为一种现代证明制度和理念，自由心证具有超越法系的普适性意义。③

基于其固有的法律传统，自由心证及其相关制度在我国的确立和理论上的肯认，更是司法"理性化"（马克斯·韦伯语）——从卡里斯马型向法理型转化的关键性因素，是近代中国法治现代化的重要变量。由此，梳理和考订自由心证制度在中土的源起和流变，便获得了超越该制度自身的价值蕴涵。

在研究的范围上，借鉴结构功能主义的理论，自由心证还是一系列诉讼和

---

① 这一领域已有的成果有：李贵连《话说"权利"》，郑永流《法哲学名词的产生及传播考略》，何勤华《汉语"法学"一词的起源及其流变》，方维规《东西洋考"自主之理"：19世纪"议会""民主""共和"等概念之中译、嬗变与使用》，王健《沟通两个世界的法律意义：晚清西方法的输入与法律新词初探》，崔军民《萌芽期的现代法律新词研究》。恕不一一列举。

② 江平，米健. 罗马法基础[M]. 北京：中国政法大学出版社，1991：380.

③ 王亚新. 对抗与判定：日本民事诉讼的基本结构[M]. 北京：清华大学出版社，2002：195. 在英美法系，尽管没有将自由心证作为一项实定的法律制度或法律原则，也不存在自由心证这一学术或法律概念用语，但自16世纪早期开始，随着现代意义上的陪审制度的确立，实质意义上的自由心证主义，即由中立的、事前对案情无所知的裁判者对证言证明力自由评价，做出事实认定的制度，即已确立起来。

证据制度协调互动的结果。因此，对自由心证的考量，必须结合与其相关的制度设置情况一并进行。因为，"所谓证明一方面是双方当事人提出证据方法、展示证据资料内容的一系列对抗性活动，同时又是法官围绕要证事实的是与否逐渐深化认识并达到结论的心证形成过程"[①]。然而二者实际上统一于法庭调查过程中，难分彼此，只是从不同的主体观察、立论而已。故而，放宽视野，举凡诉讼外的制度因素、诉讼内的结构因素以及内在于自由心证原则之中的客观因素等，都是心证形成的充要条件，直接或间接影响或制约着自由心证的形成，都是研究的应然对象。然而，理论研究的边际效应决定了笔者必须为围绕自由心证形成的系统性制度的研究划定相应的边界，否则将因研究对象过于泛化而失去重心，淹没了起初设立的研究目标。那么，这一研究的边界应如何划定呢？

事实上，尽管诉讼各环节都可化约为运用证据进行证明或为了达到此目的而运行的过程，以致整个诉讼进程都可纳入自由心证的研究范畴，但在诸多诉讼环节中，庭审理当是形成心证的重心。这是因为，庭审是形成心证的主体——审判法官从事审判活动的特定场域，而诉辩双方平等参与其中，进行诉答和辩论，庭审活动因此成为一种"剧场化"的活动。这样，一方面，法官的活动被限制在特定的空间，并与外界形成一道屏障。立足法官视角来看庭审过程，则是一个法官围绕要证事实的是与否，逐渐深化认识并达到结论的心证形成过程。即使特殊情形下的庭外调查，也当从庭审的基本原理出发，以"两造具备，师听五辞"为特征而进行。另一方面，法官形成心证的信息就此被限定在庭审过程中，即使诉辩双方以庭外搜集的材料提交法庭，其中的信息似乎在庭外就已经固定，但也必须经过法庭的过滤、确认，此即庭外法定证据材料的法庭调查。

有鉴于此，本书对自由心证的研究，将定格在除该制度文本自身以外，还将其与一系列保障庭审活动公正、合理展开的审判制度、法庭调查程序、证据裁判、直接言辞、辩论质证等与基础性元素一并予以考量。此外，作为庭审结果的判决说理，以及上诉庭审中程序性违法的审查制度，因其可以构成一种心证的逆向制约，也应该成为研究心证的当然对象。换一个视角也可以说，这些

[①] 王亚新. 对抗与判定：日本民事诉讼的基本结构 [M]. 北京：清华大学出版社，2002：195.

庭审合理展开的基础性元素及判决说理已内化为自由心证的精神意蕴。因此，对自由心证的研究不应仅以某一制度或法典中有无"自由心证"的概念、语词表述为取舍标准，做出凡缺乏此项表述的制度或法典即无自由心证制度的结论，而应以其是否体现该制度的精神即自由心证主义为参酌标尺。尽管如此，法典中有无明确规定"自由心证"制度，使用"自由心证"的概念进行表述，仍应视为考量某一法典在自由心证制度采行上的重要指标。这是因为，必须承认，在狭义的"自由心证"与其相应的制度系统之间，存在着"本"与"末"的关系，相关的制度系统必须也只能在其制度设计上以实现法官的"自由心证"为旨归。因此，缺乏前者的制度系统将使其自身失去凭借，无法发挥应有的制度功能，或者功能异化，偏离其原初的制度目标。

汉语中的"自由心证"一词，最早为明治维新时期的日本法学者从法语的"intimeconviction"译出，于清末正式传入中国，并逐渐由模糊到清晰，最终完成了从移植词到汉化的历程，由异质文明演化为本土的法律概念和原则。其间，从对所译语词的选择，到对自由心证概念的逐渐明晰，经历了一段较长的历史演变。

依照"西法东渐"的纵向传输脉络，清末证据法律知识的演进可分为"新政"以前的传输和"新政"时期的引入、创设两个阶段。因传输方式、接受主旨及实际影响的不同，两个阶段还呈现出不同的特征："新政"以前，尚处于单纯的制度或概念的介绍阶段，是一种"他者"的法律知识话语，属于单纯且与己无涉的"西法"；"新政"开始以后，传输则以"经世致用"为嚆矢，证据法律知识逐步"内化"，成为"本土"法律知识话语的一部分。但前后两个阶段都以证据法律概念、范畴等如何实现中国化为传输导向，有关证据法学的研究以及即便对于相关证据立法的注疏，也都是在民国以后才发生的。作为现代证据法律知识的重要组成部分，现代自由心证在中国早期的传输也经历了相同的轨迹。

二、"新政"以前现代自由心证的传输

据考证，汉语世界对西方法制文明的介绍，远在明代末年即已开始，明万历四年（1576年），西班牙传教士庞迪我出版了中文著作《七克》，其中

第五卷中提到了西方司法审判时对酒醉之人的证言不予采信："大西国之俗，生平尝一醉者，讼狱之人，终不引为证佐，以为不足信。"① 其后，艾儒略于明代天启年间编写的《职方外纪》则有专门的文字介绍西方的审判制度情况："官府必设三堂：词讼大者先诉第三堂，不服，告之第二堂，又不服，告之第一堂，终不服，则上之国堂"。又"若告者与诉者指言证见是仇，或生平无行，或尝经酒醉，即不听为证者"。这些记述涉及证据的采信和评判。②

入清，"西法"在中国经由传教士马礼逊、麦都思、郭士立（又作郭实腊）等人编著的书刊而继续传播。其中，郭士立在广州创办的中文月刊《东西洋考每月统记传》（Eastern-western Monthly Magazine）值得关注，作为外国传教士在中国境内创办的第一份中文期刊，创办者郭士立精通中文，因而，在介绍西洋文明而又找不到可以对译的中国语词时，能够尽量顾及中国的文化和传统，创立新词。③ 该刊在《批判士》《论刑罚书》《侄答叔论监内不应过于酷刑》等篇目中，专门介绍了西方国家的陪审制度、狱政制度等，涉及证据法学知识的，如："其审问案必众人属目之地，不可徇私情焉。臬司细加诘讯，搜根寻衅，不擅自定案，而将所犯之例，委屈详明，昭示解送与副审良民。此人即退和厢，商量妥议，明示所行之事，有罪无罪，按此议定批判。遂将案之节恃著撰，敷于天下，令庶民自主细辨定拟之义不义否。""然自不定罪，却招笃实之士数位，称谓批判士。……此等人侍台前，闻了案情，避厢会议其罪犯有罪无罪否。议定了就出来，明说其判决之案焉。据所定拟者，

---

① 庞迪我. 七克：卷五［M］. 刻本，1643：10. 转引自田涛. 接触与碰撞：16世纪以来西方人眼中的中国法律［M］. 北京：北京大学出版社，2007：44.
② 参见田涛. 接触与碰撞：十七世纪以来西方人眼中的中国法律［M］. 北京：北京大学出版社，2007：44.
③ 该刊曾在1834年、1835年两度中断，1836年全年停刊，1838年终刊。迄今见到的共39期，其中6期卷号不同却内容相同，实际是33期。另外，先此之前，西方传教士在中国领土之外的地方创办了《察世俗每月统记传》《特选撮要每月统记传》《天下新闻》等三种中文期刊，但以宗教方面的内容为主。该刊对英国、美国、法国的社会政治制度的介绍，不仅扩大了中国读者对国家、法律的新的认识，也扩展了当时中国一部分士绅的眼界，启迪了他们的思想，催生了他们求知识于世界的热情。其后，魏源编辑的《海国图志》、徐继畬编辑的《瀛寰志略》和梁廷枏所著的《海国四说》都曾参考过该刊。

亦罚罪人，终不宽贷。设使批判士斟酌票拟不同，再回厢，商量察夺，未定又未容之出也。"① 这里以"副审良民""批判士"等指称陪审员，其"自主细辨定拟"及"避厢会议其罪犯有罪无罪否"审决方式的描述，应是关于自由心证的最早介绍。很明显，对阅读该文的中国人士来说，这种英美法系的证据调查及心证形成的制度确能使人耳目一新。

值得注意的是，与上述以传教士为主体向中土输入现代法律理念的方式不同，这一时期也有中国人在对一些近代法治国家的游历中，通过自己观察而主动介绍西方法律制度与理念的情况。1849 年，福州人氏林鍼写成《西海纪游草》一书，记录了其赴美国的旅程及其在美国的游历观感，内中涉及美国的审判制度。林氏记写道："其法，准原被告各携状师，并廿四耆老当堂证验，负者金色作赎刑，槛作罪刑。"更为有趣的是，林氏在美国仅一年半时间，初到纽约就亲身经历了三起诉讼案件。林氏在《救回被诱潮人记》中详细记载了其亲历的一起潮州人涉讼案，成为目前史料中，有关中国人接触西方近代律师制度、辩论式法庭审理制度、取保候审制度等的最早记载。②

1862 年，京师同文馆创办（1902 年并入京师大学堂），作为传播现代法学知识重要渠道的法学教育自此萌芽。1880 年（光绪六年），时任京师同文馆文化教习的法国人毕利干（Monsieur Billequin）在北京译成《法国律例》，这是我国历史上第一部由官方组织、系统翻译的外国法典（由外国人口译并由中国人加以笔记和文字润饰），也是有关证据法学知识第一次系统介绍。为了与中国既有的法律文化传统有效对接，毕利干在翻译过程中对译名进行变通，并且将顺序重新编排为《刑律》《刑名定范》《贸易定律》《园林则律》《民律》

---

① 郭士立. 东西洋考每月统记传 [M]. 北京：中华书局，2003：339-340，406. 需要注意的是，中文中较此更早出现关于陪审制度介绍的，当为英国传教士麦都思 1819 年在马来西亚出版的《地理便童略传》，文中以"有名声的百姓"称谓陪审团："要审之时，则必先招几个有名声的百姓来衙门听候，官府选出六个，又犯罪者选出六个。此十二人必坐下，听作证者之言，又听犯罪者之言，彼此比较、查察、深问、商议其事。"

② 张生. 中国法律近代化论集·"以蠡测海"：林鍼眼中的美国法制 [M]. 北京：中国政法大学出版社，2002：165-1179. 本书所引用的林氏相关资料均转引自该文。

《民律指掌》，① 这种排列和划分以及译本对应的名称，带有强烈的中国传统法律知识体系色彩。总体来看，由于当时海禁初开，中西之间较为深入的文化交流刚刚开始，法律、政治、经济、社会等方面的语言的理解和沟通都极为有限，加之又缺乏可资借鉴的（法典翻译的）先例，因此，这部最早汉译过来的法典，其翻译用语和概念生涩，令人费解难懂。在有关自由心证内容的介绍上，仅能找到中国古代法中使用的"科断"一词，乏善可陈。尽管《法国律例》在当时无甚影响，但在1897年秋成立的湖南时务学堂里，梁启超曾将之与其他外国法列为学堂的修习课目。

与毕利干同时期的傅兰雅，在中国士人的参与下，也翻译出版了一批西方法学著作。这位自幼即痴迷于中国文化的英籍传教士，以"半生心血，惟望中国多兴西法，推广格致，自强自富"相期盼，在翻译了大量的科技著作的同时，也费尽心力翻译引介了法学知识。傅氏1895年在翻译《各国交涉便法论》（即现在的国际私法）中，尽可能地利用中国传统法律文化中的概念、观念来比照或理解西法。关于自由心证，该文将其中的"良心"（conscience）理解为"天理人情"，是一种积极的跨越两个世界法律文化的有益尝试，难能可贵。

这一时期，由中国驻日参赞黄遵宪编纂的日本《刑法志》，是值得关注的"西法"传入中国的一部重要法典。《刑法志》是黄氏编纂的《日本国志》的一部分，依日本明治十三年（1880年）公布的《治罪法》（《刑事诉讼法》）和《刑法》（皆效法法国）翻译而成，并加以黄氏自己的注解。其中，转自法国刑事诉讼法典的关于法官"自由心证"的内容已明确见诸该汉语典籍。依据《治罪法》第146条："凡于法律不得以被告事件之大概推测而定其罪，其被告人供招及官吏验证文凭，又证据物件或证人陈告、鉴定人申禀，自余诸色征凭，并仍从裁判官所判定。"黄氏关于此条的评注是："谓断案虽须征凭，而不必执一条所揭为断定，必于对问辩论之际以裁判官有所明确觉察者为要。"现代证据制度诸如辩论质证、证据裁判、自由心证等以介乎传统与现代之间的法律用语表达出来。不难看出，尽管黄氏在《治罪

---

① 《法国律例》以1804年《法国民法典》、1807年《法国商法典》、1807年《法国民事诉讼法典》、1808年《法国刑事诉讼法典》、1810年《法国刑法典》和《法国森林法》为译介对象，毕氏在翻译过程中将上述六种法律的译名进行了变通，并且重新进行排列。

<<< 第一章 近代证据法学概念的萌生：以"自由心证"为中心的考释

法》序言中已明确指出"泰西素重法律，……独有所谓《治罪法》一书，自犯人之告发，罪案之搜查，判事之预审，法廷之公判，审院之上诉；其中捕拿之法、监禁之法、质讯之法、保释之法，以及被告辩护之法、证人（询）问之法，凡一切诉讼关系之人、之文书、之物件，无不有一定之法"，对刑事诉讼法在整个法律体系中的地位、作用和基本内容已有较为全面的认识，然而，《日本国志》全书所植基的理念，仍然是一个旧式文化熏陶下的传统士人的思想和意识，所展示的信息，虽然已尽可能"详今略古，详近略远"，但在编排上，仍沿袭了中国传统的典志体例，以"国统、邻交、天文、地理、职官、食货、兵志、刑法"等十二志介绍日本的政制、风土、人文、礼俗等，只是在"旧醅"中孕育着"新酿"。由此观之，《治罪法》中对现代诉讼和证据制度的介绍，介绍者并无相应的知识准备，而是一次无意的碰撞。即便如此，黄氏此书仍具有里程碑意义，对其后国人引入介绍自由心证等证据以至诉讼制度在翻译语词的选择上产生着影响。①

自由心证等证据制度自实践的浸入，则始自行使领事裁判权的领事法庭和会审公廨。领事法庭设立的最初依据是 1843 年《中英五口通商章程》及其《附粘善后条款》，会审公廨设立的依据则是同治七年（1868 年）清政府与英、美驻上海领事议订的《上海洋泾浜设官会审章程》。依据《上海洋泾浜设官会审章程》（1869 年）、《上海领事会堂诉讼条例》（1882 年）及《上海公共租界会审公廨诉讼律》（1914 年）等的规定，诉讼审判中，已经可以看到证据裁判原则、证据保全制度、证人宣誓作证及强制出庭作证制度、辩论质证制度以及英美法系的陪审制度等。据当时来华的英国人哲美森（Jamieson）介绍，在上海英国领事衙门审理的案件，"凡审问之日，不论大小案件，一俟见证到齐，文官升堂，先问原告及原告之证人各口供。既毕，问官乃问该被告有何剖辨，又问被告之证人，有何申诉，而于被告则不可再问矣"。哲氏还记述了审判时针对英籍证人和华籍证人而采用的不同宣誓方式。② 虽然领事裁判权侵凌了清政府司法主权，而且，参与会审的中国司法官员对现代诉讼与证据制度未必理解并严格遵守，但一个不争的事实是，领事法庭及会审公廨组织及其审判模式

---

① 黄遵宪. 日本国志 [M]. 天津：天津人民出版社，2005：653、654、677.
② 哲美森《华英谳案定章考》，李提摩太，译，文见王健. 西法东渐：外国人与中国法的近代变革 [M]. 北京：中国政法大学出版社，2001：337.

也在传导着包括自由心证在内的现代法治文明（只是因为会审制度以英美法系制度为原本，故没有显在的关于自由心证的规定），为国人直观了解外国先进的司法制度开了先河，尽管两者内部还有不一致处。①

归纳言之，清末新政以前，有关自由心证的制度及理念已经开始在中国传输，但因为译介自身存在的跨文化隔阂，以及国人出于现实政治的考虑，除为应付交涉的需要而比较重视国际公法外，对该制度的介绍和接受则是被动的，加之传输本身的零散而不系统，其传播的广度及融入整个社会的深度仍然十分有限。这种影响力弱的另一原因则是，这一时期由京师同文馆、江南制造局翻译馆主持的译著，绝大多数是官书局印刷的非卖品，印刷数量一般很少，往往仅作为官府参考资料，因而流传不广。而且，甲午海战的败绩，朝野对洋务运动普遍的、严厉的指责，在很大程度上导致人们有意无意忽视了以往几十年里在输入西学方面的成就，以致产生近代法政新词悉由东洋传入的错觉。② 此外，传输者自身并非法律专业人士，这也使自由心证概念的传输缺少专业化的意蕴。但十分肯定的是，这一时期用"自由心证"作为专门的概念翻译或介绍西洋法律，还没有出现。

三、"新政"前期现代自由心证的初步引入

1901年，清政府颁布变法谕旨，开始实施新政，直至清室逊退，在官制、教育、经济等领域推行新制。1904年，修订法律馆奉旨成立，沈家本、伍廷芳出任修订法律大臣，以法制现代化为嚆矢的现代法学教育、法律修订等就此拉开帷幕。基于"欲明西法之宗旨，必研究西人之学，尤必翻译西人

---

① 有关领事法庭和会审公廨的详细叙述，可参见甘预立. 上海会审公廨之研究 [J]. 太平导报，1926，1（20—21）；民国时期《国闻周报》记者. 上海会审公廨史略 [J]. 国闻周报，1925，2（25—26）（均收入何勤华. 民国法学论文精萃·诉讼法律篇：第五卷 [M]. 北京：法律出版社，2004.）；张培田. 中西近代法文化冲突 [M]. 北京：中国广播电视出版社，1994：48 页下. 对公廨审判情况的描写可参见郑曦原. 帝国的回忆 [M]. 李方惠，等译. 北京：当代中国出版社，2007：74. 还要补充的是，领事裁判权虽然在形式上是于1943年取消的，但自清末民初即遭到抵制，以致名存实亡。

② 王健. 沟通两个世界的法律意义：晚清西方法的输入与法律新词初探 [M]. 北京：中国政法大学出版社，2001：246.

之书"(《寄簃文存·新译法规大全序》)的认知理念，法律修订馆组织翻译西方各国政治法律著作和各国当时施行的法典，介绍西方各国的政治法律制度。

根据现有的资料，修订法律馆先后翻译了日、美、德、法、俄、比等10余个国家的数十种法律和法学著作，其中主要包括有关刑事诉讼方面的法律和著作，除专门书籍以外，当时出版的其他汉译资料还有法规和法律辞书。法规的翻译有光绪三十三年（1907年）由日本政府编、刘崇杰等翻译的《新译日本法规大全》（10册）；法律辞书有汪荣宝、叶澜编纂的《新尔雅》（1903年）、三浦熙等著的《汉译新法律辞典》（徐用锡译，京师译学馆，1905年）等。这一时期以大陆法系为效法对象，包括自由心证在内的证据法学知识实际上附随于诉讼法之中。因为资料缺乏，笔者难以对上述文献中"自由心证"一词的使用情况遽下断言，不过，从1903年出版的《新尔雅》来看，虽然该词典是近代中国最早的一部新语词词典，其前两个部分"释政""释法"收录了大量的法律新词，并以其收集的广泛性和系统性，奠定了近代中国法律新词的基础，但该词典关于自由心证的介绍仍然没有明确使用"自由心证"一词。该词典在解释何谓"民事诉讼""刑事诉讼"时，从解释诉讼审判几大主义的角度，提到了"自由判断主义"："裁判官得据证调之结果，斟酌事实，决诸一心者，谓之自由判断主义。"（《新尔雅·释法》）由于词典的编撰考虑到语词的实际使用情况，可以看出，至少到1903年《新尔雅》出版时，"自由心证"及"自由心证主义"尚未能取得公通的使用地位。直到1907年，早年留学日本的刘崇杰译成了《新译日本法规大全》，从法典部分概念用语来看，该法典在翻译用语上仍然介乎传统与现代之间，如《刑事诉讼法》中，"司法警察"被称作"狱卒"，"被告出庭通知书"被称作"勾引状"，"助产者"被称作"稳婆"，等等。其第90条："凡被告人之自白、官吏之检证调书、证据物件、证人及鉴定人之供述，其他一切征凭，皆任判事之判断。"虽然该条是对法官自由心证的介绍，但并没有明确使用"自由心证"这一概念。（《新译日本法规大全》）尽管如此，《民事诉讼法》第217条规定："裁判所惟不反于民法或此法律之规定者，始应斟酌辩论之全旨趣及调查证据之结果，于事实之上主张，以自由心证判断其真实与否。"（《新译日本法规大全》）由此可见，自由心证已被作为正式的汉译法律用语。根据现有资料，刘氏该译书应是最早使用

"自由心证"概念者。

1906年4月（光绪三十二年），修订法律馆编订《大清刑事民事诉讼法草案》（以下简称"刑民诉草案"），第一次以立法的形式区分刑事诉讼和民事诉讼，证据法律知识自此在中国正式获得了制度化表达，但因受到以张之洞为代表的各省督抚的反对，未能施行。"刑民诉草案"作为中国第一部诉讼法典，冲决了旧有的诸法合体且"重实体、轻程序"的传统，谨慎引入了一些现代诉讼和证据制度，因此其革新意义不容低估。然而，囿于仅止改善传统诉讼审判机制的目的，主任其事的沈家本和伍廷芳决定"仅就中国现时之程度，公同商定简明诉讼法，分别刑事民事"（《大清法规大全·法律部·卷十一》）进行编纂。故而，法典虽然有对传统的突破，但仍保留了秉持传统社会身份制特征的规定，突出表现在证人因身份不同而有不同的诉讼地位。对法庭的界定也表现出传统的衙门色彩，如无论刑事民事诉讼，原被告陈述都是"供词"，民事诉讼中对原被告及证人的"讯问"，等等。由于主导该法典草案的伍廷芳自身的英美法系法律知识背景，在该草案有限的现代证据法律知识的引入中，俨然可以看出英美证据法律制度的影子，而源自日本法律用语的"自由心证"没有明确写入，似乎不难理解。

"刑民诉草案"涉及自由心证的条文是第70、73、74、75条。其中，第70条规定：原告被告及两造律师对承审官申论后，承审官即将两造证据供词细心研究，秉公判断。该条确立了自由心证的雏形。第74条规定：承审官应在确查所得证据已足证明被告所犯之罪的基础上，才可以将被告按律定拟。这既确定了作为自由心证基础的证据裁判主义，也规定了心证的程度必须达到现有证据足以证明被告所犯之罪的程度，与自由心证的要求一致。同样的要求还体现在第75条中："如被告无自认供词，而众证明白确凿无疑，即将被告按律定拟。"这里的"明白确凿无疑"与前条在内涵上是一致的。草案就刑事审判（第50条至第72条）和民事审判（第100条至120条）如何进行证据调查做出了规定，涉及直接言辞、辩论质证、交叉询问、作证宣誓等，以此为自由心证的形成奠定基础。

由于草案还引入了英美法系的陪审制度，为使陪审员能够形成正确的心证，该草案第226条还就陪审员如何评议案件做出规定，即如陪审员"确信被告委系有犯所控之罪，则须复曰有罪。如原告证据不足，被告所犯情节间有疑义,则须复曰无罪"。这种"确信"的要求正是自由心证的本义。同时,与英美法系国家一致,草案还就陪审员的资格做了规定(第233~234条)。

与其他现代诉讼和证据制度的引入一样,"刑民诉草案"对于现代自由心证制度的引入应该说是较为充分的。但由于礼教派的反对,草案终成废案,而法理派与礼教派之间的争论遂沦为纸上波澜。不过以张之洞为首的礼教派提出的疑问,除其中因礼教派知识和立场的局限而显得颠顸,闹出"鸡同鸭讲"令人啼笑皆非的尴尬外,也有值得认真思考的成分。例如,在关于证据评判的几条中,就第75条的"众证定罪",湖南巡抚岑春煊就提出该条对死刑犯是否适用的问题,如果适用,此前的修律大臣关于死刑必须有被告输服的供词的答复该如何理解等,反映了修律者自己对"众证"理解和适用的矛盾。又如,在陪审团与审判法官的关系中,湖北巡抚张之洞也发现了二者之间在英美法系即存在的固有矛盾,以及陪审团"全体一致"在实际上操作的困难等,触及陪审制度的深层次问题。此外,驳议中还提及实施草案需要的专职法官缺乏及如何培养问题,尤其在偏远地区,此种矛盾更为突出,作为实施自由心证的必要基础的缺乏,从一个侧面反映了沈家本、伍廷芳等人立法没能充分体认中国社会现实的理想化色彩,或者说草案的真正实施还有待更大范围和系统性的制度修订。① 尽管如此,草案对心证制度的引入仍不失其全面和理性,从而与现代法治精神有契合的一面。

1906年年底,顺应推行预备立宪的形势,根据官制改革方案,清廷将"刑部著改为法部,专任司法;大理寺著改为大理院,专掌审判"(《东华录·光绪朝》)。此后,根据《大理院奏请厘定审判权限折》,清廷批复将原有审判体制改为乡谳局、地方审判厅、高等审判厅和大理院四级。据此,开始产生现代司法和审判制度的雏形。翌年底,在汲取被清廷称为"调和新旧,最称允

---

① 笔者认为,对话或争论的必要前提是对话各方应在大致相同的知识背景下才能进行。在这场争议中,陪审制度是民主的程序化表达和司法剧场化演练的要求,其形式性是实现其公正性和权威性的必然要求和必要代价,这是陪审制度的实质,是对话或交锋双方首先应厘清的问题,也是进行对话的基础。但遗憾的是,从各省督抚驳议的意见来看,礼教派们这一实质内涵并没有认识到,从而提出的意见有很多乖谬之处。

协"的《天津府属试办审判章程》① 立法及司法经验的基础上，作为过渡时期适用的《各级审判厅试办章程》编成，并于1909年施行。除此之外，法部又《奏定京外各级审判厅及检察厅办事章程》等法规，予以适用。到1910年，省城商埠各级审判厅和检察厅基本建立。由于该章程是调和新旧的产物，所以，在证据的调查评断中也可以看到现代自由心证的信息。但总的说来，《各级审判厅试办章程》去旧不远，甚至本身还有很多来自传统律例的规定，但作为有清一代正式实施的关于诉讼和审判的唯一一部法规，并为其后的北洋政府继续援用，其于自由心证制度规定的积极意义值得肯定。

尽管审判厅以新的形式和面貌出现在各地，但由于法官的职业化远未实现，旧律仍然是判决的依据，且《各级审判厅试办章程》中新的程序与证据立法十分有限②，所以，这一时期的司法判决文书从名称到格式都呈现出新旧杂陈的特点。与之相应，判决中自由心证的运用，即判决中的事实认定和理由分析亦因地域、审判厅级别、法官素质等因素而呈现或传统或现代的差异③。此外，由于民国初年对清末法律制度及传统的沿袭，这种杂陈的特点也是民国初年的特性。

四、"新政"后期现代自由心证制度的初步构建

1911年年初（宣统二年末），《大清刑事诉讼律草案》（1911年1月24

---

① 该章程是时任直隶总督袁世凯于1907年3月组织策划留日学生编纂而成，其最大特点是在保留传统诉讼体制的基础上，做了适当变通，同时还以地方行政长官兼理司法审判的方式维护了各级官僚的特权。据袁世凯奏称："惟司法独立，未易一蹴而就。但既办有端倪，则此后之进步改良尚非难事。至目前府县虽不专亲审判而仍兼厅长之职，亦因报案移文既用守令印信，且一切布置建筑，不能使府县不任责成。"（《清实录·德宗朝卷八一》）。

② 直至民国初年，有关证据的法律渊源仍未有以下几类：一是《各级审判厅试办章程》中的证据制度；二是大理院解释例及判例中有关证据制度的具有普遍约束力的内容；三是旧律关于证据制度且为《各级审判厅试办章程》所没有的部分。此外还有一些证据习惯性。有关大理院判决性质和地位的分析，可参见黄源盛先生的相关著述，另外可参见黄圣棻《大理院民事判决法源之研究（1912—1928）》，台湾政治大学法律学系2003年硕士论文；音正权《北洋大理院刑事解释例初探》，收入张生．中国法律近代化论集 [M]．北京：中国政法大学出版社，2002：390页以下．

③ 汪庆祺．各省审判厅判牍·晚清地方司法改革之成果汇集：《各省审判厅判牍》导读 [M]．李启成，点校．北京：北京大学出版社，2007：3．

日）和《大清民事诉讼律草案》（1911年1月27日）（以下简称"刑诉草案"和"民诉草案"）相继完成，遗憾的是两部草案均未及颁行，清室已经逊位，但在进入民国后，这两部法案稍作修改即予暂行援用，且其后的变化只是在此基础上的修缮。因此，两部法案在中国近现代诉讼和证据立法上具有奠基意义，其关于自由心证的规定尤为值得关注。

"刑诉草案"第326条第一次在法律上明确了自由心证的内容，该条共两款：第一款规定了证据裁判原则，"认定事实应依证据"；第二款明确了自由心证原则，"证据之证明力任推事自由判断"。由此，近代刑事证据法的两项最基本的原则在中国开始出现。关于自由心证原则的吸纳，立法理由指出："第二项采用自由心证主义。按法定证据主义与发现真实主义不合，各国通例仍采自由心证。本律亦拟仿效之。"根据沈家本关于草案说明的上奏，采用自由心证、直接言辞审理原为发现真实。关于自由心证，沈家本在奏折中是这样解释的："证据之法中国旧用口供，各国通例则用众证，众证之优于口供无待缕述，然证据而以法律预定，则事实皆凭推测，真实反为所蔽，宜悉审判官自由取舍。"与此同时，"刑诉草案"还明确规定了法庭调查过程中所应遵循的证据裁判、直接言辞、辩论质证等原则以及判决的公开说理等与自由心证相关的制度。关于直接言辞审理，沈氏条陈："凡该案关系之人与物必行直接讯问调查，不凭他人申报之言辞辩论及文书，辄与断定"，而应"于原被两造之言辞辩论而折中听断，于被告之一造亦可察言观色，以验其情之真伪"。（《大清刑事诉讼律草案》）

草案还规定了若干心证事后约束的条款，对于本应回避、拒却的推事又参与审判者、被告人未出庭而行审判者、违背公开审判规定者，以及判决不附理由及所附理由有抵牾者等影响心证形成客观性的（第390条），都将构成上诉的理由。

由于草案是对1890年日本刑事诉讼法的模仿，以大陆法系为宗，因此，尽管沈家本在有关说明中指出草案采用弹劾程序（告劾程序），且将控方界定为原告官，赋予被告人用辩护人及辅佐人，故而举证责任在检控方，但在证据调查中，又存在角色混同，对法官心证的形成不无影响。其第325条规定：证据文件由审判长或者审判长命令书记在法庭朗读，如果被告人意义不明，法庭应予以释明；第327条规定："讯问被告人及调查证据，应由审判长行之。"另外，草案缺乏关于自由心证原则的例外，例如：关于被告自白等证据是否需要补强，草案没有做出明确规定，这是草案不足之处。

自由心证在《大清民事诉讼律草案》中的规定，更为详尽。该草案第339条及其立法理由称："审判衙门应斟酌辩论意旨及证据调查结果，以自由心证判断事实上主张之真伪，但法律有特别规定者不在此限。得心证之理由应记明于判决。"草案关于此条的立法理由是：第一，分析了以自由心证为原则的原因。"自由心证主义，其利益在能合乎实际之审判。故本案用为原则，而设本条，明示审判衙门得根据辩论之意旨及调查证据之结果，以自己所生之确信，判断事项之真伪。"第二，说明了以法定证据主义为补充。其理由是："自由心证若复无限制，恐使审判官流于专横。故本案以法定证据主义为例外。例如，公证证书，若未遇反证应推定其为真实，审判官不得漫然判断为不真。此第一项但书之所以设也。"第三，规定了心证必须公开说理。理由是："审判官判断事实真伪之理由应记明于判决，以免有不负责任之判断。此第二项之所以设也。"本条作为自由心证的统摄性原则，规定了心证以当事人主张的事实即辩论主义为基础，以证据裁判主义为心证来源，以及心证理由需公开等现代自由心证的基本要素。与此同时，草案还规定了法庭在证据调查中的职权主义以及特殊情形时的委托调查这一直接言辞审理的例外，对于不必要的证据，可以命当事人无须提出（第346、358、361条）。法庭认定的事实除得自证据调查者外，还可由法官直接认定而无须证明者。这些事实包括：当事人于言辞辩论或在受命推事或受托推事前自认其事实者（第341条）；显著的实施以及审判衙门基于职权已认知的事实等（第340条）。

与"刑诉草案"不同的是，该草案还规定了证明特定程序性事实时，自由心证的例外情形。此外，基于民事诉讼发现真实、解决纠纷与实现诉讼效率等价值间的均衡理念，草案在证据形式、法庭调查等的规定上都与刑事诉讼有所不同。草案还通过设定心证形成的事后约束来保证自由心证的形成，约与刑事诉讼律草案规定相同，兹不赘述（第569条）。

归纳言之，两部草案关于自由心证的规定已与当时其他法治先进国家的自由心证制度若合符契，表明立法者已超越固有的中华法系传统而具有了现代法治的精神和眼界。尽管因政权的更迭而未及施行，但两部草案无可争议地成为中国现代诉讼与证据立法的知识源头。民国甫定，法制阙如，民国政府遂将两部草案"发并各司法衙门参考暂行援用",现代诉讼及证据制度从此走向国人生活实践。草案还影响到其后的民国诉讼和证据立法,其自由心证制度亦逐渐成为民国时期的普设制度,并在司法实践中运行,有关自由心证的理论亦被视为当时的常识理论,成为学术界研究的热点。

宣统三年(1911年),由汪有龄口译、熊元襄编辑的松冈义正《民事诉讼法》出版,该书自初版之后不断地再版,影响甚广,是为中国近代民事诉讼法学的奠基之作,其于自由心证知识的引介无疑举足轻重。关于自由心证,松冈氏以自由心证主义与法定证据主义对举,认为,自由心证主义者,裁判所斟酌辩论之全旨趣(内容)及证据调查之结果,藉所得确信自由判断此事实之真否之主义是也。又说,此主义于为适于实情之裁判有利益。与此相反,法定证据主义则视当事者之主张事实为真实时及规定其要件时,不容裁判所有所取舍之主义是也。且此主义有防止裁判官之专横之利益,但可在例外时采用。[①] 该书论及审判及证据裁判的基本原则,并就各证据的法定调查程序如何规范进行了梳理。松冈氏还论证了直接言辞审理的基本原理及相关要求,涉及直接审理主义和间接审理主义、口头审判主义和书面审判主义、证据分离主义和证据结合主义等。

五、本章小结

受费正清教授关于中国的现代化系"冲击—反应模式"观念的影响,主流理论认为,清末法制变革是当局迫于内外政治和社会压力,消极应对以图自救的结果,变革过程及其结果因之充满被动性,并且由于对传统的眷顾或者传统固有的强韧性而使变革表现出不彻底性,造成了某种程度的逻辑断裂和文化错位,以致在产生挫折后转以所谓"域外文明"与"本土风情"不相契合做解释,并进而为一种想象的"本土特色"张目。通过前文的分析可以发现,这种文明模式的整体性演进理论过于强调不同文明间的对抗性与不可通约性,忽视了一定文明类型内部个体因子的个性化生存——正是植根于这种个性化生存的多歧性和互异性,不同文明间的可对话性和互融性方始可能——对某一文明类型自身内生性动力关注不足,与真实的历史变革过程有

---

① 陈刚. 中国民事诉讼法制百年进程[M]. 北京:中国法制出版社,2004:319.

诸多不确之处，从而误判或放大文明蜕变过程中的断裂与错位现象。① 从东西洋文明最初接触时汉语世界对自由心证的比附、意会，到后来对该制度的肯认和系统引入，从一般的传播者到修订法律大臣，都以积极的态度进行从知识到制度的建构尝试。纵使是来自同一文明体内部其他个体对包括自由心证在内的现代法律制度的质疑、毁谤乃至拒斥，究其缘由，或是因为质疑者知识准备即现代法理知识不足，仍固守传统法律的伦理基础而做出的判断，如前文中关于陪审制度引入的争议；或是由于可能发生的利益格局的调整而致既得利益被触动，从争夺终审权的"部院之争"到司法改革时各级审判厅设立后，各级行政官对审判推事职业、能力的诋毁，其背后都是既得利益的纠葛②；或是由于制度系统性变革不足而生的制度扞格所引发的争议。将上述争议、质疑看作文明的整体性抵抗，未免不着边际，最多只能算作不是原因的"原因的原因"。

另外，作为一种类型学的研究，这种历史的"宏大叙事"模式因其静止的研究视角而造成了对知识自身纵向演进的逻辑关注不足。在过去有关自由心证在中国引入的研究中，研究者仅将目光聚焦于清末修律这一截面，研究作为制度的自由心证的立法情形，而忽略了中西文明交汇初始时期，作为知识的自由心证在中国传播与衍生的轨迹。本书的研究有助于揭明：知识的演进有其自身的逻辑，具有相对独立性，并且能够助推制度的生成。当然，知识之外政治、体制力量的加入，也催生着知识体系的完备。一个显见的事例便是，清末新政时期法政学堂的设立、法律研究修订机构的创设，对包括自由心证在内的法律知识的传输，与有力焉。

本书以知识发生学的视角，重新梳理并探求清季有关自由心证知识的源与流，一个戚戚于心的因素还在于，在证据法学的研究中，自由心证的研究再次

---

① 根据罗志田先生关于近代中国社会多歧互渗、在裂变中传承的观点和论述，这种所谓逻辑断裂与文化错位，实出于传统社会内部各因素位子的异动和转换。罗志田. 裂变中的传承 [M]. 北京：中华书局，2003.

② 有关部院之争的讨论已经很多，关于司法改革后各级行政长官的非议，可参见汪庆祺. 各省审判厅判牍·晚清地方司法改革之成果汇集：《各省审判厅判牍》导读 [M]. 北京：北京大学出版社，2007；许文濬. 塔景亭案牍 [J]. 俞江，点校. 北京：北京大学出版社，2007.

成为热点，甚至作为制度出现在学者拟定的立法建议稿中。① 细数起来，从1614年西班牙传教士庞迪我的中文著作《七克》中隐约可见的有关自由心证的身影，东西洋法律文明在碰撞中的对话，距今已有约400年时间。一路走来，波澜起伏，无疑有太多值得借鉴之处，而清季这段自由心证知识的历史，对于证据法学的研究中，尤应予以重视。

---

① 2003年，徐静村教授主持拟定的《中华人民共和国刑事诉讼法（学者建议稿）》中，即明确写入了自由心证制度。参见徐静村.中国刑事诉讼法（第2修正案）学者拟制稿及立法理由［M］.北京：法律出版社，2005.

第二章

近代证据知识的制度化表达：清季至民国证据制度立法评述

如前文所述，自清末修律始，近代法律知识正式走进立法，由此开启了近代法律知识制度化表达的进程。近代证据法律知识的制度化表达亦同于此进程。自清末以迄民国，大规模的立法经过了清末、北洋政府时期和南京国民政府时期3个阶段。总体来看，证据立法循沿制度自身发展的内在逻辑，维系着其制度法理的连续性而不断理性化，没有因其间政权的更迭而影响到立法，在与社会、政治相对独立的制度发展空间中，近代证据法律知识体系在制度层面逐渐成熟。

一、清末证据制度立法

有清一代，以现代诉讼法律制度为蓝本，先后制定了4部包含证据内容的诉讼法典。即1906年，沈家本、伍廷芳主持编订的《大清刑事民事诉讼法草案》，1907年制定的《各级审判厅试办章程》，1910年的《大清刑事诉讼律草案》《大清民事诉讼律草案》以及紧随其后制定的《刑事民事诉讼暂行章程》。[①] 另外，在《大清新刑律》和《大清民律草案》中也有关于证据制度的规定。这里拟以前四部法典为重心，对清末证据立法情况做一介绍。

《大清刑事民事诉讼法草案》是近代中国第一部诉讼法典。虽然在有关诉

---

① 《各级审判厅试办章程》是在时任直隶总督袁世凯的支持策划下制定颁布，在总结天津试办审判厅经验和参照《大理院审判编制法》的基础上完成的。因其为法院编制法和诉讼法出台生效之前的暂行章程，故而是我国事实上第一部具有近代意义的诉讼法典。据学者考证，《刑事民事诉讼暂行章程》共六编三十九章390条，内中专门有"节"关于证据制度的规定，笔者未能亲见，只能留待将来的研究。

<<< 第二章 近代证据知识的制度化表达：清季至民国证据制度立法评述

讼主体的用语上仍然有旧式法律概念如"公堂""衙门"等，且法典依旧本乎职权主义与纠问式诉讼的特质，但法典所体现的价值取向已经有现代诉讼制度追求程序正当精神的植入，突出如陪审制度的引入、审讯方式的变革、区分犯罪轻重采取不同的强制措施，以及原告、被告、证人、律师诉讼地位的改善或承认等。基于以上法律理念和制度背景，法典在证据立法上确立了以下内容。

一是关于证人制度。集中规定在该法典第四章"刑事民事通用规则"第三节"证人"、第四节"审讯"中。首先是证人资格。法典规定了"不能辨别是非之未成年者、有心疾及有疯疾者"不能作为证人。由此可以判断，其他非上述情形的自然人均有资格作为证人，且有作证义务，尚无特定身份者可以拒绝作证的规定。① 其次是与证人有关的权利。法典第15条规定，包括原告、被告、证人等在内，在审讯时准其站立陈述，不得逼令跪供。证人也不再如传统中国的法律规定的应被羁押（第111、239条）且不得使用拘传的手段（第236条）。与传统中国的法律相比较，这是一个很重要的变化，反映了法典中出现了权利保护的理念。

二是以人证为中心的证据调查。法典规定的证据调查和采用，都是以人证为中心，即原告、被告及各自证人。② 人证应到庭作证（第50条），且不论刑事民事案件，原告及两造证人均须宣誓作证或者不宣誓但本乎良心据实供述（第51条）。案件审讯时，一律不准使用杖责、掌责及其他刑具或者语言威吓、交逼原告、被告及其证人（第17条）。该项规定已经有排除非法证据的内涵，是对传统刑讯审判方式的否定，值得肯定。法庭还有强制证人到庭作证的权力，对无理由拒不到庭作证的证人，法庭可以对其进行处罚（第237、238条）。对证人的讯问应分开进行，且证人证言必须是其亲眼所见或亲自感知的事实，不能以传闻不实之词作为证言（第50、243条）。讯问的方式是所有的人证供述均可对造辩论质证，且均应记录在案，由供述者核对签押（第51~69条）。承审官对案件事实有不明了处，可依职权进行调查（包括庭外调查）

---

① 法典中还规定了公正人和中人（担保证人）（第187、188条）也属人证。在现代诉讼中，都属于证人。
② 法典在第65条规定了物证应当堂核验的制度，总体上人证以外的其他证据几无规定。还应说明的是，由于立法拟定者伍廷芳的英国法律知识背景的原因，有关证人的规定又明显是英美法系对抗式诉讼中的规定，而非大陆法系将证人视为法庭的证人。法典中的陪审团的规定也是出于同样的原因。

39

(第119、240条)。

三是证据的评断。法典第70条规定了由承审官自由证明的制度:"原告被告及两造律师对承审官申论后,承审官即将两造证据公词细心研究,秉公判断。"第73条、74条规定了判断的指导性规则,规定了证据已足达到法律要求的证明程度规则。另一个值得注意的证据评断规则是,法典第75条摒弃了传统法律的"口供唯一"的证明理念,规定在刑事案件中,即使没有被告自认,但"众证明白、确凿无疑",即可根据罪刑法定原则判处被告相应的刑罚。① 此外,对于"证据难凭或律无正条或原告所控各节间有疑窦者,应即将被告取保释放,令其日后自行检束"(第86条)。

尽管有以上具有现代气息的证据立法,但法典有关证人的规定,仍然带有传统社会身份制的色彩,反映了法典与当时处于身份制的社会相妥协的一面而带着中世纪的尾巴。其第242条规定,"凡职官命妇均可由公堂知会到堂"接受调查,但公堂应当设座位以礼相待。而对三品以上官员,承审法官还应派人就该官员处进行证据调查。

由上可知,以职权主义和纠问式审判为主色,作为晚清第一部诉讼法典,《大清刑事民事诉讼法草案》对现代证据法律制度的移植是有限的,还没有系统完整的证据知识体系。

《各级审判厅试办章程》是清末正式颁布实施的法典。其有关证据制度的规定一如《大清刑事民事诉讼法草案》,以人证为中心,并集中规定在第三章第三节"证人鉴定人"共10条中。涉及的证据制度有:第一是证人资格。规定不论何人,凡与审判厅受理的案件有关系或者对案件知情者,都有作证的义务,但与原告或被告有亲属关系,或者未成年,或者有心疾或疯疾,或者是曾经受过刑事处罚的人,不得作为证人或鉴定人(第68、77条)。虽然可以肯定立法开始注意到特定身份者的作证资格问题,但将亲属作证作为禁止性规定,则完全不合于亲属拒绝作证特权的现代证据制度精神,留有中世纪家族伦理本位下证据制度的旧影。有关对未成年人的作证资格的否定性规定,与《大清刑

---

① 古代中国的法律也可据众证定罪,如唐律的规定,对属于议、请、减、老、小、废疾不得拷讯的人,"皆据众证定罪"。但前提是这些人属于不可刑讯的对象。亦即,由于刑讯合法化,获取口供是古代中国通用的法庭调查手段,只有某些特定的对象方禁止使用,而据众证定罪。

<<< 第二章 近代证据知识的制度化表达：清季至民国证据制度立法评述

事民事诉讼法草案》一样，混淆了证据资格与证明力问题。① 而关于曾经受过刑事处罚者不得作证的规定，更与法理、情理相悖。第二是证人、鉴定人的范围。除原告、被告提供的证人外，法庭也可以命令知情者以证人身份出庭作证。鉴定人则是以审判官辅助人的身份，由审判官选任。其范围是有一定学识经验及技能的人。不过民事诉讼中需要由两造选定后由审判官选用（第69、76条）。第三是证人、鉴定人作证方式。证人应到法庭作证，但特定身份者，法庭应就其所在地讯问。法庭可使用传票强制证人作证，但不得拘传。无故不作证者，可予相应的处罚（第70、71条）。证人、鉴定人不得作伪证（第72、76条）。此外，法典还规定了证人作证补偿制度，由举证证明方支付，但应当计入诉讼费用中。这反映了立法者的权利保护意识（第73条）。

由于法典以及时回应司法实践需要为立法目标，具有明显的以简便实用为导向的色彩，因此，条文简便，不谋求立法的体系化，而对其他证据制度包括证据调查制度均无规定。

《大清刑事诉讼律草案》和《大清民事诉讼律草案》作为近代中国完备的刑事、民事诉讼法典，在有关证据制度的规定上较为详备，虽然没有颁布实施，但影响力极其深远。

《大清刑事诉讼律草案》关于证据制度的规定集中在第一编"总则"第三章"诉讼行为"、第二编"第一审"第二章"公判"中，是将证据制度作为诉讼行为的对象而规定的。尽管如此，其证据制度的规则已经比此前的法典更加丰富。其中，第一编第三章第三节"检证、搜索、扣押及保管"、第四节"证言"、第五节"鉴定与通译"中的规定，涉及各类证据的收集、制作及保全等内容，是有关证据方法的规定。第二编第二章中则是关于法庭证据调查、证据评断的规则。

法典确立了讯问被告人不得使用威吓及欺诈性言语（第66条），具有排除非法手段搜集证据的立法取向。在证人制度上的变化是确立了作证具结制度。法典规定除未满十五岁及因精神障碍不能理解具结意义者外，其他证人作证时均应具结（第169条），并规定对不具结者应在陈述笔录中记明不具结的事

---

① 关于未成年人作证资格的问题，现行《刑事诉讼法》也做了否定性规定，同样是对证据资格与证明力问题的混淆。这本是英美法系国家证据资格理论中的常识，令人遗憾。

由（第220条）。关于庭外笔录的证据资格，法典规定，起诉前由检察官、司法警察官或依法律特有审判、检察权限者所作检证、搜索、扣押、保管及对于被告人、共同被告人、证人、鉴定人的讯问笔录及补充性文件、图画，符合以下情形者，承认其证据资格：一是如果当事人对其声明无异议；二是因处所或物之所在遥远或已消灭或其他事由不能再行调查或者难以调查的；三是由于共同被告人、证人、鉴定人亡故或疾病或遥远或所在不明或其他事由而不能再行讯问或难于讯问的；四是被告人、证人在起诉后的陈述较之前陈述没有合理理由的重要变更或者拒绝在审判中做陈述的（第323条）。① 另外，起诉后由审判衙门或受命推事作检证、搜索、扣押、保管、讯问证人的笔录和补充笔录的文件、图画，或者官吏、公吏或外国官吏、公吏的身份证明、年龄、前科等项文件，以及鉴定人鉴定笔录及其补充文件、图画等，均可作为法庭调查的证据，具有证据资格。这些规定明确了庭外笔录具有证据资格的条件，是对现代诉讼的直接言辞审理原则的遵守。

  法典在证据制度上最引人注目的规定是关于特定人证拒证特权的规则（第151、152、153条），实行搜索、扣押时，对于涉及公务秘密、特定职业者持有之物、军事秘密等，不得实施扣押、保管措施（第126、127、128条），以及日出前、日落后实施搜查、扣押等证据保全制度的规定，应取得相关人同意等项规定（第129条）等，并在随后的条文中具体规定了各类证据保全的程序。这些是证据制度中具有标志性意义的立法，表明立法者已经接受了公权力有限和应受羁束的理念；然而，法典自身强职权主义占主导地位的价值模式始终视证据为诉讼的手段，证据制度自身因此缺乏相对独立的制度空间，有关证据制度立法缺乏清晰的逻辑，证据知识难言体系化。②

  法典规定了证据裁判原则和自由心证的证据判断规则，即"认定事实应依证据。证据之证明力任推事自由判断"（第326条）。由此，对"犯罪不能证明

---

① 另据该条规定，这些规则同样适用于根据条约而由外国官吏或外国政府所制作的文件。
② 法典的渊源始自日本，后者当时师承大陆法系的法国。强职权主义的价值模式本是大陆法系诉讼制度天然的品性，加之效仿者立法中还需因顺本国仍未脱离中世纪的"礼教民情"，其诉讼程序的工具化、手段化更加难以避免。因此，以现代程序正义的理念为依据的理性化证据立法，显然不是其刑事诉讼立法的选项，证据知识的体系化自然无法实现。

即被告人之行为不为罪者,谕知无罪。犯罪经证明者,谕知科刑"(第346条)。此外,与此前的立法一样,法典并未确立无罪推定的原则,因此,关于证明责任的规则尚不明确。在职权主义诉讼模式下,合理的制度逻辑显然是被告人需要承担无罪或最轻的证明责任。①

《大清民事诉讼律草案》首次在立法上确立了"证据"一节(第二章第四节),分通则、人证、鉴定、书证、检证、证据保全等六目,此外,是关于证据调查与评断的规则。显然,与《大清刑事诉讼律草案》相比,其有关证据的规则是按照证据知识自身的逻辑而做系统的规定,代表着清末证据立法的最高水平。一个可以理解的原因是,得益于理论研究中对日本民事诉讼及证据制度与理论的引入,加上民事诉讼属于"钱粮细故"的民间纠纷,程序和证据制度由此有了可以自由发展的空间而显得发达。

法典首次明确规定了证明责任:当事人应当立证证明其主张有利于己的事实。该规定合乎民事诉讼"谁主张,谁举证"的基本原则。法典还首次明确规定了免证事实:除当事人自认外,对于由官报刊登的事实或其他诉讼案件所认定的事实,如果法院在事实上已经知晓,可以认为是显著的事实,而无须证明。但法院确实不知道有这样的事实记录的存在,则当事人应当向法院提供记载此类事实的出处(第340条)。

关于证据调查,法典规定:证据调查由受诉审判衙门当庭进行,也可由受诉衙门决定受命推事或受托推事在庭外进行(第345条),且证据调查可以由当事人申请提起,也可由法院依职权提起。对当事人申请进行调查的证据,受诉衙门认为不必要时,可以决定不予调查(第346条)。进行证据调查时,一般要有双方到场,以便双方进行辩论和质证。

法典还规定了证据保全制度。证据有灭失或碍难使用之虞,或者经他造当事人同意,或者当事人因物或工作之疵累得向他造主张权利而确定其疵累者等情形时,可以申请证据保全(第449、452条)。提起保全可由当事人申请,也可由法院依职权实施,法典并规定了保全申请的具体内容、保全的费用等(第451、445条)。

法典还对各类证据收集的程序、方式等做了较为详细的规定,限于篇幅,

---

① 蒋铁初.中国近代证据制度研究[M].北京:中国财政经济出版社,2004:52.

此不赘述。总之,《大清民事诉讼律草案》第一次在使证据制度具有相对独立的制度品性的同时,也使证据知识体系完成了系统的制度化表达。

二、北洋政府时期的证据立法

1912年至1928年为中华民国北京政府时期。由于北洋军阀势力实际控制和掌握中国政权的缘故,北京政府又被称为"北洋政府"。单从法律制度的总体衍化情况而言,一方面,这一时期受制于军阀裂变、武夫干政而变动不居的政制格局,"终北洋政府时期,由于政潮的冲突激烈,立法机关始终无法正常运作,更遑论制定新法律"①。因此这一时期并无严格意义上的立法,其1922年颁布的《刑事诉讼条例》《民事诉讼条例》只是对清末修订的刑事、民事诉讼法律的简单承接,尚不能构成真正意义上的立法。更有甚者,法律还蜕变为武人操纵的政治帘幕上的"皮影",以致出现"假作真时真亦假"的乱象,再一次印证了"枪炮之下,法律失声"的普适性铁则。② 另一方面,经过清末以来数十年现代法律及其理念的植入,具有相当规模的职业法律人群体已在中土形成,坚守法律信仰、执着于法律职业思维、维系法律职业伦理成为这一"共同体"的共同信念,他们为中国早期的法制现代化贡献着技术理性、法治的精神和理念,极大地夯实了早期中国法制现代化的基础。

总体而言,1921年以前的北洋政府有关证据制度的立法,一方面是修订和援用清末已经颁布实施的《各级审判厅试办章程》,尽管该章程先后经过三次修订,但证据制度无实质性变化。另一方面是大理院以判例和解释例的形式发布有关证据制度。1921年以后,以前清民事、刑事诉讼律草案为基础,北洋政府分别颁布了《民事诉讼条例》和《刑事诉讼条例》,有关证据制度的规则主要见诸这两部法典。

---

① 黄源盛.民初大理院[J].政大法律评论,1998(60):132.有关这一时期的立法还可参见黄源盛.民国初期近代刑事诉讼的生成与开展:大理院关于刑事诉讼程序判决笺释(1912—1914)[J].政大法律评论,1998(61).
② 当然,这种法律沦为政治帘幕"皮影"的现象在民初宪政制度的设计中最为突出。概略来说,整个法律制度中政制因素的影响,类似费孝通先生关于中国乡土社会"差序格局"的描述,宪法制度应为这一同心圆的中心,而其他法律则逐次远离同心圆,因而"政法"的色彩也渐次减弱。

（一）《刑事诉讼条例》中的证据立法

关于证据评断，法典明确规定了自由心证及证据裁判原则："证据由法院自由判断之"（第306条），而"犯罪事实应依证据认定之"（第306条）。与前清的草案相比，虽然肯定了证据裁判和自由心证原则，但或许由于民初司法界以外力量的干涉，司法独立受到限制，所以改前清草案中由"推事自由判断"为"法院自由判断"。此外，本条还改"证据证明力"为"证据"，显然混淆了证据与证明力概念间的种属关系，反映其时修订立法者对证据的认识反不及清末的明晰。值得注意的是，法典中已经明确肯认自白尚需补强这一自由心证的例外。

关于法官用以自由判断的证据，法典采证据方法说（第35条），规定了搜集和提交法庭调查的证据必须符合法定的种类，包括人证、物证、书证和勘验，并规定了每一种类证据的调查方法，以确保每一类证据提供信息的真实性。

关于人证，法典规定，具有人证作证主体地位的有被告人、证人和鉴定人三种，相应的证据形式则为被告供述及自白、证人证言和鉴定意见。关于被告供述与自白的调查，应在核实被告身份并告知涉嫌罪名后开始（第67、68条），讯问时不得以强迫、胁迫、利诱、诈欺及其他非法方法进行，其所列非法方法多于《大清刑事诉讼律草案》。但法典没有规定对非法取得的证据应当如何处理，因此，只是对非法取证方法的禁止而非对非法证据的排除（第70条）。对被告的讯问先由检察官陈述案件要旨开始，其后，由审判长讯问被告。被告在调查过程中有辩论和质证权，但在主张对己方有利的事实时，应负举证责任（第69、71条）。讯问还应制作笔录（包括审前笔录），笔录中应记载检察官或法官（推事）的讯问和被告的陈述，记明讯问的时间、地点，经被告核实，并由讯问的检察官、法官及被告签名，方始完备（第72条）。此外，如同案有数名被告，则应隔别讯问（第69条）。对被告自白应审查其是否出于自愿，且在认定时应遵照补强规则（第303条）："被告之自白非出于强暴、胁迫、利诱、诈欺及其他不正之方法且与事实相符者，得为证据。被告虽经自白仍应调查必要之证据以察其是否与事实相符。"庭审时如被告否认犯罪，可当庭宣读庭前自白（第302条）。

证人有作证的义务，可以强迫其作证，违者可以拘提或处以罚金、承担相应费用（第98、102条），但对特殊身份者（大总统、国务员、国会议员等）或者有正当理由不能到案作证则要到其住所讯问（第100、101条）。法典还规定了公职人员、亲属、特定职业者，以及因陈述而自证己罪的证人，有权拒绝作证（第104、105、106、107条）。证言应出自证人自愿的连续陈述（第118条），讯问时不得使用强迫、胁迫、利诱、诈欺及其他非法方法（第120条），①且如有数名证人时，应分别讯问，未经讯问者不得在场，禁止证人谈论案件，但必要时，可以命证人与其他证人或被告对质（第110条）。除有法定情形外，证人作证时应当首先具结（第112条）。其中，除非预料审判时该证人不能出庭作证，或者依靠证人证言决定是否实施羁押、扣押、搜索等强制措施时需要具结者外，侦查和预审阶段证人作证无须具结（第113条）。但如是：1. 未满十五岁者；2. 因精神障碍不解具结之义务及效果者；3. 与本案有共犯或有藏匿犯人及湮灭证据罪赃物罪之关系或嫌疑者；4. 本属享有拒绝作证权利人，没有行使该拒证权而作证者；5. 在私诉程序中与私诉人存在一定亲等关系而作证者（第114条），也无须具结。法典还就具结的具体内容做出了规定（第117条），并规定了拒绝具结或作证者将处以罚锾及赔偿相应费用（第121条）。这些规定一方面沿袭了《大清刑事诉讼律草案》中的"具结"制度，另一方面，具结适用范围较前者更广且更具操作性。证人证言笔录应记载讯问及证人陈述的内容、证人具结或不具结的事由、讯问时间及地点等，经过证人核对、签名，并由主持讯问的检察官或法官签名。鉴定人以其鉴定意见为证据，其作证程序、具结方式同于证人，但应有学识经验或有鉴定职务者（第125条）。

与证人不同的是，法庭不得对鉴定人采取拘提及将罚锾改罚为拘役等人身强制措施（第125条）。当事人可以对鉴定人以其为本案法官的理由申请回避，但不得以鉴定人曾为该案证人或鉴定人的理由申请其回避（126条）。关于鉴定人鉴定方式，该条例第129、130条规定，鉴定人可以检阅卷宗及证据物件，鉴定经过及结果应命鉴定人报告，鉴定人有数人时可以共同报告，但意见不同者应将各意见及其理由一并报告。如是书面形式进行鉴定报告的，必要时应以言辞方式进行说明。对不完备的鉴定，法庭可以命令增加人数或命令其他人继

---

① 该规定同样只是讯问方法的禁止而非证据资格的禁止，因此，非法所得证言效力实际上可以使用。

续或另行鉴定（第131条）。关于讯问证人、鉴定人的顺序，依据第309条的规定，应先由审判长讯问，次由申请传唤的当事人诘问，再由对方当事人诘问。该讯问顺序适用于庭外对证人的讯问（第316条）。之后，审判长可以继续讯问证人、鉴定人，并可以在证人、鉴定人陈述后命将其于侦查或预审时的讯问笔录当庭宣读（第312条）。类此情形也适用于曾在侦查或预审时已经讯问的证人、鉴定人、共同被告人，如因死亡、疾病或其他事故不能在法庭上讯问者（第315条）。

关于物证和书证，法典规定，物证应向被告出示，命其辨认并讯问被告有无辩解意见（第307条），书证及其他可作为证据的文件由审判长或命书记官宣读，当事人无异议时，可只告以文件要旨。如被告有疑惑，应加以说明（第308条）。物证、书证的收集程序，主要见诸勘验和搜索、扣押的规定中。关于勘验，"刑诉条例"规定了勘验的执行主体，侦查中由检察官、预审中由预审推事、审判中由法院或受命推事执行，且对妇女的检查应由医师或妇女执行，尸体检查者则应有医师或检验吏一同前往进行勘验。条例还规定了勘验对象，即"一、履勘犯所或其他与案情关系之处所；二、检查被告或被害人之身体；三、检验尸体；四、解剖尸体；五、检查与案情有关系之物件"（第163、164、166、167条）。勘验笔录应记载时间、地点等必要事项，并由主持勘验者签名（第170条）。

条例关于搜索和扣押的规定实为该两类证据的保全程序。扣押具有强制性，但对具有该法第104条至107条规定的身份的持有人等不得罚款或拘役（第135条）。法典还规定了公署保管文书等物件以及邮件的扣押程序（第136、137条）。法典第149条至154条规定，搜索应有搜索票，由检察官、预审推事、审判长或受命推事签名，并应在其中明确记载搜索内容。但检察官或推事可以进行无票搜索。执行拘提、逮捕或羁押时可以进行附带搜索。法典规定了特定情形下对住所、船舶的紧急搜索（第155条）。非紧急情况下，禁止夜间搜索（第156条），但如是假释者住所、旅馆、餐饮店或赌博等场所，可以进行夜间搜索（第157条）。法典还规定了进行搜索的具体程序。

法典关于证据调查的规则较为详尽：规定证据调查完毕后，进入法庭辩论阶段，辩论顺序为检察官、被告、辩护人（第323条）。证据调查完毕后，进入法庭辩论阶段，辩论顺序为检察官、被告、辩护人（第323条）。为了使法

47

官在庭审中尽可能兼听,在辩论终结后,被告有最后陈述的权利。这样的程序安排试图在保障被告诉讼权利的同时,保证法官的客观公正,以利于心证的形成。

可以看出,法庭调查中,条例延续了《大清刑事诉讼律草案》的立法传统,由审判人员负责证据调查,讯问被告等,体现出大陆法系职权主义的庭审色彩。

通过《刑事诉讼条例》与《大清刑事诉讼律草案》的比对,可以更加清楚地看到二者之间在证据制度上的继承和变化关系。

《刑事诉讼条例》与《大清刑事诉讼律草案》的比对

法典 规定内容	《大清刑事诉讼律草案》	《刑事诉讼条例》
关于自由心证及证据裁判原则	326:认定事实应以证据;证据之证明力任推事自由判断。	305:犯罪事实应依证据认定之。 306:证据由法院自由判断之。
关于心证依据	250:判决,应据当事人之言辞辩论行之。但有特别规定者,不在此限。	188:判决除有特别规定外,应本于当事人之辩论为之;法院之裁决于审判时为之者应经当事人之陈述。
关于审前笔录	322:下列文件,得为证据: 第一,起诉后由审判衙门或受命推事作检证、搜索、扣押、保管、讯问证人之笔录及补充文件、图画; 第二,官吏、公吏据其职务证明身份、年龄、前科等项之文件; 第三,外国官吏、公吏据其职务证明身份、年龄、前科等项之文件,但以该文件经真正证明为限; 第四,鉴定者或鉴定笔录及补充之文件、图画。	

<<< 第二章 近代证据知识的制度化表达：清季至民国证据制度立法评述

续表

法典 规定内容	《大清刑事诉讼律草案》	《刑事诉讼条例》
关于审前笔录	323：起诉前由检察官、司法警察官或依法律有审判检察权限者所做检证、搜索、扣押、保管等笔录及对于被告人、共同被告人、证人、鉴定人之讯问笔录及补充之文件、图画，有下列各款情形者，得为证据。其依条约而为诉讼上共助之外国官吏或官厅所作者，亦同： 第一，以笔录及补充之文件、图画为证据，当事人声明无异议者； 第二，因处所或物之所在遥远或已消灭或其他事由不能再行调查或难于调查者； 第三，因共同被告人、证人、鉴定人亡故、疾病、路途遥远、所在不明或其他事由不能再行讯问或难于讯问者； 第四，被告人、证人于起诉后之陈述较起诉前之陈述有重要变更，认为无理由者； 第五，被告人、证人在公判中拒绝陈述者。 324：初级审判厅管辖的案件，如果该审判厅认为无须再行调查，虽缺乏前条所规定的条件，仍然应当以前条所说的起诉前笔录及补充文件、图画作为证据。	无

49

续表

法典 规定内容	《大清刑事诉讼律草案》	《刑事诉讼条例》
关于证据保全	第三章诉讼行为第三节第119—149条，内容涉及：检证、搜索、扣押、保管。	分属于第二编第九章"搜索、扣押"第十章"勘验"（第134—171条）。
关于被告自白证明力	无	302：被告不认犯罪而于侦查或预审时曾经自白者，审判长得命将其自白当庭宣读。 303：被告之自白非出于强暴、胁迫、利诱、诈欺及其他不正之方法且与事实相符者，得为证据；被告虽经自白仍应调查必要之证据以察其是否与事实相符。

可以断言，法典关于证据和证明的条款是对《大清刑事诉讼律草案》的继承，但法典注意吸收当时刑事证据搜集制度中较为文明的制度如搜索、扣押等，使得整个证据制度更为成熟、理性，这是值得肯定的地方。然而，法典没有如"刑律草案"关于审前笔录证据资格的规定，实为一大缺憾。此外，法官主导法庭调查并亲自讯问被告、证人和鉴定人等，体现了法典不同于"刑律草案"职权主义的审理方式。

（二）《民事诉讼条例》中的证据制度

首先，关于证据评断的规则。法典第327条规定："法院应斟酌全辩论意旨及调查证据之结果，依其自由心证判断事实之真伪，但法律有特别规定者，不在此限。"该条第2款规定："得心证之理由应记明于判决。"本条涉及心证前、心证过程中和心证形成后3个阶段的制度规范，明确了除非特定

<<< 第二章　近代证据知识的制度化表达：清季至民国证据制度立法评述

情形，心证应以当事人意思表示即辩论主义①和证据裁判为基础，并且公开说理。

其次，关于证据调查。法典以辩论主义为证据调查的基础，确立了现代民事诉讼的通行原则。依照辩论主义，法官在进行证据调查时，应行使诉讼指挥权，保障当事人的辩论权，适时行使职权主义调查（第243条）。参与辩论人如果认为审判长关于诉讼指挥的裁决或审判长及陪席推事的发问或晓谕违法，可以提出异议，法院应就异议为其裁判（第245条）。如当事人在准备程序阶段已由受命推事命其陈述，而不就事实或证据为陈述或拒绝陈述者，不得于言辞辩论时再作陈述。但如经他造当事人同意或经释明发生在后或知悉在后时，可以在言辞辩论时继续主张（第321条）。遵照辩论主义和处分权主义，原告在言辞辩论中舍弃其关于诉讼标的主张者，法院应本于该舍弃做出原告败诉的判决；而对于被告在言辞辩论时认诺原告关于诉讼标的主张者，法院则应本于该认诺做出被告败诉的判决（第455、456条）。相应地，如在言辞辩论时，当事人一方不到场者，依到场当事人之声请，由其一造辩论而为判决，但应斟酌以前辩论及调查证据的结果，以及未到场人所准备的书面陈述（第457条）。为了保障言辞辩论的有效进行，对以下几种情形，法庭应裁决延展辩论日期，即：一、不到场的当事人未于相当时期受合法之传唤者；二、可认为当事人是因天灾或其他不可避免的事故不能到场者；三、到场当事人对法庭所应调查的事项不能为必要的证明者；四、到场的当事人所提出的声明事实或证据方法，未于相当时期通知他造者（第458条）。

再次，关于证据规则。与《大清民事诉讼律草案》略有不同，《民事诉讼条例》依次规定了人证、鉴定、书证和勘验等几种证据，并就每一证据的收集和调查程序做了规定。证人作证前应命符合具结条件者具结，讯问时应隔别进

---

① 按照通说，辩论主义主要包括以下三方面内容：（1）直接决定法律效果发生或消灭的必要事实（主要事实），只有在当事人的辩论中出现才能作为判决的基础，法院不能将当事人未主张的事实作为判决的基础；（2）法院当且仅当将双方当事人无所争议的主要事实当然地作为判决的基础；（3）法院能够实施调查的证据只限于当事人提出申请的证据，法院有条件地行使职权调查证据。（高桥宏志. 民事诉讼法：制度与理论的深层分析［M］. 林剑锋，译. 北京：法律出版社，2003：329.）

行,必要时命证人对质(第373条)。证人作证应以言辞的方式连续陈述其所知事项,除非审判长许可,不得以朗诵文件或以笔记替代,其间,审判长可以向证人进行必要的讯问,当事人经审判许可,可对证人发问(第374、375、376、377条)。法院如认为证人在当事人前不能尽其陈述时,可以命当事人退庭,但证人陈述完毕后,审判长应命当事人入庭,告以陈述之事项(第378条)。鉴定人作证程序和方式基本同于证人,首先需要具结,鉴定过程中,可申请调取物证或讯问证人(第396条)。

法典对书证的规定较为详备。书证的审查判断主要从以下3个方面进行:一是证书制作的主体;二是证书内容与待证事实的关联性;三是如果为某人关于观察事实结果的报告文书,则应审查该制作人的观察力和记忆力。条例还明确规定了一些书证具有完全的证据力,但允许反证:官吏或公吏在执行公务时按照规定的程式制作的命令、处分或裁判文书,用以证明该命令、处分或裁判确实存在时,或者记明在官吏、公吏前陈述的文书,用以证明有此陈述时,书证所记事项有完全证明力。其他公证书以官吏、公吏直接所知者为限,视为有完全证据力,对真伪有可疑者,可令相关官吏或公吏陈述其真伪(第400、421条)。外国之公证书,其真伪法院应斟酌一切情形进行断定。但经驻扎该国之中国公使或领事证明者,推定其为真正(第422条)。私证书经作成文书之人签名或有法院或公证人认证者,就作成人曾为该文书内所揭陈述有完全证据力,其真伪判断可通过核对笔迹的方式进行,由法院自由心证其结果,必要时可命鉴定,但允许反证(第401、424条)。不论公私证书,如有增加或删除文字或其他疵累者,法院本自由心证确定其是否具有证据力(第402条)。调查证书时,根据最佳证据规则,法院可以命令提出公证书或私证书的原本,并命令相关人员释明不能提出的理由。对不遵守法庭命令,不提交原件或者做出说明,法院可自由判断该缮本的证据力(第418条)。条例亦规定了特殊情形下对书证的委托调查方式(第419条)。条例还就其他具有书证效用的文书,做了准用关于书证证据力的规定(第429条)。

法典从勘验物是否真正及其与待证事实之间的关系两方面就勘验做了规定。不论书证或者勘验,当事人无正当理由不遵从法院命令且不提出该证书或勘验时,法院均可据此依自由心证做出相应的判定(第408条)。

<<< 第二章 近代证据知识的制度化表达：清季至民国证据制度立法评述

值得注意的是，该条例在"证据通则"部分专门就法官可无须证据而直接予以认定的事实做了规定，开我国法官直接认定事实即免证事实的先河。而且，这些条文在同期的刑事诉讼法典中尚无规定。此类免证的事实包括：一是显著的事实法官可直接予以认定，但允许当事人就该事实进行辩论（第329条）；二是一方当事人对于对方当事人主张的事实，如果在准备书状或言辞辩论中，或者在受命推事或受托推事前自认者，法院可以直接认定，但是，当事人对自认有所附加或限制者，是否可以其自认而直接认定，由法官自由判断（第330条）；三是一方当事人对于他造主张的事实，在被明确告知应该做出应答而不回应，或者在其他事实的陈述中，也无回应的意思的，可作为自认而由法官直接认知，但对当事人对他造所主张事实并不知晓或没有记忆的，则由法官自由判断（第331条）；四是由法律明确规定可直接推定的事实或者依照经验法则，从其他事实推定的事实，皆可直接认定（第332条）。

总之，1921年制定的《民事诉讼条例》是在参酌《大清民事诉讼律草案》的基础上编纂而成的，有关证据制度之间的承继关系亦十分明显，但较之后者，一个不争的事实是，"民诉条例"在有关证据制度的规定上更加成熟且更趋体系化，比较如下。

《大清民事诉讼律草案》《民事诉讼条例》比较

规定内容\法典	《大清民事诉讼律草案》	《民事诉讼条例》
关于自由心证	393：审判衙门应斟酌辩论意旨及证据调查结果，以自由心证判断事实上主张之真伪，但法律有特别规定者不在此限。得心证之理由应记明于判决。	327：法院应斟酌全部辩论意旨及调查证据之结果，依其自由心证判断事实之真伪，但法律有特别规定者，不在此限。得心证之理由应记明于判决。

53

续表

法典 规定内容	《大清民事诉讼律草案》	《民事诉讼条例》
关于自由心证的例外	415：官吏、公吏于职务上按法定程式作制之文件，从下列各款；其所记事项有完全之证据力，但仍得举出反证： 第一、记明官吏、公吏前述之书状，证其有此陈述； 第二、记明在官吏、公吏前陈述之书状，证有此陈述； 第三、记明前二款以外事项之书状，以官吏、公吏直接所知者为限，证其事实之真实。 416：私证书以有当事人签名，或审判衙门或公证人之认证者为限，有证明当事人已为该证书内陈述之效力，但仍得举出反证。 437：得认作公证书之书状，应推定其为真正。 292：言辞辩论程式之遵守，得专以笔录证之。	400：官吏或公吏于职务上按定式作成之文书，从下列各款就其所记事项有完全之证据力，但仍允许反证。 一、记明官吏、公吏之命令、处分或裁判之文书，证其有此命令、处分或裁判； 二、记明在官吏、公吏前陈述之文书，证其有此陈述； 三、记明前二款以外事项之文书，以官吏、公吏直接所知者为限，证其为真实。 401：私证书经作成文书之人签名或有法院或公证人之认证者，就作成人曾为该文书内所揭陈述有完全之证据力，但仍许反证。 40：管辖之合意，应以文书证之。但经法院书记官将其合意记明笔录者，不在此限。 259：言辞辩论程式之遵守，专以笔录证之。
关于证据形式	分为人证、鉴定、证书及检证等四种证据形式。	人证、鉴定、书证和勘验。

续表

法典 规定内容	《大清民事诉讼律草案》	《民事诉讼条例》
关于证据调查	草案确立了当事人进行主义庭审方式，由当事人按照言辞辩论主义及相关程序公开进行举证、质证和辩论（第263-268条）。同时，为避免诉讼迟延，证据调查于当事人之一造或两造届期不到场者，也可以进行。而对当事人不到场，不能进行证据调查之全部或一部者，如果不会导致诉讼迟延，可根据声明，追复或补充侦查（第359条）。另一方面，根据处分权主义，当事人可就相对方的主张做出认诺、抛弃、自认及撤回等处分（第288条），并且这种承认还可以是默示的，"当事人不争执之事实，若并不能因他项陈述显其争执意思者，视与自认同"（第266条）。	第340-351条，涉及庭上调查和庭外调查等。

三、南京国民政府时期的证据立法

1928年12月29日，东北保安总司令张学良正式通电宣布：从即日起遵守三民主义，服从国民政府，改旗易帜，国民政府至此实现了全国统一。此后，国民政府开始大规模的政治、经济和文化建设，进入"黄金十年"时期。遗憾

55

的是，由于日本外寇入侵和内战以及蒋介石政府逐渐走向独裁专制，这一社会政治现代化的进程受到多重窒碍，法治的现代化建设亦自难置身于外而不受影响。不过，直至1949年前，在形势强于人的内外现实压力下，作为一个文明存续体的中华民族，一直在积极尝试着继续推进政治、经济和社会的现代转型，尽管其中裹挟着各式各样诸如延续独裁、平息民怨及换取友声等动机。以上约略构成1928至1949年间民国政府法治建设的大背景。

1930年12月，南京国民政府先行公布了《民事诉讼法》前5编，次年2月，公布了人事诉讼部分。由于该法制定仓促，施行不久，司法行政部就提出修正草案。至1935年2月，又公布了新《民事诉讼法》。刑事诉讼方面，1928年7月，正式公布了《刑事诉讼法》，但同样由于制定仓促，旋即又提出修正，至1935年1月，公布了新的《刑事诉讼法》。至1946年，两部法典重又修订，此为1949年以前南京国民政府做出的最后一次修订，因此，1946年的两部诉讼法典代表着这一时期诉讼和证据立法的最高水平。在两部诉讼法典之外，还有关于两部诉讼法典的施行条例，以及南京国民政府司法部颁布的《办理民事案件应注意事项》及《办理刑事案件应注意事项》，内中涉及部分证据制度。此外，南京国民政府最高法院还就有关证据的运用问题做出决议和判例，这些对司法实践亦具有指导作用。以上为这一时期的证据法律制度的制定及解释状况。本节重点梳理1946年后修订的民事及刑事诉讼法典中有关证据制度的立法情况。

（一）《民事诉讼法》中的证据规则

首先，关于证据评断，该法典第222条规定："法院为判决时，应斟酌全辩论意旨及调查证据之结果，依自由心证，判断事实之真伪。但别有规定者，不在此限。"即心证必须以言辞辩论为基础，通过证据调查，在自由心证的基础上形成。同条第2款还规定了心证公开的原则，即"得心证之理由，应记明于判决"。（《六法全书》）与此前北洋政府时期的《民事诉讼条例》一样，本法也规定了一些自由心证原则的例外。其一，"文书依其程式及意旨得认作公文书者，推定为真正"。当然，如果感觉公文书真伪可疑，法院可以请求制作该文书的公署或公务员陈述其真伪（第355条）。其二，外国之公文书，通常由法院审酌情形断定真伪，但如经驻在该国之中华民国大使、公使或领事证明者，推定为真正（第356条）。如是受命推事或受托推事就文书所做的调查，

<<< 第二章 近代证据知识的制度化表达：清季至民国证据制度立法评述

受诉法院可以推定其笔录内所载事项为真正（第354条）。此外，对于私文书，如经本人或其代理人签名、画押、盖章或按指印或有法院或公证人之认证者，也应推定为真正（第358条）。

其次，关于证据调查，法典规定了证据调查的一般原则和言辞辩论的程序。关于证据调查的一般原则：证据调查在法官的主持下进行，奉行不干涉主义，但是，作为这一主义的例外，法官对那些认为不必要进行调查者，可不进行调查（第286条）；或者，对于不能以当事人声明的证据而得心证或因其他情形，认为必要时，又可依职权调查证据（第288条）。为提高诉讼效率，同时严格课责于当事人，证据调查时，如一方或两方当事人不到场时，也可以进行（第296条）。证据调查还以必要的庭外委托调查为补充：法院可以委托公署、学校、交易所或其他相关团体，进行必要的调查（第289条）；法院还可在认为适当的时候，安排庭员作为受命推事或嘱托其他法院推事进行证据调查（第290条）；遇有应当在外国调查证据者，还可嘱托该国管辖官署或驻在该国的中华民国大使、公使或领事进行调查（第295条）。

关于言辞辩论，法典第四章第五节专门规定："言辞辩论以当事人声明应受裁判之事项为始"（第192条）。该法所采用的是广义上的言辞辩论主义，除当事人所谓须以言辞辩论的形式外，证人、鉴定人陈述及准备程序、宣示裁判等均应以言辞形式。并且，当事人应就诉讼关系进行事实上和法律上的陈述，"不得引用文件以代言辞陈述，但以举文件之辞句为必要时，得朗读其必要之部分"（第193条第2款）。基于辩论主义的要求，在制作判决时，对于言辞辩论期日一方当事人不到场者，可以依照到场当事人的申请，由其一造辩论而为判决。对此前已经有的辩论或者证据调查或未到场人有准备的书状作为陈述的，应予以考虑。此外，对未到场人以前声明的证据，对认为有必要者，应进行调查（第385条）。对于未能充分进行言辞辩论的以下几种情形，法庭应裁定延展辩论期日：一、不到场的当事人未于相当时期受合法传唤者；二、当事人因天灾或其他不可避免的原因而不能到场者；三、到场当事人对于法庭所应依照职权调查的事项，不能进行必要的证明者；四、到场的当事人所提出的申明事实或证据，未于相当时期通知他造者（第385条）。

法典还延续了《民事诉讼条例》的立法传统，在证明责任规则上，规定了法官可直接认定的免证事实。一是对于法官来说已经显著的事实或其职务上已知的事实，为防止法官在直接认定时构成对言辞辩论主义的侵害，法典规定，在法官做出裁判前，应使当事人就其事实有辩论的机会（第278条）。二是当事人主张的事实，对方当事人在其准备书状或言辞辩论时或在受命推事、受托推事前自认者，当事人无须举证，法官可直接认定。但当事人在自认中附有条件或限制者，是否视为有自认及当事人撤销自认后的效力问题，由法官审酌判断（第279条）。与此相关，当事人对对方当事人所主张的事实在言辞辩论时不做争论的，视同自认。如当事人对于对方当事人所主张事实不知晓或不记得者，由法官裁量适用自认（第280条）。三是法律上推定的事实，法官可直接认定，或者由法官依照已明了事实，推定出应证事实者（第281、282条）。

在各类证据的收集和调查上，按照法定调查程序和法定证据种类的要求，法典分别做出具体的规定。

人证调查自查明证人身份、告知其权利和义务开始。在符合具结条件者具结后①，即进入正式调查。证人讯问应隔别进行，审判长认为必要时，可以命证人对质（第316条）。讯问开始时，审判长应先讯问证人姓名、年龄、职业及住所居所。法庭在认为必要时，应讯问证人与当事人之间的关系以及其他与证言有关的信用事项（第317条）。证人应以言辞的方式，就其所感知的事实进行连续陈述，除非审判长许可，否则不能以朗读文件或笔记的方式进行（第318条）。审判长及陪席推事可以对证人进行必要的发问（第319条）。当事人经审判长许可，可对证人进行必要的发问（第320条）。如当事人在庭有碍证人陈述时，法庭可命当事人退庭，但证人陈述完毕后，审判长应当命当事人出庭，并告之以陈述事项（第321条）。法典沿袭了此前条例关于拒绝作证的规定（第306~308条），不过证人拒绝作证应释明原因，法庭对此有裁量权（第309条）。

该法典继续循依大陆法系关于鉴定制度的规定，对需要鉴定的事项，由受诉法院选任并确定鉴定人数，不过如果法院难以选任可以胜任的鉴定人选时，可以命令当事人选定，但法院有权予以撤换（第326条）。鉴定人作证时，应

---

① 按照该法有关具结的规定，未满十六岁或因精神障碍不能了解具结意义及其效果者，或者与当事人有法定关系者，不得令其具结（第314条）。证人应朗读结文，并于结文中记载当据实陈述绝无匿饰、增减等语（第313条）。

当具结,对其进行质询时,适用证人讯问程序。数人同为鉴定时,可命其共同或分别陈述鉴定意见(第336条)。

法典规定了各类书证(文书)的收集和调查,涉及公文书、私文书、商业账簿等的具体收集程序。书证以最佳证据规则为基准,因此,在调查中,法院可以命令当事人提交文书的原本。如不提交或无法提交原本者,法院将依心证自由判断该文书缮本的证据力(第353条)。判断文书的真伪,可以通过核对笔迹或印迹进行,该方法同样适用于勘验文书(第359条)。如无适当笔迹可供核对,法院可以指定文字命该作成文书者书写,以供核对(第360条)。该法典同时还就勘验笔录的调查做了规定,即有关文书、鉴定等证据调查方法也可适用于勘验。

再次,法典还规定了证据裁判主义原则。即诉讼及其主张应以证据为基础,并符合法定的证据种类(第194条)。书证在法庭调查中应贯彻最佳证据规则以及这一规则的例外。《民事诉讼法》第118条规定:"当事人于书状内引用所执之文书者,应添具该文书原本或缮本,其仅引用一部分者,得只具节本,摘录该部分及其所载年、月、日并名押、印记。如文书系他造所知或浩繁难于备录者,得只表明该文书。"如引用非其所执之文书或其他证物者,"应表明执有人姓名及住居所或保管之公署,引用证人者,应表明该证人姓名及住居所"。

与此前北洋政府时期的《民事诉讼条例》相比较,法典在有关证据制度的立法上并无多少新规的创制。不过,该法典有很多删繁就简的举措,突出表现在有关心证例外的规定上。笔者以为,原《民事诉讼条例》在此规定上稍显累赘,新法典的立法取向较为可取。

(二)《刑事诉讼法》中的证据规则

由于1946年修订后的《中华民国刑事诉讼法》与《大清刑事诉讼律草案》及《中华民国刑事诉讼条例》在渊源上一脉相承,因此,该法典在证据制度上的规定也基本延续了此前的立法传统,即从形式上看,《刑事诉讼法》仍然与此前的两部法典一样,并没有独立的证据立法,只是在总则编中将其纳入诉讼行为中予以规范,混同了侦查取证程序与作为证据资格条件之一的法定

59

调查程序①；此外，是在一审审判程序中就如何调查各类证据做了规定。这样的制度安排结构先在地决定了有关证据制度秉有的因袭性。不过，其证据制度的立法也发生了不少变化。

其一，关于证据评断的规则。法典规定，证据证明力由法院自由判断（第269条），同时规定了"犯罪事实应依证据认定之"（第268条）的证据裁判原则。从规则自身判断，法典与此前《刑事诉讼条例》的规定并无二致，既没有前清草案中的推事自由判断，②也没有表明心证中应当受到经验法则与伦理法则约束的条文。此外，除关于自白需要补强的例外，即"被告虽经自白，仍应调查其他必要之证据以察其是否与事实相符（第270条）"，法典中没有就其他符合条件的自由心证的法定例外做出规定。

其二，法典规定了法庭调查的顺序及各类证据的调查程序、调查内容等。法庭调查自讯问被告开始，审判长应在检察官庭审开始时宣读起诉要旨后，就犯罪事实问题向被告讯问，并随之展开证据调查（第266，267条）。对被告自白的证据力问题，法庭应根据法律规定，首先审查其是否缘自强迫、胁迫、利诱、欺诈或其他不正当的方法而被迫做出的；其次是审查该自白是否与事实相符（第270条）。但法典仅将被告的调查限制在自白的范围内，没有就被告的其他言论如否认或辩解的言论做出规范，也没有对被告的庭外陈述在法庭中应如何调查做出明确规定。类似情形在其他庭外陈述中同样存在，仅有的规定是在第272条：卷宗内笔录及其他文书可为证据者，应向被告宣读或告以要旨。如该类文书有关风化、公共安全或者有损他人名誉者，应交被告阅览，必要

---

① 从条目看，《大清刑事诉讼律草案》在"诉讼行为"中以"被告之讯问；检证、搜索、扣押；证言、鉴定；急速处分；文件"等章节规定了各类证据的取证程序。《中华民国刑事诉讼条例》在"总则"中以"被告讯问；证人；鉴定人；扣押及搜索；勘验；文件"等章节对各类证据如何取证做出了规定。而1946年的《中华民国刑事诉讼法》也是在"总则"中以"文书；被告之讯问；搜索及扣押；勘验；人证；鉴定"等章节对取证程序做了规定。上述编排体例虽有一些变化，但总体上维系了一以贯之的传统。这种编排体例已受到台湾地区学者的訾议。参见林钰雄《干预处分与刑事证据》，第七章"从基础案例谈证据禁止之理论与发展"中的论述。这一编排体例直到2001年方始修正，自该次修正始，证据作为正式章节列入法典。

② 这里需要说明的是，立法中的这一变化，至今似不为人觉察，现今中国台湾地区"刑事诉讼法"第155条仍旧沿用"法院"这一用语。笔者认为，仅就语词来说，法院与法官各自的所指显然判然有别，但置身汉语语境，二者在能指上又有着某种程度的契合，但纵如此，仍不应将二者混同。

<<< 第二章 近代证据知识的制度化表达：清季至民国证据制度立法评述

时，向被告释明。① 这种便宜主义侦查模式混合职权主义的法庭调查模式所带来的负面影响，不容忽视。

在对被告调查完成后，是关于其他证据的调查。物证应在法庭上出示供被告辨认。如是图文等而被告不能理解的，应当告知其要旨；如文书内容有关风化、公共安全或有损他人名誉之虞者，应交被告阅读，不得宣读（第 271 条）。书证以及卷宗内的笔录等的调查已如前述，兹不赘述。

证人、鉴定人由审判长讯问后，当事人及辩护人可以申请审判长许可或者直接诘问证人（第 273 条）。为了有利于证人、鉴定人陈述，如果存在证人、鉴定人或共同被告在被告面前不能陈述的情形，可以在其陈述时命被告退庭。但陈述完毕后，应当再命被告入庭，并告之以陈述要旨（第 276 条）。证人、鉴定人调查中的这种法官替代检察官径行讯问的现象与前文所述的影响法官中立一样，不利于法官心证形成的客观性。

证据调查完毕后，审判长应当命令法庭按检察官、被告、辩护人的顺序依次就事实和法律问题进行辩论（第 282 条），并且，审判长在宣示辩论终结前，最后应当询问被告有无陈述（第 283 条），以利查明事实，促进法官心证的形成。

法典还沿袭了此前的刑事诉讼法典关于搜索、扣押等证据保全的制度（第 122~153 条），以及勘验、人证、鉴定等制度（第 154~197 条）。因无太多变化，故略而不述。

1946 年修订后的两部诉讼法典，在对清末以及北洋政府时期的刑事、民事证据制度立法承继的同时，也因以简化司法程序、提高司法效率以及着重惩治犯罪为目标的司法改革而做了一定程度的调整。② 如果对这两部法典作一横向

---

① 基于便宜主义侦查的考虑，法典就侦查过程中对被告的讯问应由何种合乎资格主体进行并如何制作该讯问笔录等，均没有规定。这使法庭上如何审查被告庭外陈述笔录的证据能力缺乏依据，既简约了北洋政府《刑事诉讼条例》中有关侦查过程中讯问被告的程序、主体等规定，也与《大清刑事诉讼律草案》中模拟日本刑事诉讼中的侦查程序相距甚远。在证人庭外讯问、庭外调查等笔录的制作中，法典都没有关于制作主体资格、制作程序的规定。

② 民事诉讼这一改革的大致情形可参见吴泽勇. 动荡与发展：民国时期民事诉讼制度述略［J］. 现代法学，2003（1）：48-54. 刑事诉讼中，囿于当时特殊的国内社会治安形势，注重对犯罪的惩治，遂成为这一时期的主要目标，法官的职权主义得到强化，并对心证的形成过程产生影响。

61

比较，则民事诉讼中有关证据制度立法的"理性化"有着十分清晰的发展轨迹，而刑事诉讼中，由于受到职权主义诉讼理念的影响，有关证据制度立法存在一定程度的迂回和曲折。因此支撑两部法典的证据知识体系表现出不一致性。

四、本章小结

从时间跨度上看，近代证据制度立法跨越了近半个世纪，历经几代法律人的努力。就此而言，整个立法实际上是一项浩繁的工程，凝聚了几代法律人的心血，尤其是清季修律的"礼法之争"中，以沈家本为代表的"法理派"等在"参酌各国法律，悉心考订，妥为拟议，务期中外通行"（《清实录·德宗朝卷四九五、四九八》）的劬劳之外，还要承受来自"礼教派"人士訾议、诟病乃至去职的心理压力，其间所经历的辛累，确属不易，由此折射出法治现代化在中国起步之艰难。同样，"法学匡时为国重，高名垂后以书传"，近代法律人之于中国法治现代化的杰构，其功业不可被漠视，应当为后人所铭传。

就立法内容而言，近代证据制度立法经历了从无到有、从简单到复杂并逐渐系统化、理性化的演进之路，反映了汉语世界对证据制度认知上的日渐成熟，验证了笔者在本章开头的判断。但证据制度自身逐步完善的内在逻辑即表面的自洽性，离不开其背后日渐丰实的证据法学理论知识的襄助，而后者在演绎过程中经历了怎样的发展历程和知识演绎的逻辑，其层累而成的证据知识在今天的汉语世界中担纲着何等角色，所予今天的启示是什么，同样值得认真研究。这正是笔者下文欲拟探究的问题。

第三章

近代证据法学知识体系的学理演绎

如前文所述,近代证据立法演进遵循的是制度发展的应然逻辑,即逐步的理性化、系统化。而这一逻辑背后所依存的立法原理则离不开这一时期法律学人对证据法理的探求。近代证据法理的演进一如前文所揭示的自由心证学理的发展轨迹,也相继经历了从单纯的译介到学理在汉语世界自主表达进而完全内化为本土证据法学知识的过程。

为了叙述的方便,本书拟将近代证据法学学理演进的历程分为译介、注释和独立言说3个阶段。由于注重的是汉语世界证据学理的逻辑展开,所以本书的评述阶段划分并非以时间的先后为标准,而是以证据法学理在汉语世界的发达程度为划分依据。不过,历史与逻辑有时是重叠的,所以,大致来说,这里的3个阶段也与近代从清末到南京国民政府时期的政制变革、整个近代法律制度的演进历史有一定程度的一致性。[①]

一、译介:对近代证据法学知识体系的原初认知

首先需要说明的是,如笔者在前文关于"自由心证"在汉语世界的演进历史中已经揭示的,在中西法律文化的碰撞中,远在清末修律前,就已经有译著等将证据知识输入汉语世界。尽管如此,汉语世界大规模的对证据法理的译

---

① 需要说明的是,历史与逻辑的二分是有限的。因为历史方法是依照对象发展的自然进程揭示其规律,属于描述性的方法。逻辑方法是通过概念、范畴、理论等形式概括反映对象发展的规律,属于理论思维的方法。但问题是,描述性的历史必然借助概念、范畴等方才使描述成为可能。也就是说,历史与逻辑的统一有其先在的基础。因此,所谓历史与逻辑的二分,本身即是一种理论研究方法上的人为预设。

介，实起自清末修订法律馆成立以后，因此，考察有关证据法理的原初认知，仍应以修订法律馆成立后对近代证据法的译介为重心。此其一。其二，就汉语世界近代证据法学知识自身从缘起到发达而言，则1933年留日归来的张知本在上海翻译出版的日本学者松冈义正《民事证据论》，实为汉语世界证据知识的源头，尤应值得关注。虽然该书原作和翻译时间较晚，但汉语世界证据法的概念实际都以此为源头，我国证据法学研究中大多数约定俗成的名词，均可以追溯到该书。其直接原因是，作者曾于1906年以法律专家的身份与另一位日籍专家志田甲太郎共同受聘于修订法律馆，在修订法律馆讲学并直接参与了清末修律活动，其于修订法律馆授课内容均被编译成书。① 因此，本书有关汉语世界近代证据法学知识的译介情况，将以修订法律馆时期的译著及松冈义正的《民事证据论》为重心，同时辅以松冈义正在修订法律馆讲述的《民事诉讼法》以及另一位受聘于修订法律馆的日籍专家志田甲太郎的证据学知识，作一初步梳理，目的在探知以日本法为核心的域外证据法律知识在汉语世界的传播情况，即证据知识的构成、概念及其内涵等，以此一窥当时国人对于外国证据法律知识的理解。

熊元襄记述的松冈义正《民事诉讼法》中，有关证据知识在该书第三编第一章"诉讼手续之主义"及第三章"通常诉讼"中。其中，第一章诉讼手续第十节及十一节分别论述了"证据分离主义与证据结合主义""自由心证主义与法定证据主义"。第三章中则论述了民事证据的基本内容。因与该氏《民事证据论》内容、表述相同，因此不再赘述。

《民事证据论》全书20万字，分总论、举证之责任、自由心证、证据手续、各个证据方法和证据保全六章。从其理论的内在逻辑判断，该书分为证明的一般理论、证明的程序、证明的方法（证据）和证据保全四个部分。作为汉语世界第一部全面系统的证据学译著，《民事证据论》呈现了从基本概念到基

---

① 松冈氏这本日文原著成书于1926年。有关修订法律馆译介及松冈义正参与清末修律活动情况的详尽梳理，可参见吴泽勇．《大清民事诉讼律》修订考析［J］．现代法学，2007（4）：186-193．另据周荣先生《证据法要论》叙言所述可以推断，汉语世界证据法的源头还应包括司法储才馆的"证据法"，以及民刑事诉讼法讲义、法官训练所的民刑事诉讼法实用讲义。但笔者尚未搜求得到，故只能以松冈义正此书及熊元襄编译的冈田朝太郎的《刑事诉讼法》为主进行梳理。

本原理完整的证据知识体系及其内在逻辑结构。①

关于证据的概念,作者认为,证据是使法院认识当事人主张事实真实与否,以及以认识"法则"与"实验规则"的内容而存在的制度。作者随之提出了形式证据主义(formellen beweissy stem)与实质证据主义(materiellen beweissy stem)的概念,并对其做出了解释,前者即法定证据主义而后者即裁定证据主义或自由心证主义。②

在"总论"第三节,作者论述了证据的意义,重点讲述了举证、证据方法及举证的结果等内容。举证是当事人希望审判官确信其主张的事实而进行的行为,属当事人行为,与证据调查为法院行为不同。证据方法是审判官在确信上的认识渊源,从形式的证据方法看,此即当事人一方要求他方所作的宣誓(德国法律中有之)。就实体的证据方法看,则为认定事实可以利用的人或物。关于举证结果,松冈氏将其界定为"使审判官对于事实之真否具有确信,即为举证或证据调查之结果"③。这实际是关于证明程度的意思,与现在证据法中关于举证结果为当事人承担了举证责任后能否完成举证责任因此产生的结果责任已不是同一个概念,由此还可窥见语词在时间纵轴上的演进。作者还进一步就举证结果即这种确信程度及其形成的原因进行了阐述,认为"最高度之确信,非人类知识进于完全之境不易为功"④。因为审判官对于某种事实确信其真实的程度,除检证外,实无绝对的确实可言,承认人类认知的非至上性。

在举证责任一章中,作者分举证责任的意义、举证责任的效用、举证责任的前提、举证责任的分担和举证责任的转换5个部分,分别介绍了举证责任的一些基本概念和理论。作者首先梳理了法国、德国及日本法律中有关举证责任制度的立法情况,表达了举证责任制度规定于民法或民事诉讼法中的理由,认为举证责任是指示法官应如何裁判而非不做裁判的制度,因此,举证责任的法则,应为诉讼法上的规则,而不属于私法上的法则。作者随之对举证责任的制度特征(意义)、举证责任的法律效果(效用)以及举证责任的分配(分担)、

---

① 本书选取的是松冈义正. 民事证据论 [M]. 张知本,译. 洪冬英,校. 北京:中国政法大学出版社,2004.
② 松冈义正. 民事证据论 [M]. 张知本,译. 北京:中国政法大学出版社,2004:1.
③ 松冈义正. 民事证据论 [M]. 张知本,译. 北京:中国政法大学出版社,2004:8.
④ 松冈义正. 民事证据论 [M]. 张知本,译. 北京:中国政法大学出版社,2004:9.

转换等内容进行了详细的阐述。

本书用专章论述了自由心证的学理。作者首先界定了自由心证，即"证据之判断或以证据之评定，一任审判官本其学识经验以为自由之确信者"①，即为近世各国通认的自由心证原则。作者继而论述了自由心证的意义（实为自由心证的基本内容）、心证形成的基础（心证形成需经合法证据调查且经言辞辩论和直接审理等）和自由心证的限制（心证受到证据规则的限制、心证对当事人及心证事实的证据力问题）。

作者在其后的三章中分别论述了证据手续、各个证据方法及证据保全问题，内容涉及证据调查、各个证据种类及证据保全程序的进行等。证据调查（广义）依次经过申请、陈述、命令调查证据的决定，以及证据调查之后的结果等程序。关于证据种类，作者将证据分为证人、鉴定人、证书、检证物4种。其中的检证物包括勘验和物证，是与现行证据划分不同的方法。

通观《民事证据论》全书，作者传递的是以证明为中心，从证明的一般理论到自由心证再到证据方法、证据保全的一元化的证据知识体系。其中，证据方法与证据保全都是作为证明的手段并服务于证明的制度和理论。值得一提的是，这样的证据知识结构一直是近代证据知识体系的基本逻辑体系。

由于作者写作该书以德国证据法知识为基础，该书的译介还传递了这样的学术信息，即效法大陆法系的诉讼制度也可以展开证据法学的独立研究，使证据法学成为独立的研究对象并具有相应的学术品格。就此而言，该书的出版对中国近代证据法学研究的兴起所产生的影响不容忽视。虽然如此，由于翻译、当时语言表达习惯等方面的原因，该书很多概念表达存在生僻和不清晰之处，一方面说明了至今普遍存在的异质文化之间的一种"不可通约性"，另一方面反映了译者在对异质法律文化知识进行翻译时的艰难摸索。此外，书中的很多关于证据理论的说法现在已不见于证据法理论中，如证据方法中的形式证据方法、证据原因、证据意义、举证结果等，或者含义发生了变化，或者已经湮灭不传。

在证据法译介的知识中，同时受聘于修订法律馆的冈田朝太郎讲授并由熊元襄记述的《刑事诉讼法》中，也有关于证据知识的阐述。在该书第三编

---

① 松冈义正. 民事证据论 [M]. 张知本，译. 北京：中国政法大学出版社，2004：62.

"诉讼行为"第一章"诉讼行为通则"中,其第二节"被告人之讯问",第三节"证据之搜集与调查",以及第二章"第一审"第一节"搜查"中,都可以看到译作者对证据知识的理解。

关于被告人陈述,书中提出以下几点:一是被告人陈述或自白,均为证据;二是自白的证据效力。一种情形是虽然有自白,但裁判官认为不实时,可宣告无罪;另一种情形是即使没有自白,也可以依照其他证据进行处罚。这种对待自白的原则与现代刑事诉讼中关于自白的使用精神是一致的。此外,讯问被告人时,"不须用恐吓及诈言",更不得用"殴打拷责"的方式。①

该书关于证据的知识集中在"证据之搜集及调查"中。作者首先明确了证据裁判主义的原则,即"凡诉讼之断案,不可不据事实之认定。事实之认定,不可不据关于人或物之证据"。关于证据的界定,作者持证据材料说,同时指出在日本亦视其为证据方法。关于案件事实,作者认为是本乎证据经自由心证而形成的主观确信,并与客观确信做了区分。主观确信即裁判官的确信,客观确信即被告人与一般人都确信是真实的。但由于人之意见各有不同,很难一致,所以,作者认为,从法理上判断,只需有主观即法官的确信即可为裁判的根据,否则,将无法形成判决。②

关于举证,本书是这样介绍的,即举证是利用证据资料,鉴索证据的行为。在民事诉讼中,该责任归当事人。刑事诉讼中,举证责任则归裁判官所有(而非控方)。有关举证的详尽梳理将在后文进一步展开。

关于证据调查,该书区别了民事与刑事诉讼,认为前者概由当事人负责,后者裁判官必须依职权调查证据。其原因是民事诉讼只涉及当事人利益,刑事诉讼涉及国家利益。此外,证据调查中,裁判官应直接调查证据资料,鉴索其证据,以符合直接审理主义的精神。而且,为使裁判官"直接调查可以为证据

---

① 冈田朝太郎.刑事诉讼法[M].熊元襄,编译.上海:上海人民出版社,2013:100.值得注意的是,该书还对违背讯问规则使用恐吓等手段,说明了按照情节可以进行惩戒的观点。

② 冈田朝太郎.刑事诉讼法[M].熊元襄,编译.上海:上海人民出版社,2013:102.有意思的是,这里说的主观确信、客观确信与我国现行诉讼真实理论并不一致,都是主观判断。笔者以为近乎情理,因为客观的不以人的意志为转移的所谓绝对真理,无法解决本质主义所赖以存在的基础主义或循环论的陷阱。

之物及人，诉讼法上特设检证、差押、搜索、阅读、讯问等办法"①，即关于各类证据搜集调查的方式。

该书关于证据知识的很多概念均未在后来的证据法中出现，反映了近代证据知识概念上的变化，也较好地保持了汉语世界证据用语的原初风貌，值得进一步研究。

二、注释：对近代证据知识体系的初步阐述

法律天生是一项解释的事业，可以说，"人类自产生法律那一天起，就出现了大量的对法律的解释"②。近代证据法律制度在其产生时期，就有关于其制度理解和适用的诸多解释，尤其是民国初年这一段时期，由于政权更迭的影响，立法十分滞后，这就使法律解释在法律适用中更加重要。当此之时，由最高审判机关的大理院进行的法律解释还直接影响到法律的适用和案件裁决的依据问题，占据着十分重要的地位。③ 所以，检索并梳理有关近代证据法律解释的历史，在近代证据法学知识体系中就具有特别重要的意义。

自清季开始至南京国民政府时期，伴随着刑事和民事诉讼立法的演进，有关证据法律的解释参与者甚众，相关解释曾产生很大的影响。如夏勤所著《刑事诉讼法释疑》就曾经创造了三年时间再版六次，其中第五版在一个月内即创下全部售罄的记录，足见该书在当时的影响以及法律界对法律解释的重视。有鉴于此，本书将选取近代刑事和民事诉讼法则若干释义类著述，就其中的证据法律解释问题做一梳理，以此一窥当时学者对证据法律的解读情况及其背后折射的证据法律知识水平及理念。

(一)《刑事诉讼法释疑》中的证据知识结构

夏勤（1892—1950）原名夏惟勤，字敬民，一字竞民，江苏泰州人。夏勤16岁时考入由沈家本和伍廷芳奏请成立的京师法律学堂，于京师求学四年（1908—1912）间，不仅阅读了京师法律学堂日本教习根据第一手材料编译而

---

① 冈田朝太郎. 刑事诉讼法 [M]. 熊元襄，编译. 上海：上海人民出版社，2013：102.
② 张志铭. 法律解释原理（上）[J]. 国家检察官学院学报，2007（6）：50.
③ 有关民初大理院法律解释问题的探究，可参见李贵连. 近代法研究：第1辑·民初大理院民事审判法源问题再探 [M]. 北京：北京大学出版社，2007：5 页以下.

成的法律书籍，而且实实在在受到沈家本本人及其延聘的律学家吉同钧连续五个学期主讲"大清律例"的熏陶，深得京师法律学堂总教习江庸、教习汪有龄、大理院院长余棨昌的赏识。20岁时，夏勤东渡，入日本东京中央大学深造。留学期间，同学称其"学行优美，常冠其曹，毕业首选，誉闻海外"。在北京政府时期，他历任京师地方检察厅检察官、京师高等审判厅厅长、大理院推事等职，1924年任大理院总检察厅检察官，后任首席检察官，同时还兼任国立北京大学法律系教授。此后，他一直活跃于法学教育与实践部门，法学理论与实践知识斐然有闻。①

《刑事诉讼法释疑》最早由北平朝阳学院出版发行，为夏勤在《刑事诉讼法要论》之后的又一部力作，是当时注释法学中的代表性作品，多次再版，②是对国民政府1935年颁布实施的《刑事诉讼法》的解释，是中国近现代刑事诉讼制度的定鼎之作，对其后民国时期的刑事诉讼制度（乃至1979年以后中国的刑事诉讼法律制度）产生了极其深远的影响，在中国整个刑事诉讼及刑事证据制度知识体系中的地位不容忽视。

夏氏此书以问答的形式就刑事诉讼中程序、证据等问题结合法典规定进行了解读，其中多处涉及证据法律制度及学理，内容包括证据搜集、保全、调查、辩论及认定等。这里拟介绍关于证据法的基本知识，有关证明方法即各类证据的解读将在后文分类专门介绍。

首先是证据种类。夏氏在第592问中，以法庭在心证中经常采用的证据的形式，做了列举性说明，即证据种类包括证人、鉴定人、文书、物证、被告自白、共犯陈述、被害人陈述等；在586问中，还从证据的证明力出发，分别解释了直接证据与间接证据的含义，说明不问直接证据或间接证据，均可以为认定犯罪之事实。

其次是证据裁判原则。夏氏结合《刑事诉讼法》第267条"讯问被告后，审判长应调查证据"、268条"犯罪事实应依证据认定之"阐明了该项原则，并就犯罪事实、认定等概念进行了解释。即犯罪事实应基于证据调查的结果进

---

① 有关夏勤的详细介绍，可参见程波.法学津梁——法学家夏勤与朝阳大学[J].朝阳法律评论，2009（2）：262-280.
② 关于该书在注释方法上的特点及成就，可参见夏勤.刑事诉讼法释疑（第六版）[M].北京：中国方正出版社，2005.

行，不得仅叙述供词或案件经过情形，完全依赖侦查所得之资料，轻信检察官的主张，作为本案的事实（576、581问）。夏氏还在其后的解答中进一步指出："法院认定犯罪事实应有充分之证据，悬揣臆断，即予判罪科刑，究非文明国家刑事诉讼所宜有。"①

关于自由心证，夏氏结合法典第269条"证据之证明力由法院自由判断之"进行了解释，认为自由心证主义，是将证据之证明力，委诸法院自由判断，法律上不加限制。各种证据的可信度如何，能否就该证据认定事实，一任法院自由判断（591问）。夏氏继续解释了自由心证的具体实践原则，即心证时不得违背以下情形，否则即属违法：一是证据在原审的审判期日要经过法定调查程序。二是证据必须具有证据能力，如果是风闻传说及推测之词，以及其他以不当的方法取得的自白等，均无证据能力，不得采用。三是判断证据的证明力以认定事实必须依照经验法则。四是依照证据认定的事实，其结论应当合理。比如不能将刀伤或枪伤断定为持棍殴伤。从自由心证的学理出发，作者还探讨了欧洲大陆诸国法定证据主义曾经存在的合理性和变革至自由心证的必然性，认为法定证据主义是为了防止裁判官自由判断时容易出现的漫无准据，根据富有审判经验者的见解而为证据证明力确定的一定的准则。这是该证据规则的历史合理性，具有防止裁判官任意认定事实时容易发生的专横之弊。②

夏氏还在其后的问答中详细解答了各类证据认定时的操作规则、注意事项。综合夏氏在该书中关于证据知识的论述，如果将其放置在清末民初欧陆法律及其知识经由日本传往中国的大背景下进行考量，可以断言，夏氏担当的是一个"述而不作"的角色，或者说，是将既有的证据制度及理念用中国的语言表达出来。尽管如此，夏氏在中国刑事诉讼、证据法学知识体系的建立方面仍然厥功至伟，尤其是关于证据制度的理解与操作分析，至今仍不失其方法论价值。

陈瑾昆的《刑事诉讼法通义》初版于1931年，虽然成书于北京政府之后，但鉴于研究对象为北京政府时期的刑事诉讼法，因此一并放在这里予以介绍。陈氏1908年入东京帝国大学攻读法律，1917年回国直至1959年逝世，一直活

---

① 夏勤·刑事诉讼法释疑（第六版）[M]. 北京：中国方正出版社，2005：192.
② 夏勤·刑事诉讼法释疑（第六版）[M]. 北京：中国方正出版社，2005：193.

跃在法、政、学界。如作者所言，其《刑事诉讼法通义》是就《刑事诉讼法》所作的系统研究，除原有法条详为解释外，一般法理也博为引申。但与前述诸类注疏不同的是，本书按照刑事诉讼基本原理编章进行，于条文次序间有颠倒。以下试就该书有关刑事证据的疏论做一宏观介绍，该书关于各种类证据具体知识的解读将在后文进一步介绍。

在总论第二编诉讼程序第五章中，作者结合刑事诉讼法典专章论述了证据的知识。全章分总论、被告、证人、鉴定人及通译、勘验和证书六节。总论论述了证据的概念、举证、证明与释明、证据的种类、证据之客体、不需证据之事实、证据之判断等7项内容。

陈氏认为，证据有主观与客观两方面的含义：客观上，证据是确认待证事项之材料，是一种证据方法；主观上，是这种证据方法确认事项时的效果。通常所谓证据或证据方法，多指证据方法的客观意义及供给证明的材料。在此意义上的证据，一是指用于认定证明事项的资料的人或物，包括被告、证人、鉴定人、勘验标的、证书等；二是用于确认事项的材料，包括被告人陈述、证人证言、鉴定人鉴定、勘验结果、证书内容等。

关于举证，作者视其为证据的诉讼程序或调查证据，并结合当时的民刑诉法典，认为民事诉讼中，举证与证据调查应严格区分，但在刑事诉讼中，由于实行职权主义，因此证据的搜集与调查，均为法院职责，举证与证据调查无区别必要。不过作者认为，当事人在审判程序中，虽无举证责任，但有举证权利。根据举证适用对象的不同，举证要分别达到证明或释明的程度，前者应达到确信的程度（作者引用德语 beweisung 对此做了说明），适用对象为实体关系的事实；后者适用于裁定，适用于诉讼程序的事实，且此种事实须有法律明文规定，否则仍需证明。

作者将证据进行了学理上的分类，包括证据与反证、直接证据与间接证据、人证与物证三种。其中证据与反证中，证据指证明犯罪事实存在的证据，于被告不利，因此属主证据或有罪证据；后者系证明犯罪事实不存在的证据，于被告有利，又被称为无罪证据或者防御证据。

作者以证据客体的概念作为证明对象的术语，认为证据的客体，通常虽为事实，但也有法律及经验规则，即习惯法、自治法、外国法及特别的经验法则。当证据不能证明犯罪事实时，按照疑罪有利于被告的原则，即应谕知无罪判决。

陈氏有关自由心证等的论述是放在全书绪论部分作为"刑事诉讼之主义"中的内容进行论述的,且对自由心证的阐述也是从与法定证据主义的比较角度进行的,认为自由心证即法院就证据的证明力可以自由判断,不受法律的约束。而法定证据主义即证据种类及证明力,由法律加以规定,法院应受此约束。作者还比较了二者的短长,认为"欲贯彻实体真实发现主义,自以采自由心证主义为宜"[①],并以一定的例外为补充,作者还以《刑事诉讼法》第283条为例证。但作者认为,在适用自由心证主义时,须注意下述三点:一是应该坚持证据裁判原则,即须法律上得为证据者,始得调查,如风闻谣传等于法律上不得为证据者,则无此主义适用之余地;二是证据的调查,须依法律所定之程式进行;三是所谓自由判断,并非审判官可以随意判断,仍须依经验上之法则,以为合理之推断,否则即为违背证据法则,同时违背法令,成为第三审上诉之理由。

陈氏进而论述了直接审理主义与间接审理主义,以及书状审理主义和言辞审理主义,认为现行刑事诉讼,因采真实发现主义,应以直接审理主义为宜,并结合法典列举了实施直接审理原则的具体规范,涉及以下内容:一是审判期日,非当事人出庭不得审判;二是当事人应于审判官面前陈述及辩论;三是被告心神丧失或因疾病不能出庭者,应停止审判之程序;四是证人及鉴定人应亲自陈述;五是勘验应亲自实施;六是审判期日应由定数推事始终出庭;七是审判开始后推事有更易者,应更新审判程序;等等。与之相反,作为这一原则的例外,法典中的下述情形则属于间接审理主义:一是可以使受命推事讯问被告;二是可以使受命推事、受托推事及其他合法法官署调查证据;三是侦查笔录也可以作为证据;四是最重本刑为拘役或专科罚金之案件,被告得委任代理人出庭;五是被告拒绝陈述者,可不待其陈述而径为判决;六是最重本刑为拘役或专科罚金之案件,被告经传唤无正当理由不到者,得不待其陈述,径行判决;七是上诉案件,被告经传唤无正当理由不出庭者,也可不待其陈述,径行判决。

陈氏认为,动态地看心证的形成,则其形成过程一般要经过以下几个阶

---

① 陈瑾昆. 刑事诉讼法通义 [M]. 北京:法律出版社,2007:10.

段：第一，须有证据方法之提出或搜集；第二，须经调查证据之程序；第三，为证据之判断，即由审判官就其所获得之证据资料，依归纳或演绎之推理作用，而评判其及于待证事实之效力；第四，形成心证，即审判官以推理作用判断证据，而测定其对于待证事实之信念。①

关于各类证据的调查，陈氏首先阐明了自己对证据调查必要性的看法，认为被告虽经自白，仍有调查证据之必要。故调查证据，在刑事审判通常为必要程序。作者同时又指出，犯罪事实已经被告自白者，如无其他必要之证据，则省略调查程序，也不违法。继之，陈氏则对各类证据调查进行了具体的论析。一是证据物件，包括勘验笔录及书证的调查，应向被告出示，命其辨认，并讯问其有无辩解。至于被告不在场或不辨认、辩解，则在所不论，可以采用。如证物是文件，被告不能理解其中的意义，则在向其展示时，应说明其意义。二是卷宗内文件之调查，由审判长或命书记官宣读。就法典所列特定情形者可宣读要旨，对被告不能理解文件意义者，应在宣读后加以说明。作者进一步指出，因为此类文件，如依证据物件之调查程序则不相适宜，但如是他案卷宗内之文件，欲采为证据，则既须向被告出示，同时应宣读或告以要旨。三是证人、鉴定人及共同被告的调查。作者主要就法律规定的内容进行了解读。②

与夏勤所著的《刑事诉讼法释疑》以法典条文作为著述编排体例相比，该书在体例上按照刑事诉讼法的基本理论及诉讼结构进行了论述体系的安排，体现出其著述的一面。尽管如此，该书仍以对当时刑事诉讼法典的解读为重心，属于注释性的研究。

（二）《民事诉讼条例释义》中的证据知识结构

《民事诉讼条例释义》由国立北平大学法学院初版于1923年，是依照1922年的《民事诉讼条例》逐条分析和解释而成，其后多次再版。本书以其精深的民事诉讼法理及详尽的条文解释，在中国现代民事诉讼和证据法学知识体系的形成中占有举足轻重的地位，被视为民事诉讼法学的奠基之作。

---

① 陈瑾昆. 刑事诉讼法通义［M］. 北京：法律出版社，2007：156.
② 陈瑾昆. 刑事诉讼法通义［M］. 北京：法律出版社，2007：264.

本书有关石志泉①就该书的介绍，资料来源于华东政法大学馆藏并由中国方正出版社出版，其中已有对石氏生平及学术情况的介绍，此不赘述。不过需要说明的是，与民国时期很多法律学家专业驳杂不同，石氏著述集中于民事诉讼法学，表现出专业化的倾向。②

本书关于证据等证据的基本概念集中在证据一节中。关于证据的界定是，"证据者，谓使事理明显之原因，故凡使某事实或某法则明显之原因，皆证据也"③。这可归之为证据的原因说。基于上述，可供证据的材料即为证据方法，包括证人、鉴定人、证书及勘验等。作者继而论述道，证据方法有时又指发现证据的手段，即讯问证人或鉴定人、查阅证书及勘验等等。关于心证，该书认为，法院本于证据使某事理显明其结果，谓之心证；同时认为，法院的心证只需为相对的真实而非绝对真实。因为民事诉讼的证据断难如数理上的证据，使得信为与客观真实一致。因此，仅仅能做到如历史上的证据，使得依普通的经验在主观上信其为真实而已，由此也自然出现心证的强弱区分。从中可以看出，作者已经意识到自然科学证明与人文科学证明间的区别。作者还阐述了直接证据与间接证据，以及证明（当事人提出证据方法，可使法院生强固心证者）与释明（当事人提出的证据方法，可使法院生薄弱心证者）等证据中的基本概念。

关于举证责任，作者立足民事诉讼理论，认为"当事人为得有利于己之裁判，计于法律上有提出证据方法，使法院就某事得生心证之必要，谓之举证责任"；同时，举证责任只是法律上完成证明的必要行为，不可将其理解为当事人的义务，与此相应，这种责任即为法院或他造当事人非有请求举证的权利。作者还在《民事诉讼条例》第328条规定的基础上，以列举的方式，对举证责任做了进一步的解释。与此相关的是，作者还就免证事实结合条例第329条至334条进行了说明，包括法院依职权的认知、当事人的自认、推定等方面的免

---

① 石志泉（1889—1960），湖北孝昌人，14岁考入日本东京帝国大学攻读法律专科。1916年归国后，历任奉天高等审判厅长、北京政府大理院推事、司法部次长等职。1923年后，先后任国立政治大学教务长、朝阳大学校长、北京大学法学院主任、院长、司法储才馆馆长等职。著有《民事诉讼条例释义》《新民事诉讼法评论》等。
② 有关石志泉生平介绍，可参见石志泉.民事诉讼条例释义·序言［M］.北京：中国方正出版社，2006.
③ 石志泉.民事诉讼条例释义［M］.北京：中国方正出版社，2006：237.

>>> 第三章 近代证据法学知识体系的学理演绎

证事实。①

石氏对自由心证的理解，依照其对《民事诉讼条例》第327条的解读，可以看出，是着重从自由心证的实际运作情况对其进行界定的，即自由心证主义是相对于法定证据主义而言的制度，亦即法院判断事实真伪时，别无证据规定以拘束之。因此调查证据后，"于证据力之有无、强弱及其调查结果之采为判断资料与否，一依法院主观信为相当者决定之"。在具体的判断过程中，"法律并不要求专以调查证据之结果为判断事实之资料，所有言词辩论全体意旨，法院皆应加以斟酌"。石氏还引用条例继续论述道，"凡当事人之陈述与其陈述之矛盾、欺罔或轻率之态度及对于发问不为答述、本人不遵法院之命到场或不遵法院之命提出证物或隐匿毁坏证物等情形，无不为判断事实真伪之资料"。另外，法院在判断事实时，还应遵照"人类自始至今之经验归纳所得"的经验法则。归纳言之，法院在运用自由心证进行事实真伪之判断时，须斟酌辩论全体意旨及所有调查证据之结果，且必依经验法则行之。违者，其判决即属有法律上之疵累，足为上诉理由。为此，法院还应将其得心证之理由记明于判决书内。具体来说就是，法院所为之事实判断究以如何事项为基础，如以辩论意旨为基础者，是如何之意旨，以调查证据之结果为基础者，是如何之结果，必须记明于判决书之理由项下。同时，如是按照经验法则而下判断，亦应在判决书之理由项下记明。如果仅于判决内载称当事人之辩论及证人之证言应认定事实为如何如何云者，也与自由心证原则不符。石氏也在本书中论述了自由心证主义与法定证据主义的区别及各自的利弊，并结合法条列举了自由心证主义的例外。②

石氏特别论述了心证事实与案件真实的关系，认为"法院之心证只需为相对之真实，毋庸为绝对之真实。盖关于民事诉讼之证据断难如数理上之证据，使得信为与客观之真实一致。仅可如历史上之证据，使得依普通之经验主观信为真实而已。故法院之心证得有强弱之差，若法院就某事理怀一强固之观念，认为普通经验上确系如此者，则其心证强。若就某事理怀一薄弱之观念，认为普通经验上大概如此者，则其心证弱。法院通常须有强固之心证，但有特别规

---

① 石志泉.民事诉讼条例释义［M］.北京：中国方正出版社，2006：237.
② 石志泉.民事诉讼条例释义［M］.北京：中国方正出版社，2006：236，107.

定时,只须薄弱之心证已足"①。

关于证据调查,石氏认为,证据的调查应在组织判决法院之推事前由其直接调查。石氏论证了直接调查的理由,即"受诉法院若非自行调查证据,非徒不能完全收调查效果,且仅依他人调查证据之报告而为判断,势必易致误谬"。同时,证据调查必须保证程序的公正,因此,"凡调查证据时应令当事人到场,使其直接得知调查证据之结果,并得随时主张自己之利益,即由受命推事或受托推事调查证据时亦然"。结合《民事诉讼条例》第336条关于可不予调查的证据时法官的裁量权,石氏做了申述:"某证据方法是否实际能为证据,非调查后未由知之。故依当事人声明之意旨,苟与应证之事项为有关系者,法院决不可预断为难得结果,即驳斥其证据之声明。又,当事人声明惟一之证据方法者,通常不应驳斥其声明,即以无证据为理由而为不利于该当事人之裁判"②。石氏特别指出,若调查证据是由受命推事或受托推事行之,或是于外国调查证据者,则应令当事人于受诉法院之言辞辩论本于调查证据笔录陈述其结果,必经当事人陈述后,法院始得斟酌之,否则其判决为法律上之疵累。石氏详尽阐述了这种调查的程序及方式。

(三)《民事诉讼法释义》中的证据知识体系

郭卫(1892—1958),又名郭元觉,湖南常宁人,毕业于北洋大学法科,后获哥伦比亚大学法学博士学位。曾任大理院推事,司法部秘书长。1925年与友人共创上海政法大学,并兼任多所大学教授。曾与友人创办上海法学编译社,出任社长,编译了许多外国法学著作,并于1931年在上海创办《现代法学》期刊。郭氏在当时法律界名声最大的应该是编撰大理院判解汇编及六法理由判解汇编。

《民事诉讼法释义》是作者对1935年颁布实施的《民事诉讼法》的逐条解释著作。由于法典对证据制度做了详细的规定(第267条—第376条),因此本书的注释对于了解这一时期证据知识的发展水平举足轻重。作者依照法典立法顺序,将证据内容放在第二编第一章通常诉讼程序的第三节证据中。具体内容包括通则、人证、鉴定、书证、勘验、证据保全等。此外,在第一编总则

---

① 石志泉.民事诉讼条例释义[M].北京:中国方正出版社,2006:238.
② 石志泉.民事诉讼条例释义[M].北京:中国方正出版社,2006:246,253,247.

第四章的诉讼程序有关裁判的注释中,也有关于证据的知识。

关于证据,郭卫将其定义为证明其所主张的事实的根据。其中,有的事实需证据证明,有的则不需证据证明(免证事实)。证据种类以物为证或以人之言为证,前者有时尚须鉴定,或者需要勘验,以确定其内容的真伪。

针对法典277条"当事人主张有利于己之事实者,就其事实有举证之责任",郭氏在注释中指出,本条为对证据提出责任的规定。接着,郭氏首先阐明了现代诉讼法对举证责任的基本规定,即对究竟何人负担举证责任采举证责任分担主义。因此,本条所谓主张有利于己之事实者,就该事实有举证责任,即是这种分担主义的体现。作者还进一步举例说明了何谓有利于己主张的事实。关于免证事实的注释,郭氏同样以生动的案例进行说明,在便于对条文理解的同时,也增加了可操作性。如法典规定"法律上推定之事实无反证者,无庸举证",郭氏的解释是,凡有法律规定有甲事实即可规定为有乙事实者,谓之法律上之推定,此种推定以法律上有明文者为限,始毋庸举证。法律上之推定既被推翻后,如仍欲维持其主张,则非另行提出证据不可。他同时指出,法律上的推定有时也有不容推翻者;此外,说明了除实体法上的推定外,还有程序上的推定,如《民事诉讼法》中第355条、358条的规定即为程序上的推定。① 这里的解释原理不同于石志泉关于该项推定的解释原理,后者是从直接证据与间接证据关系的视角对此进行分析。

关于证据调查的解释,涉及证据调查的时间、调查的范围、涉外调查、事实不清时依职权进行的调查、调查笔录的制作等内容,主要为对原条文的文义解释,兹不赘述。

郭氏关于心证的思想,集中在对法条第222条的解释中,认为自由心证是指"不受当事人所提证据之拘束,而以自己之想象力,为主观上之判断也",即"对于当事人所提证据之是否可信,及其证据力之强弱,以及应如何采用以为判断,均自由决定之",包括"当事人陈述时之态度,与其对答之有无游移,或尚费斟酌之状态,以及证据提出之有无故意延宕推拖情形,皆足为心证之资料"。他援引中国古代的五听制度对此进行进一步解释。② 这为对自由心证的理解提供了较为开阔的视域,作者注意到了非言辞行为所蕴含信息对于形成心

---

① 郭卫.民事诉讼法释义[M].北京:中国政法大学出版社,2005:200.
② 郭卫.民事诉讼法释义[M].北京:中国政法大学出版社,2005:158.

证的重要意义。

总结这一时期注释中的证据知识体系、证据理念以及注释方法等，可以发现，由于上述各位进行注释的学者均具有良好的专业知识背景及经实践历练，有关法典中证据条文的注释均遵循证据的基本法理，立足法典条文的文义，具有较强的可操作性。在解释所使用的证据知识上，解释者能运用裕如地穿越于两大法系的证据法律知识间，这一方面是法典自身对两大法系证据法律制度的兼容并蓄，另一方面是与解释者自身的知识背景，即对两大法系证据知识的熟稔分不开。此外，与早期译介中使用证据概念、术语的佶屈聱牙且使用者各个不同不一样，这一时期所使用的概念给人以浅白通俗之感，且这些概念和术语已经成为通用的术语，为理论和实践广泛采用。这从一个侧面反映了法律职业共同体的初步形成和证据法学知识逐渐走向成熟。

三、述说：对近代证据学理的自主表达

1915年，郭云观从北洋大学法律系毕业，获法学士学位，其毕业论文《法官采证准绳》曾在全国大专学校成绩展览会展出。郭云观（1889—1961）原名云衢，字闳畴，号文田，浙江玉环人。郭氏原为清朝末科秀才（1905年），后入温州中学、上海中等商业学堂、复旦公学，1910年以最优等成绩从复旦公学高等文科毕业，次年又考入国立北洋大学法律系，转习法学。根据现有资料，郭氏此书当为国内第一部具有"本土法学"色彩的论述法官采证及证明标准的论著。

郭氏首先论述了证据在诉讼中的地位和价值，认为一方面"欲期裁判之平允，必先辨事实之真伪。惟事实千差万别，辨之至难也"。因此"采证之学不可不讲"。另一方面，"讼贵速结，滞则终凶"。欲求诉讼能尽速解决且能与真实情况不相违背，则其解决办法"舍采证之学，复奚由哉"。郭氏继而论述了证据的概念，认为"凡情状事物，举之足使审判官推信他情状事物之或有或亡或真或伪者，是谓证据"。关于证据的种类，郭氏认为，"举凡物证之状态、书证之内容、两造之供词、证佐之陈述、鉴定之意见等"，都属于证据，其中，尤以言辞证据的听审最为困难。

关于《法官采证准绳》研究的对象和起因，郭氏在"绪论"中就其书的研究对象做了说明，即关于"采证之要规与正诀"的研究，而"凡关于证据

而实体法或诉讼法应有明文规定者,其疏注举例阐明律义之事,概让诸诠释家,非本书所宜详"。关于研究的起因,郭氏在其《法学丛论初集》之"法官采证准绳自序"及"法官采证准绳绪论"中进行了说明。郭氏认为,由于"凡听讼,必先得情而后按法","故欲期裁判之平允,必先辨事实之真伪"。然而,听讼之中,在事实的审查判断上,存在着"八难":(1)无稽肤愬(诉),构词耸听,秉持弗固,情移耳荧;(2)村朴编氓,震于座威,嗫嚅謇讷,莫罄其情;(3)嚣讼之徒,诪张为幻,文赝乱真,孔壬类愿;(4)绎情稽事,证佐是谘,彼观如是,容与实违;(5)事非躬觌(睹),传述异辞,纵折厥中,终归疑似;(6)见证鉴定,事非干己,间窥官意,左右其语;(7)异语方言,传资象寄,译障重遮,情阂弊滋;(8)听言测行,圣犹病诸,剗非素习,安辨诚欺。即由于构讼、惧讼、嚣讼、证人、鉴定人等有意、无意传述错误等原因,使审查事实困难重重。此外还有"十弊":(1)更事日浅,推理未精,参柒之差,谬以千里;(2)乡风俗尚,谘诹弗勤,凭臆衡情,持凿围枘;(3)案情幽暖,端绪庞糅,犹豫模棱,莫辨肯綮;(4)七情累心,衡欹鉴蔀,内视弗明,胡能持平;(5)拘墟囿习,审克功疏,片言悬断,遗髓获肤;(6)过矜明察,缴绕骋辞,岐而弥纷,转落旁蹊;(7)仁者见仁,智者见智,执己量物,我相体离;(8)旁议迻言,先入为主,师其成心,息澈底蕴;(9)案牍劳形,意倦心躁,苟率欲速,保无窒误;(10)尚宽邻纵,秉严毗苛,操存失衷,伤正实多。即由于审查案件事实的过程中,受到各种因素的影响,案件真相无从获得。而且,"引律之谬,常获平反,而审证之谬,往往终于莫纠"。因为"法理人所共喻,谬则易知,而事证我所独听,谬则莫觉"。郭氏还认为,这种谬失即使在上诉中也会由于种种原因而难以得到纠正。因此,"初审鞫证之际,实奠全案之基础,而几操曲直胜负之筦钥也。其攸系若是其钜,而得情复如彼其难,安可不有准绳焉,以为之导"。关于设立准绳的目的和可能,郭氏不无自信,"今于采证欲立准绳焉,援此以律彼,执一以概余,意者有疑其不可达者乎?庸讵知森罗万象,莫不有理存焉。象繁而理简,象变而理常。眩于象而昧其理,则人制于物。综夫象而绎其理,则物制于人。故得其理焉,居简可以驭繁,守常可以应变。旨约而易操,事寡而功弘。识夫此,始可与言采证之足成学也已"。由于前清秀才出身的知识背景,郭氏行文中部分用语在今天看来十分生涩,但从一个侧面可以窥见法律意识从旧向新的变化。

从知识体系看，郭氏此书涉及诉讼证明过程中的举证、拣证（可采性）和心证，纵贯证明全过程。郭氏特别说明，由于举证与后二者之间"关系殊钜"，因此将"举证"作为一篇置于全书之首。上篇"举证"篇共三章，内容包括证之征免（免证事实）、立证和推定。

在"法官采证准绳绪论"中，郭氏引用美国证据法学家威格摩尔的观点论述了"拣证"与"心证"的关系："采证之学，有外术焉，厥名拣证；有内术焉，厥名心证。"郭氏在此基础上，继续论述了拣证、心证及二者关系，认为拣证就是"审判官就两造所欲举证据，按其来历，鉴别其有涉无涉，近实近虚，而预加甄择，以定举述之范围也"，而心证则是"审判官准乎人情，揆诸物理，就两造既陈述之证据，辨其真伪，衡其轻重，参较互征，推求一当，以奠裁判之基础也"。由此可以看出，拣证与心证二者之间的关系，"拣证施于证据未述之先，逐一而粗别之，以理棼糅而斥琐赘，心证行于证据既述之后，综举而挈（研）论之，以澈底蕴而索真情"。因此，"二者表里相需，心证固尤要，而拣证亦不可不讲"。

郭氏继而论述了自由心证制度发展的历史，指出其与法定证据制度的优劣："旧主义执一成之绳墨，律万变之物情，遂至桎梏有司之聪明，所伤滋盛，故失之泥。然而新主义太尚自由，不讲矩度。其弊也，衡证无方，骋意揣断，则又矫枉过正，彼左枉而此右枉也。"正是由于上述原因，欧陆学者开始注意对心证的学理的研究，而英美法系则注重"拣证"的研究，以致后者"拣证之学大昌，心证藉以寖失"。郭氏还分析了拣证制度与英美法系陪审制度之间的渊源，论证了拣证制度的独立价值。（郭云观：《法官采证准绳·上编》）

至民国时期，得益于自清末开始兴盛的法学教育（包括留学教育）以及法学知识的传输，以"南东吴（东吴大学）、北朝阳（朝阳大学）"南北两个法学教育重镇为标志，法学教育与研究极一时之盛，甚至出现了堪与世界法学大家比肩的法律学者。其中，吴经熊与美国联邦最高法院霍姆斯大法官、法学家庞德以及德国法学家施塔姆勒等通过书信往来，探究法理，足以见其法理学研究水平。杨兆龙、王宠惠更于1948年被荷兰海牙国际法院评选为50位国际杰出法学家。因此，现代法学知识体系在这一时期的"本土化"程度明显提升，从话语表达到法学知识体系的建构，逐步走向自觉并开始进入自主的言说阶段。

在证据法学的研究上，这一时期先后出现了一批卓有成就的研究者，董康、杨兆龙、盛振为、周荣等成为这一时期证据法学研究的领衔人物，在"本土"证据法学传统的整理与建构上做出了不懈的努力，为中国证据法学知识体系的创立开启了真正的学术和话语源头。以下试从成书先后对其做一介绍。

首先是在东吴大学执教的盛振为《证据法学论》讲义的编写与使用。盛氏1924年毕业于东吴大学法学院，获学士学位，旋赴美国西北大学留学，师从当时世界最著名的证据法学家、西北大学法学院院长威格摩尔，主攻证据法学，成为中国到西方世界主攻证据法学的第一人，1927年获法学博士学位，回国以后，执教于东吴大学。20世纪30年代中期，东吴大学法律学院出版部出版了由他撰写的《证据法学论》讲义，作为该法学院的教材。在该讲义中，作者首先在"绪论"部分对证据和证据法做了概念上的界定；"本论"分证之通则和证之方法两编，前者包括证之征免、推定类别、举证责任、法律上关于证责的比较等，后者包括人证、作证的免除、记忆力的比较、科学上的测验和鉴定、外国法的鉴定、书证、物证、动机与欲念的关系、反证方面的辩解等。由于盛氏受过严格系统的比较法训练，加之深厚的英美法功底，该书自然卓荦不凡，初步确立了证据法学的体系和独立的学科地位，在中国近代的证据法学教育、法学学术上具有开创性意义。[1]

其次是杨兆龙的《证据法》。杨兆龙（1904—1979），江苏金坛人氏，早年就读于燕京大学哲学系，1927年，毕业于上海东吴大学法学院，获法学学士学位。1935年，获哈佛大学法学博士学位（S.J.D），随后到德国柏林大学法学院做博士后研究。1936年回国任国防最高委员会（后改名资源委员会）专员，兼任中央大学法学教授。1938年，任立法院宪法起草委员会专员，同时任中央

---

[1] 不仅如此，在盛振为任职期间，东吴法学院的著名学术刊物——中英文版的《法学杂志》（季刊）两种，先后发表多篇有关证据法学方面的学术论文。有关研究中国证据法的学术论文发表在英文版的《法学杂志》上，与国际社会进行学术交流，从而使中国的证据法学走向世界，让世界了解中国的证据法学，中国的证据法学在国际证据法学界拥有一席之地，达到了国际学术水准；同时，将有关研究西方发达国家证据法的学术论文发表在中文版的《法学杂志》上，将西方的证据法引入国内，使中国得以及时了解西方的证据法，其学术水平居国内的先进地位，对中国证据法学研究的推进厥功至伟。（参见佚名. 东吴大学法学院教会1920年时法学院只有一位专职教师［EB/OL］. 大学时代，2023-08.）

大学教授。1942 年至 1945 年，任中央大学、东吴大学重庆分校、朝阳法学院法学教授。1945 年 6 月，完成了《联合国宪章》中文翻译工作。抗战胜利后，任中央大学及中央政治大学法学教授。1948 年，当选为中国刑法学会会长、国际行政法学会理事、日内瓦国际刑法第五届大会副会长、国际比较法学会理事，同年还被海牙国际比较法学研究所评为比较法学专家。丰富的学术生涯、显要的政法履历使其成为这一时期重要的法学专家。1929 年，杨氏在上海法政大学执教，开设《证据法概论》课程，并于翌年出版了《证据法》教材。[①] 今版《杨兆龙法学文集》的证据法部分，应该源自其时的证据法教材。杨氏《证据法》共有绪论和三编内容。其中，第一编为证据之提举，分为举证之责任，法庭认知之事实，法律上推定之事实，不得否认之事实，自认与自白之事实，证人和书证及物证 7 章。第二编为证据之得当，分述关于证据之得当原则，与系争事实相似而无关之事实和品格 4 章。第三编为证据之分量，分为通论，关于证据分量之三大原则，间接证据，臆度证据和关于书证之言证 5 章。

关于证据的概念，杨氏从法律和学理两个方面进行了论述。法律上的证据即用以证明事实的方法，而学理上的证据则是按照因果关系理论可以用以证明事实的方法。杨氏关于证据的概念从法律说，即"规定法律上证明事实之方法之法律"。杨氏进而指出，证据法是规定证据方法的法律，与规定权利义务的实体法不同。同时，证据法所规定的证据方法以关于事实为限，法律解释及引用不属于证据法。关于证据法的性质，作者从区分实体法与手续法（程序法）的角度入手，认为证据法的目的"全在确定某事实之存在或真实与否，权利义务存在之范围及效力毫无直接之关系，而只对于其实行与保护之手续上贡献以推断之根据"，因此，应该属于手续法。[②]

在阐述了证据的概念和性质后，作者继而比较了两大法系证据制度的优劣，并得出结论，认为"今之研究证据法者，舍英美法莫属，大陆法不过聊资参考而已"，反映了作者对两大法系证据制度的认知情况。[③] 在此基础上，作者将证据法所要研究的问题归结为三类。一是事实应否证明的问题，即何种事

---

① 杨兆龙先生受聘于上海法政大学期间讲授的是《证据法概论》，本书参考的资料是其《证据法》，收录于杨兆龙. 杨兆龙法学文集 [M]. 北京：法律出版社，2005.
② 杨兆龙. 杨兆龙法学文集 [M]. 北京：法律出版社，2005：155.
③ 杨兆龙. 杨兆龙法学文集 [M]. 北京：法律出版社，2005：156.

<<< 第三章　近代证据法学知识体系的学理演绎

实必须证明，何种事实不须证明。作者将前者称为得当之事实（facts relevant to the issue）或争执之事实（facts in issue）；后者为不得当之事实（facts irrelevant to the issue）或非争执之事实（facts not in issue）。这一概念相当于今天所说的证明对象，作者将其命名为证据之得当（relevancy of evidence）的问题。二是证据应有之问题，即证明某种事实应有何种证据方可足资证明的问题。因此，凡所应有之证据具备者谓之证据充分，否则谓之不足。这实际上就是证据资格的问题，作者视其为证据之分量问题（competency of cogency of evidence）。三是如何证明之问题，即某种事实应经何人并用何种方式证明之问题。即证明责任问题，作者视其为证据之提举问题（droduction of evidence）。杨氏关于证明责任的理论将在后文中专门论述，这里着重介绍其后两编即证据之得当与证据之分量的内容。①

杨氏认为，"证据之得当"的唯一要件（杨氏认为即证据得当的原则），即证据之足以证明系争事实及与系争事实有关之事实。从中可以看出，这里所谓证据之得当应当是英美法系关于相关性的理论。杨氏认为，在这一点上，中国当时的诉讼法关注甚少，证据采纳与否完全委诸法官自由裁量（杨氏名之曰自由心证），应该向规定周密的英美法系学习，以弥补中国诉讼法在证据采信规则上的不足。在列举了一些相关性案例之后，作者继而讨论了"与系争事实相似而无关之事实"（facts similar to unconnected with facts issue），即虽与系争行为相似，却与系争行为无可靠的联络关系，因此不能作为系争事实之得当的证据。质言之，此类证据仅具有表面关联性而与案件事实无实质的关联性，因此，不能作为证据采信。但作者随之通过案例列举了此类证据的若干例外：一是表示故意、知情、善意及恶意等的行为的证据。此类行为在故意、知情、善意、恶意或其他心理状态为系争事实时，为得当的证据，具有关联性而可采。二是表示一定计划的事实。此类事实为许多相似事实的一部分，对于证明某行为是否出于预谋或是偶然，为得当证据，具有关联性而可采。三是业务顺序上

---

① 杨氏在证据之得当论述的开头还专门论述了证据之得当与证据之分量的关系，认为作为证据理论中的重点问题，证据之接受可能性（admissibility of evidence）包括两个方面的内容：一是从证据与所主张事实的关系来说，证据之接受可能性，无非证据所主张事实之理论的联络关系（the logic relation of evidence to the facts to be proved）；一是从证据的效力来看，证据之接受可能性，乃证据之得当与否。（参见杨兆龙. 杨兆龙法学文集[M]. 北京：法律出版社，2005：177.）

的事实。即凡事实之存在为业务顺序存在之当然结果时，则为该业务顺序存在当然结果的其他相似事实，均为得当而可采信的证据。

作者还论述了品格证据的证据资格问题，认为当事人的品格虽常为某种行为的趋势（tendency），然而以此作为某种行为的证据则不可。因此，原则上，品格证据不是得当的证据，但下述情形下则可作为例外采信：一是作为损害赔偿涉诉时原告的不良品格，但此类证据仅可在违背婚约、略诱、损害名誉等案件中提出；二是在反询问是被告的不良品格，但其提出以证明前科危险，如果逾越此程度，即为不得当的证据；三是刑事被告的品格证据，如用于反驳被告方面证人所举关于被告品格良好的证据，以及证明被告有累犯嫌疑时，均可使用品格证据。①

杨氏在关于证据之分量的论述中，首先阐明了决定证据分量的标准：一是证据的数量（quantity），与之相关的是充分证据与满意的证据；二是证据与系争事实的关系，即直接（direct）证据与间接（circumstantial）证据，杨氏名之曰正面证据与侧面证据；三是证据本身的地位，包括最优（best）证据与次等（second-hand）证据，该分类与我国现行理论中的原始证据与传来证据相似。这里需要说明的是，从其后文关于充分证据与满意证据的分析来看，杨氏所谓充分证据与满意证据实际就是证明理论中关于证明程度的规则，相当于刑事诉讼中的排除合理怀疑与民事诉讼中的优势证明。②

杨氏在随后三章里分别介绍了传闻证据（hearsay evidence，作者称之为间接证据。这是目前汉语世界中最早关于传闻证据的介绍）、意见证据以及证明书证内容成立的言辞证据等内容。

杨氏该证据法著述撰写较早，加之可能是为了满足教学需要，因此，具有概要性，且只是对证据中重要和热点问题的论述，逻辑体系尚不成熟，在对英美法系证据法知识的介绍上尚显匆忙，但作为一种立足"本土"话语而就证据法知识体系所进行的自觉性探索，其价值不容否认。③

1935年，周荣撰写《证据法要论》。该书作为"新时代法学丛书"的一

---

① 杨兆龙. 杨兆龙法学文集 [M]. 北京：法律出版社，2005：177.
② 杨氏在书中论述道，充分证据是依法律原则（general rule）足以证明某事实之证据，满意证据为依法律之原则与例外，均足以证明某事实的证据。
③ 杨兆龙. 杨兆龙法学文集 [M]. 北京：法律出版社，2005：153.

种，由上海商务印书馆出版，可以说是我国学者第一部系统研究证据法学的专著。根据作者自述，其书作在形成过程中参考了松冈义正的《民事证据论》、盛振为先生编著的《证据法学讲义》、司法储才馆的《证据法》《民刑事诉讼法讲义》、法官训练所的《民刑事诉讼法实用讲义》，以及美国证据法学家维格摩（威格摩尔）的《证据法学原理》等书作。从知识渊源看，该书既有大陆法系的证据法学知识，也有英美法系的相关知识和理论。

该书以一般证据法为研究对象，兼顾英美与大陆两大法系的证据法学知识，对于中国的有关证据的判例也做了初步的研究。作者对此的说明是："吾国证据法采自由心证主义。自由心证云者，仍须取双方当事人之证据依法权其轻重，定其取舍。非不论证据之如何而任意为之者。英美证据法则采法定证据主义，规定详密。本书之作，以吾国证据法为根据，而于英美证据法亦略为叙述。吾国民刑事诉讼法与修正民刑事诉讼法关于证据法之规定，本书均详为论列，且于每章之末，附录中外判解例，藉供参考。"[1]

该书的论述逻辑围绕证明活动而展开，自绪论以后，该书分10章，论及有系争事实与关系事实、举证责任、免证之事实、证据调查、人证、鉴定、书证、勘验、证之保全、证之评判等，并且在每一章的最后都附有中外判解例以供参考。该书内容翔实，体例完善，特别是免证事实一章，借鉴了英美证据法中的内容，弥补了日本学者松冈义正《民事证据论》的不足。周荣在该章主要论述了以下几种免证事实：显著之事实、法院与职务上已知之事实、法律上推定之事实、事实上推定之事实、经当事人承认之事实，并在最后一项特别阐述了自认与自白的区别。该书确立了中国证据法学的基本框架，"其全面性、体系性和内容的充分性，为中国证据法学树立了一个很高的起点"[2]。

该书在绪论部分，共讨论了证据的意义、证据法的性质、证据法的范围、证据法之主义、证据之分类、证明与释明等6个方面的问题。关于证据的意义，作者在列举了通行的原因说、结果说、本质说、证明说等观点后，认为证据就其客观意义而言，是确认待证事实的材料，实为证据方法，就其主观意义而言，证据方法实为确认事实时的效果。因此，作者认为，证据是以某项事物或某项方法表明所主张事实，以证明其事实存在或不存在。关于证据法的性

---

[1] 周荣.证据法要论·叙言[M].上海：商务印书馆，1936：2.
[2] 吴丹红.面对中国的证据法学[J].政法论坛，2006（2）：110.

质，作者认为，由于证据法从其内容来看，究竟属于实体法中还是属于诉讼法中，学者主张不一，且多数国家（包括当时的中国）立法视证据法为诉讼法的一部分，却又于实体法中规定举证责任的规则，因此，作者赞同有学者主张的另设"证明法"，与实体法、诉讼法并列而成三者鼎足而立的立法格局。

关于证据法的范围，作者分5个方面进行了论述。一是与相关性有关的内容。原话是，"当事人得提出何种事实为其主张之证明。换言之，何种证据得提出之，何种证据不得提出之；何者为关系事实，何者为非关系事实"。二是关于举证责任的规定。三是关于证据方法的规定。即当事人欲证明其主张之事实，应举出何种证据以为证明。四是当事人提出的证据，法院应加以信任至如何程度。作者认为这是证明力的问题。五是关于采证的法则。即"法院就已证明之事实，应如何为待决问题之推断"①。

作者继之阐述了"证据法之主义"理论，分别论述了实体真实发现主义与形式真实发现主义、法定证据主义与自由心证主义、职权调查主义与当事人调查主义、证据分离主义与证据结合主义等。其中，所谓证据分离主义是指诉讼程序分为本案程序和证据程序，在本案程序中，当事人不许提出证据而仅能主张事实，或对于事实上的主张，加以陈述或辩论。在证据程序中，当事人方能提出证据或进行关于证据的陈述或辩论，进行证据调查等，此时不允许再有事实上的主张。其中，本案程序与证据程序的划分以证据判决为分离的标准。证据判决前，为本案程序；证据判决后，为证据程序。与证据分离主义相对，证据结合主义是对当事人主张事实及证据提出与调查合并进行，可随时任意为之，不受分离主义的限制。作者对前述二者做了简短的评论，认为分离主义限制过严，不利于当事人利益保护，赞同已被当时立法采用的结合主义。

作者将证据分为本证与反证、直接证据与间接证据、本原证据与传替证据、实证情状证与言辞证，以及人证、鉴定、书证、勘验等类别。其划分标准与方法和今天不太相同，值得关注。其具体内容留待后文详为介绍。

绪论的最后一部分讨论了证明与释明。作者认为，法院本于证据对于系争事实所得的认知，即证据之结果，谓之心证，证明与释明即为心证强弱的区别。因而，证明即当事人就其主张事实提出证据，使法院确信其为真实。释明

---

① 周荣. 证据法要论 [M]. 上海：商务印书馆，1936：4.

即当事人所提出的证据,使法院信其大概为真实。作者还就证明与释明的区别做了进一步说明。

1941年,蒋沣泉撰写的《民刑诉讼证据法论》出版。从作者在"凡例"中所列参考书目可以看出,该书参考了威格摩尔、松冈义正、盛振为、周荣、石志泉、郭云观等人的证据法学著述,由此可以判断该书证据知识体系的脉络。

根据作者在"凡例"中的说明,该书是编著者在大夏大学、上海法政学院讲授证据法讲义的基础上修正而成。由于编著的宗旨重在证据法理论及实用,因此作者在编著中注重搜集证据法的一切重要学理及实用题材,以致对于诉讼法中所不能编载的实用材料,如辨别文契、账簿之真假标准、审察陈述之诚伪方法、民刑事各种案件之举证责任等,书中均有述及,并附有相应的实际案例进行说明,可以看出,该书偏重于实践应用的倾向。

该书共20章,依次为证据之意义、证据法之意义、证据法之性质、证据法之编制、大陆法系证据法与英美法系证据法之比较、证据法之主义、证据法之内容、证据法上证据之种类、证明程度之分类、证据方法之分类、利用证据方法之必要条件、须待证据方法证明之事项、裁判案件之根据、自由心证法则、举证责任、民事诉讼免除举证责任事项、调查证据总纲、特别程序之证据调查、证据之保全、评判证据力之法则。其中,前五章、第七章(证据法的内容)等的内容十分简约,疑为作者有将来详为论述的计划。此外,该书在证据知识结构上不同于周荣的《证据法要论》,对证据方法的论述较为简略。整体来看,作者论述了一个以证明为中心的证据知识体系及其学理。

比较同期或前期证据著述,该书在以下领域的研究有拓展之功。一是关于拒证制度的梳理。作者认为英美法系,证人是亲属的,其拒绝证言仅限于配偶。大陆法系,亲属拒绝证言者,则不止配偶一种。其原因在于,英美法系国家对于亲属观念不甚浓厚,法院不准证人除配偶外以有亲属关系为由拒绝证言。作者还以德国、意大利等国的具体制度为例进行详尽说明。[1] 二是关于证明程度的分类。作者明确将刑事证明分为嫌疑、释明、证明三种情形,而将民事证明分为释明和证明,并结合当时的刑民事诉讼法典对其进行了说明。三是

---

[1] 蒋沣泉. 民刑诉讼证据法论 [M]. 北京: 中国政法大学出版社, 2012: 9.

关于自由心证的论述。在界定了自由心证的基本概念后，作者分自由心证的界限、民刑事案件自由心证之比较、自由心证的条件、自由心证与诉讼经济原则、自由心证的扩张适用以及不适用自由心证原则的事项等，对自由心证理论及适用中的问题进行了论说。其中，关于依照诉讼经济原则适用自由心证，自由心证扩张适用于损害赔偿、赡养、债务清偿等法律关系，以及自由心证原则的例外（即不适用自由心证）等的论述，均为此前论述中所未见，不仅反映了作者对自由心证理论的创新性阐释，而且思路清晰，有较强的实践性。作者关于证据法理论的其他论述，将在后文中继续介绍。

这一时期，证据法学学理更加成熟的著述是由盛振为与执教于东吴大学法学院的杨兆龙、周荣等编写的《证据法学》。该书成书于1948年，曾作为大学通用教材。全书以动态的证明过程为证据法的理论逻辑，从证之通则、证之方法、证之保全、证之辩论4个方面，逐次展开以证明为核心的证据法理论，由此使证据法学知识体系形成了一个完整、清晰的逻辑结构。其中，第一篇有举证责任、免证制度、证据调查3章；第二篇有人证、鉴定、书证、勘验、情状证5章；第三篇包括民事上证据保全程序和刑事上证据保全程序2章；第四篇则包含讯证程序、证据辩论、评证标准、证供图解4章。作者还研究了证据法学的基本理论，对中国法、罗马法、大陆法和英美法进行比较。全书体系完整，视野开阔，理论与实例相结合。从知识体例来看，该书与盛氏前著一脉相承。就编著水平和影响力而言，该书无疑是中国早期证据法学研究的扛鼎之作。

除全书关于证据知识的结构外，该书在绪论中论述的关于证据在实现狱讼公平和司法文明中的重要价值，尤值关注。该书认为，"执法者若是曲解法理，昧于证据之学，而欲我国吏治澄清，法权独立，不贻外人齿冷，斯实难矣"！因为"证据若不详不实，尚何期于公道，更何望于民权保障"？因此，"证据于裁判之公正与否，关系至巨，其影响或及于国家之治安"，不能不引起重视。①

"绪论"之后作者继而论述了证据的定义，即证据法是规定明显事理原因的规则，是关于诉讼程序中，就确定当事人的权利义务，所规定的举证责任、

---

① 东吴大学法学院. 证据法学 [M]. 北京：中国政法大学出版社，2012：1.

系争事实范围与其证明程序及证料保全等的规例。由此可以窥见该书作者关于证据法的基本理念。

关于证据的性质，该书罗列了几种观点，包括原因说（证据为使事理明显之原因）、方法说（证据为确认待证事物之材料）和结果说（证据乃对于待证事物之存在或不存在之认定也）。在罗列了各学者的主张后，该书表达了自己的立场，认为证据"乃一种根据事实，以证明他种不明事实之用者"，因此主张证据以证明原因（证明资料）之说较为妥当。[①]

绪论中还概述了证据法上常用的基本概念，尤其是翻译选择的语词，从中可以看出当时理论界对于证据知识跨文化认知的基本情况。这些概念包括推论与理论（inference & reasoning）、推论与证明（inference & proof）、证明与释明（proof & explanation）、证题与证料（probandum & probans）、本证与反证（principal evidence & rebuting evidence or counter-acting evidence）、证据抗辩（explanatory evidence）、原证与佐证（substance evidence & corroborative evidence）、拣证与心证（admissibility & discretion）、完全证据与不完全证据（conclusive evidence & non-conclusive evidence）、直接证据与间接证据（direct evidence & indirect or circumstantial evidence）、畸重证据与积极证明（preponderance evidence & proof beyond reasonable doubt）、证据分离主义与证据结合主义（saparation & combination）、法定证据主义与自由心证主义（legal evidence & discretionary evidence）、实体真实发见主义与形式真实发见主义（concrete truth & apparent truth）。这些概念多数沿用至今，但推论与理论、证题与证料、畸重证据与积极证明等已经为其他概念替用，成为历史，为今人留下了早年学者们认知的痕迹，也为今天这些转化成其他概念的语义辨析留下历史的向度。[②]

董康于1942年撰写的《集成刑事证据法》，则整理并阐述了中国古代的证据制度，为证据法学的研究开拓了一个新的领域，限于篇幅，笔者拟另文进行评述。

四、本章小结

近代证据法学知识从萌生到逐渐发达，相继经历了单纯的翻译介绍、法条

---

① 东吴大学法学院. 证据法学 [M]. 北京：中国政法大学出版社，2012：3.
② 东吴大学法学院. 证据法学 [M]. 北京：中国政法大学出版社，2012：5.

注释和独立撰述3个阶段，伴随着汉语世界证据法学知识自主表达的完成，其知识体系在汉语世界中走向初步成熟。这种初步成熟的标志以东吴大学法学院编写的《证据法学》为代表，表现为以证明为中心的一元化、逻辑体系清晰的知识结构形式，其具体结构形式已如上述。在笔者看来，以证明为中心的证据知识体系一元论，契合证据学理与证据知识结构的应然逻辑，值得在当下证据法学知识体系的建构中学习。①

同时，近代证据法学知识体系的演进还表现在对证据学理的探索中和对两大法系关于证据学理的兼容并包中。这种兼容并包的学术自觉在清末沈家本、伍廷芳主导的立法中就已经显现出来，由此成为其后证据法学从制度到学理演进的"底色"。随着近代法学知识的输入从以日本为主要渠道向以英美法系国家为主要渠道的转变，证据制度及学理研究发达的英美法系证据知识在传输吸纳中所占比重逐渐增大。以作为传播英美法系法律知识重镇的东吴大学法学院编写的《证据法学》为代表的相关证据法学著述即为其例，其作者都有英美法系的知识背景，这就为英美法系证据知识在汉语世界的传输提供了便捷的通道。再如郭云观《法官采证准绳》中，其"例言"中列举的参考文献就兼及欧美两大法系，除作为主要参考书目的韦格摩（今译威格摩尔）的《证据学大全》《心证要旨》（《证明要义》）外，还有蒲廷同《法兰西证据法》、亨德《罗马法证据编》等大陆法系的证据学著述。事实上，如何糅合两大法系证据制度的学理并使其成为"为我"之学，即所谓"折衷各国之良规，兼采近世最新之学说"，仍然是中国证据法学理论发展至今不能回避的命题。因而，近代法律学人在创立汉语世界证据法学知识中的经验及探索，仍具有启示与借鉴意义。

从另一面看，尽管近代以来，西法东渐，古今文明绝续，中华法系成为历史；但吊诡的是，我们埋葬了历史，历史却在坟墓中统治着我们，曾经的制度所赖以依存的理念成为一种无根的游魂（余英时语），近代以来制度变更中发生的诸多事项可以明证前述问题存在的顽劣性。这是历史存在的消极一面，如何反思、总结其中的教训仍不无教益。就其积极一面而言，中国古代法律制度包括证据制度仍不乏可借鉴之处。因此，历史仍需认真对待。就此而言，东吴大学法学院《证据法学》中关于中国古代证据制度的梳理以及董康关于中国古

---

① 对当下既有证据知识体系的分析，可参见笔者在绪言中的论述。也可参见何邦武. 近代证据法学知识系谱研究：意旨、方法与进路 [J]. 求索，2015（2）：96-102.

代证据制度及其法理整理的意义即不容否定。不唯如此，其于中国古代证据制度诠释的本身也具有方法论意义而可以为证据法学的研究提供借鉴。后者，也是本书关于近代法律学人证据法学知识整理的动因，即从中窥见作为本书研究对象的研究者们关于证据的学术与方法，以及由此可予当下的启示。

第四章

近代证明责任知识体系的中国式生成述论

证明责任问题,因其内容的复杂性和在证明过程中的重要性,无疑居于诉讼证明的核心,而作为其重要内涵的举证责任所形成的倒逼机制,因为对审前程序证据收集的直接影响,又使证明责任在整个诉讼中举足轻重。所谓"诉讼之第一步,为认定二造争讼之事实。在此发生证据法上最重要之问题,即为应由何方当事人证明事实"①。在两大法系,继罗森贝克、塞耶等之后,研究者代有其人,证明责任的理论亦因之而常旧常新。鉴于证明责任制度及法理在证据法学知识体系中的重要地位,可以肯定的是,对清末至民国时期证明责任研究及其理论成果的梳理,不仅有助于阐明该理论如何在汉语世界中逐步形成的历史,并以这一过程本身富含的启示意义而为当下研究者提供借鉴;而且,作为一种理论类型和研究范式,这一时期的举证责任理论在尝试进行本土言说的同时,与同一时期英美法系的相关理论相呼应,在共相与特质二者之间,存在怎样的取舍与互融关系而维系着该理论的守恒与嬗变,也对当下不无启发。

有鉴于此,本章拟从知识发生学的视角,梳理并探求证明责任在汉语世界中的源与流,以期寻求证明责任理论的历史形成状况,探究与其相关的制度及法理。由于法庭最终认定并据以形成心证事实的复杂性,证明对象或待证事实不必也不可能囊括所有法庭最终认定的事实,因此,法律上如何认定与待证事实关联度密切的免证事实即推定与司法认知,自然成为与证明责任相关的研究对象,本书将一并加以研究。

---

① 周荣. 证据法要论 [M]. 上海:商务印书馆,1936:23. 类此的说法十分普遍,如罗森贝克即认为,在民事诉讼中,证明责任制度是其"脊梁"。

第四章 近代证明责任知识体系的中国式生成述论

一、证明责任概念及相关法理演进

汉语世界中较早系统介绍证明责任理论者，系清末日本来华之松冈义正氏。松冈氏在其著述的《民事证据论》中，以大陆法系有关证明责任的理论为背景，专章从举证责任的意义、举证责任的效用、举证责任的前提、举证责任的分担以及举证责任的转换等几个方面，对举证责任进行了论述。作者认为："举证责任者，简言之，即当事人为避免败诉之结果，而有证明特定事实之必要也。"松冈氏从民事举证责任出发，认为举证责任的性质，仅于诉讼法上发挥效力，因此应该属于民事诉讼法，不属于私法。松冈氏还以法国、德国和日本法律为对象，就历史上举证责任究竟属于民法还是民事诉讼法进行了梳理。由于民事诉讼奉行不干涉审理主义，当事人遂有举证之必要，在性质上，松冈氏认为，举证责任既非一种权利，也非一种义务。[①] 该书还详细分析了民事诉讼中举证责任的分担、举证责任的转换等问题。由于松冈氏在中国特有的影响，我国证据法学研究中大多数约定俗成的名词，均可以追溯到该书。有关证明责任的概念及知识体系，也因此留下了松冈氏理论的烙印。

1915年，郭云观毕业于北洋大学法科，其毕业论文《法官采证准绳》于1920年出版。从现有资料判断，这是我国第一部由本土法学研究者自己撰写的证据法学著述，其知识体系以法官"采证"为中轴而纵贯整个证明过程，极具本土色彩。此外，从该书所列参考书目来看，英美法系的证据法学知识系该书的主要知识来源，表明了当时学界在证据法学知识探求上的一种自觉和转向，值得重视。[②] 郭氏在"自序"中说明了写作该书的思路。郭氏认为，由于听讼之中，关于事实的审查判断，存在着"八难"和"十弊"，使对事实的审查困难重重，极易导致案件真相无从获得，因此，"初审鞫证之际，实奠全案之基础，而几操曲直胜负之筹籥也。其攸系若是其钜，而得情复如彼其难，安可不

[①] 松冈义正. 民事证据论 [M]. 张知本, 译. 北京: 中国政法大学出版社, 2004: 30, 32.

[②] 从书中序言判断，该书在1920年仅出版了上编"举证"、中编"拣证"及下编"心证"，其后是否出版则不详。此外，有学者认为杨兆龙氏《证据法》为我国第一部证据法学著述，但显然郭云观氏此书为时更早且已形成系统的证据知识法学体系。（参见吴丹红. 面对中国的证据法学 [J]. 政法论坛, 2006 (2): 105–118.）

有准绳焉，以为之导"。郭氏引用美国证据法学家威格摩尔的观点，认为"采证之学，有外术焉，厥名拣证；有内术焉，厥名心证"。但由于举证与后二者之间"关系殊钜"，因此将"举证"作为一篇置于全书之首。由此可见，证明责任即"举证"是法官采证的有机组成部分。

"举证"篇共三章，内容包括：证之征免（免证事实）、立证和推定。免证事实与推定拟于下一节介绍。关于举证，作者首先论述了举证的重要性，提出确立举证责任规则应依循"法理"而非"法象"的进路。随之，郭氏将举证责任远溯至罗马法的两大基本原则：一是"凡事实之陈述，主张者有立证之责，否认者无之"；二是"设两造均无证据，则将败诉者，其人负立证之责"。在举例说明二规则内涵后，作者进而指出，该两项规则"其义赅以精矣，后世之论证责，虽分门析类，要其旨归，鲜有越此藩篱者"（郭云观：《法官采证准绳·上编》）。根据该两项基本原则，郭氏又旁稽律典学说，通过例证增补了若干条规则：1. 旁涉之事实，除法律有特别规定者（郭氏将其列于推定一章中），应由主张者证明之。2. 欲证此事，须先证彼事者，则欲证此事之人，应负证彼事之责。3. 凡以罪状被人告发，而抗辩有异常情节，冀以自纳于宥减勿论之列者，应证明所称异常情节。4. 凡情事为一人所知独确者，其人负立证之责。5. 凡介乎两方原有信任关系而相互间为法律行为者，其行为是否出于诚实，及有无滥权亏职背义营私情事，立证之责，恒在于受任人。6. 在刑事案，负证明罪状之责者，须证至使常情起信而远疑，其证始立，民事旁涉刑名者，亦如之。7. 立证责任，一经断定，虽可随举证程序而推移，而终不得脱卸。8. 若两造所举证据，力足相抵，轻重适均，则原负立证之责者败。8条之中，第6条用今天的知识体系分类方法解读，则是关于证明标准"起信而远疑"即排除合理怀疑的规定，第8条是对举证后果即结果责任的规定。第7条为举证责任转移的限制。（郭云观：《法官采证准绳·上编》）

1929年，杨兆龙先生在上海法政大学执教，开设《证据法概论》课程，并于翌年出版了《证据法》教材。今版《杨兆龙法学文集》的证据法部分，共有绪论和3编内容，应该是其时出版的《证据法》教材。杨兆龙在其《证据法》中关于证明责任的论述系该书的第一编第一章的内容。杨氏在"证据提举"（Production of Evidence）篇中以专章论述了"举证之责任"（Burden of Proof）。杨氏受业于美国证据法学家摩根（Morgen），其证明责任的界定自然有着浓重的英美法系当事人诉讼模式背景，深信"当事者之相见于法庭与敌人之对垒于战场无异"。因而，关于证明责任，"负举证之责任者，法庭中之取攻势者也；不负举证之责任者，法庭中之取守势者也"。在举证责任分担的原则上，杨氏在考察当时各国立法之后，认为由于"某种事实之存在或真实与否，与某种权利义务之存在与否有联络之关系"，所以，"主张该权利之存在与否之当事者对于该事实之存在或真实与否应负举证之责任"[1]。

继杨氏之后，有关证明责任的研究，可以称为荦荦大端者，还有周荣的《证据法要论》，蒋瀸泉的《民刑诉讼证据法论》，以及由盛振为等人编撰的东吴大学法学院教材《证据法学》。由于周荣实为东吴大学的《证据法学》编写者之一，且从内容看，该教材关于举证责任的内容即为周氏所撰，因此，该教材的相关内容不再赘述。

证明责任在周荣的《证据法要论》中，是该书第三章内容，本章共四节，分述了举证责任的意义、刑事诉讼和民事诉讼中的举证责任、举证责任的通例，以及举证责任的特例。关于举证责任的意义，作者认为，由于法院审理案件，适用法律，是以事实为基础。无事实则无法律之适用，举证责任遂成为证据法上最重要的问题。在此基础上，作者定义了举证责任的概念，即"当事人就其主张之事实，有提出证据，使法院就其主张得生心证之责任"[2]。关于举证责任的性质，周氏总结了学界权利说、义务说和效果说等三种观点，并逐一做了评述。关于权利说（即举证是需举证的一造当事人提出证据以证明有利于自己的事项，而对造当事人则不得为此诉讼行为，因此，举证实为一种权利），周氏认为，举证责任的性质，终究与一般权利行使不同。因为该责任"须于法院认为诉讼中所争执之事实为必要者，方始有之。其已臻明显者，当事人无须再为证明"。这与权利的属性不符，因此，举证责任"非为当事人之权利也"[3]。关于义务说（即认为举证为法律上命令一造当事人举证，否则将承担不利裁判。同时义务说还认为既然法律中称之为责任，即说明举证之责为义务而非权利），周氏认为，根据权利与义务之间相对性原理，一造有义务，则表明对造有权利。然而，"今负举证责任之一造当事人不为举证时，对造当事人

---

[1] 杨兆龙. 杨兆龙法学文集[M]. 北京：法律出版社，2005：157.
[2] 周荣. 证据法要论[M]. 上海：商务印书馆，1936：23.
[3] 周荣. 证据法要论[M]. 上海：商务印书馆，1936：24.

不负赔偿之责,故举证之责亦非单纯之义务也"①。在否定了权利说与义务说之后,周氏赞同效果说,认为该说主张的,当事人为求得利己之心证起见,而有证明其主张事实的必要。如果不作举证,将发生不利己之心证。因而,举证责任的目的,全在其效果上。

由于刑事诉讼与民事诉讼在性质上的不同,前者奉行干涉主义,后者奉行不干涉主义,②周氏分别讨论了刑事与民事举证责任。关于刑事举证责任,周氏认为,由于刑事诉讼采用实体真实发现主义和国家职权干涉主义,因而法院应自行依职权收集证据及调查事实真相,以实现符合实体真实的裁判。在"当事人"一方,虽然也有举证责任,但仅为法院证据调查的补充,因而其举证,不是胜诉的要件,故而并无民事诉讼中由"当事人"分担举证责任的必要,而是由主张被告犯罪者,负举证责任。与之相应,"在证据确能证明被告有罪,毫无疑义外,法院应为被告有罪之裁判"。如果"法院对于有罪无罪之证据,有所怀疑,或有罪证之证力与无罪证据之证力相等时,皆应为被告无罪之裁判。被告犯罪之行为,非有积极之证明,不能定谳"。周氏还考察了各国与举证责任相应的无罪推定原则与证据裁判原则。在本章后半部分,周氏结合当时国内外判例,探讨了民刑事诉讼中举证责任的一般规则、举证责任的特例等。

举证责任的一般规则有四项。一是凡主张者,负举证之责。如一造当事人提出主张,对造当事人予以否认,则应由主张之一造负举证之责。因为如让否认方举证,则其所证事项为消极事实,不如由主张者提供积极事实加以证明便捷。因而,如主张者不能证明其主张,不论对造有无证据,应令其败诉。二是刑事诉讼中,检察官负责证明被告犯罪行为。民事诉讼中,原告应负举证之责。具体还应注意以下事项:诉讼开始时,如两造均不能举证,则将要败诉一方应负举证责任。对诉讼过程中特定事项的举证,亦同。三是被告对于原告之主张,也已承认并另主张新事实,而为本案之抗辩者,就其抗辩事实,应负举

---

① 周荣.证据法要论[M].上海:商务印书馆,1936:25.
② 这里引述当时学界对此的观点以说明:与职权调查主义与当事人调查主义作为调查证据之方法不同,干涉主义与不干涉主义,系就诉讼之起灭、范围之扩张减缩而言。干涉主义又曰职权主义或不变更主义,是关于诉讼标的及诉讼关系,不承认当事人有处分权,不得以其意思变更或消灭,法院依职权以为审判。与前者相反,不干涉主义又名处分主义,后者承认当事人有处分权,法院应受其处分的约束。参见蒋澧泉.民刑诉讼证据法论[M].北京:中国政法大学出版社,2012:11.

证之责。四是负举证责任的一方当事人，关于其主张事实，已有相当之证明，其举证责任即移转与对造当事人。非经对造当事人提出有效之反证，即应推定原举证方主张为真实。周氏还结合中外判例说明了举证责任的特例，认为对于特定事项的举证责任，法律有特别规定时，应优先适用。[1]

蒋澧泉在其著述《民刑事诉讼证据法论》中，以专章论述了举证责任，并分十节论述了举证责任的意义、各国举证责任的历史及比较、举证责任转移等事项。较之此前著述，本书关于举证责任知识更加体系化。

关于举证责任的意义，蒋氏认为，由于刑事案件由法院依职权调查，民事案件由当事人提出，举证责任只存在于民事诉讼中，因此，所谓举证责任，"即民事当事人希望获得有利于己之裁判，就其主张特定事实之必要，加以证明之诉讼上责任也"[2]。与周荣关于举证责任性质的看法一致，蒋氏也认为，举证既非实现权利，又非履行义务，而是实现有利于己的心证，即为了达到一种目的，实现举证者预期的效果。蒋氏比较了民刑事举证责任的异同，并持与周荣相同的观点：刑事诉讼实行真实发现主义，其证据调查奉行职权调查主义，由法庭负责，检察官因其代国家为原告，因此虽有调查证据之责，但应调查有利与不利于被告的两方面的证据。总之，"刑事诉讼既无举证责任之规定，一应由法院依职权调查，则法院不能以检察官或自诉人未立证而当然谕知被告无罪，亦不能以被告未提无罪之反证而作为宣告有罪之理由"[3]。

蒋氏还详尽地探讨了民事诉讼中法院对于当事人举证时应注意的事项以及民事举证责任分配法则。其关于举证事项学理上的各种用语，是对当时有关举证责任研究中所使用语词的一种梳理，既是当时研究的总结，也为建立举证责任语词规范奠定了基础。

关于刑事案件中的证明责任问题，蒋氏认为，虽然刑事案件认定事实所凭依的证据由法院依职权调查，但当事人仍有举证的权利。类此视当事人在刑事案件中的举证责任为其权利的观点，亦可见于陈瑾昆的《刑事诉讼法通义》中，似为当时通说，姑此说明。[4]

---

[1] 周荣. 证据法要论 [M]. 上海：商务印书馆，1936：26.
[2] 蒋澧泉. 民刑诉讼证据法论 [M]. 北京：中国政法大学出版社，2012：61.
[3] 蒋澧泉. 民刑诉讼证据法论 [M]. 北京：中国政法大学出版社，2012：69.
[4] 陈瑾昆. 刑事诉讼法讲义 [M]. 北京：法律出版社，2007：153.

蒋氏专门列举了民刑案件中的举证问题。关于刑事案件，共列举了10项举证责任的分担情形，兹照录如下。

1. 自诉人或检察官主张被告有罪者，应有积极之证明，不能空言攻击。因社会上之犯罪人，乃例外事件也。但检察官就被告无罪证据，亦应调查；自诉人，则无此权利。2. 被告抗辩，当犯罪时，在心神丧失状态中，或瘖、哑、或精神耗弱者，应即举证。3. 被告主张，其自白出于强暴、胁迫、利诱、诈欺或其他不正当方法取得者，应即举证。因法律上认法官通常为克尽厥职，乃以正当方法讯取供词也。4. 被告主张其行为出于正当防御、紧急避难、正当业务行为、公务行为、上级公务员命令行为，应予举证。5. 对于已经法院认为犯罪行为，被告主张无故意或无过失者，应予举证。6. 被告主张减轻或免除其刑之事实者，应即举证。7. 法律上因年龄不同而异其责任者，被告应就利己之实际年龄予以举证。8. 法律因身份、特殊关系而异其责任时，被告就利己之实际上身份或关系，予以举证。9. 关于被告是否犯罪，在未有有罪证据时，被告无就无罪予以证明之必要。10. 凡主张犯罪行为时，被告在场者，应证明之；被告毋庸先证明其不在场。①

东吴大学法学院的《证据法学》关于举证责任的论述尤值关注。在知识体系上，其举证责任隶属其本论第一编证之通则，为全编第一章内容。该章分6节，分别论述了证责之性质、诉讼法上一般事实之证责、实体法上特定事实之证责、证责之移转、证责之效用和法制史上证责之比较观等问题。以下试做简要概述。

关于举证责任的概念和性质，书中认为，举证责任是诉讼当事人为求有利于己之裁判或避免受败诉的结果，为证明特定事物的必要行为。因此，该书将举证责任定位为既非诉讼一造之义务，也非法院或诉讼他造得以要求的权利。该书随之论述了诉讼法上一般事实的举证责任。该书认为，在制度设置上，当事人对于特定事实的举证责任，于实体法上规定甚多，而一般主张事实的证明，均适用诉讼法上的举证原则。由于刑民事诉讼的差异，民事诉讼实行形式举证责任，刑事诉讼实行实质举证责任。具体来说，在民事诉讼中，法院通常对于诉讼证据，仅就当事人所提出的证据方法，作为裁判的基础。如果当事人

---

① 蒋澧泉. 民刑诉讼证据法论[M]. 北京：中国政法大学出版社，2012：91.

已经提出作证的证据,诉讼要件也已经存在,法院就应该做出实体裁判,不得以不确信当事人主张的事实是否真实为理由而拒绝做出实体裁判。以此为原则,在民事诉讼中,"凡当事人为取得有利于己之裁判者,不问其为原告或被告,亦不问其主张为实体法上权利或诉讼法上权利,更不问为积极事实或消极事实,均非有所主张不可"①。相反,在刑事诉讼中,法院负实体上举证的责任,如果被告没有提出无罪主张,或者虽主张无罪而不提供证据,或者提供的证据单一而缺乏证据力,法院仍需调查原告(检察官或自诉人)的证据是否充足与可信,以及被告有无其他无罪的证据。该书还详细论述了实体法上特定事实的举证责任,包括法律行为、法律规定、除外规定、声请事项、权利行使、债之发生与给付、损害赔偿、刑事责任、国际私法等18项内容。

关于举证责任的转移,该书认为,主张的责任不得变更,即主张证题(系争事实)的责任,在诉讼辩论中为一大前提,永不变更。因此,提出证题的当事人,如已具有充分表面证据,或者对方当事人无抗辩或反证,或仅有空言主张而无事实证明,那么,原主张的一方即可胜诉。如果对方当事人也提出主张,以攻击该证题,使原主张所依据的证据力发生疑惑时,则原主张的当事人应将该证题再予说明,使法院对其证力较对造攻击主张之证力更为坚强。否则,法院对原主张一造之证题有怀疑时,则该原主张人将遭受败诉的结果。该书随后讨论了举证责任转移及举证责任的效用即举证责任的结果等问题。②

二、免证事实的理论沿革

有关免证事实的梳理,将依照前文介绍的顺序,逐次进行。十分有意思的是,在松冈义正的《民事证据论》中,并无免证事实的论述。由于资料有限,笔者尚无从考究其缘由。但考梳其德国证据法知识传统的渊源,当时在日本颇具影响力的罗森贝克的著述所呈现的知识体系,即没有相关讨论,由此似不难发现其中的原因。此中缘由,尚待继续分析。

如前文所述,郭云观关于免证事实的论述内在地包摄于其"举证"编中。

---

① 东吴大学法学院.证据法学[M].北京:中国政法大学出版社,2012:13.
② 这里保留了原文行文中的一些概念,原因在于这些概念今天已经不再使用,又很难用今天的概念置换,只能使用原概念,通过原有的语境来理解。

该编第一章，首述"证之征免"。之所以法律规定可免证的事实，郭氏认为，凡两造之陈述，必须立证加以证明是一种常态。但是，如果不论"公私显晦巨细"而通通加以证明，不仅举证者疲于奔命，法庭将耗时费财，更有甚者，狡诈的相对人"转得妄肆苛求，藉以宕案便私，不亦大戾乎"。因此，"论证之免否，亦所以定举证责任之有无。有责焉，必举充分证据以实其言。无责焉，虽主张而不证可也"。对以下情形，可免予证明：一是凡是关于"判官职权上之事项，暨国家政务法制之荦荦大端者，胥应由判官认悉，无庸征证于主张者"；二是凡是关于"两间自然之物理，振古如兹者，与夫当时人民生活之常态，普通之常识，人人所共喻者，境内非常之大事，人人所公闻者，胥应由判官认悉，无庸征证于主张者"。（郭云观：《法官采证准绳·上编》）郭氏详尽列举了上述基本原则法律适用中的各种具体情形，并说明了理由及适用中可能存在的因法官个体差异而导致的理解上的差别。郭氏特别指出，前述二则免证规则，都是就通常意义上说的，然而"物变靡恒，异闻奇迹，固事之所或有，而非理之所必无。若例应认悉免证，而相对人持异议者，则有变例焉。令得举反证，所以剂情法之平也"，由此表明对实践中异乎常理的情形处分时的态度。（郭云观：《法官采证准绳·上编》）就法官而言，上述准则的确立，是基于"法为天下后世设，察人事之常，建大中之极"，力争使"高者俯就焉，庸者企及焉"，并不随法官的"博陋宽严而为之左右"。因而，博闻多识的法官，对于不得免证的供述，不可以身知其事而免之，以免使自己陷于证人的地位；反之，寡闻健忘的法官，也不得对毋庸举证之事项，以非己之所知而征之。

　　关于推定，郭氏首先申述了推定与举证责任的关系。如果"讲证责而不旁逮推定，犹半解也。论证责而不兼涉推定，无实用也"。接着，郭氏将推定按四类分述：确推定（conclusive presumptions），"确乎不拔，不许反证也"，即确定性推定；假推定（prima facie presumptions），"权假如是，犹许反证也"；法律上的推定（presumptions de jure），"载于律文，行之勿违也"；审判上的推定（presumptions juris），"临事酌施，可伸缩也"。关于确推定、假推定与举证责任的关系，郭氏认为："负举证责任者，若受确推定之利，立卸其证责而获胜。若受假推定之利，则证责暂移对造，对造能反证，证责移还。不能反证，此造乃脱证责而获胜。"至于法律上的推定与审判上的推定，前者"固一成不易，莫得而轻重，其弊无由滋"，后者则"纯凭法官衡鉴而施"，适用时有听任法官任意之嫌。

　　与免证事实一致，郭氏关于推定的设立，乃基于"法求尽理，而不务尽善"的原理，不会因为现实中的偶然反例而失其存在的根本。此外，推定的设立还是因为对生活实例归纳的应然结果，以及为了法律适用中的便捷。郭氏继而着重归纳了审判中推定的运用及规则。审判中，法官"察乎人情物理之际，揆诸公私事务之常，以揣测案中事实，而十得七八者"，可以做出假推定。申言之，"凡事如此为循常，如彼为变常者，则法庭假推定其为如此。若有主张如彼者，须举反证以实其言，故推定利于此造，则证责移于彼造。推定利于彼造，则证责移于此造。此假推定唯一之效力也"。（郭云观：《法官采证准绳·上编》）郭氏进一步列举了此类审判中的假推定。

　　首先，是假推定中的通则（常例），适用时，必须能举出相反证据，方得以推翻该原有的假推定：1. 凡失窃未几，有人存赃而不能自明来历者，得假推定其人为非盗即窝；2. 犯伙供词，非有旁证以实之，得假推定为不足信；3. 凡事物或其状况曾经证明存在而今溯计犹未至寻常湮灭时期者，得假推定其尚存焉；4. 凡文法官吏所办理公务，得假推定其遵循常识而为者；5. 凡事之迭次措施，具有经常，而罕迁异者，任举何次，得假推定为不违经常；6. 凡藏有证据之当事人，能提出而不肯提出者，得假推定该证之披露，将不利于藏者；7. 凡法庭有所问，当事人以无法律上应答之义务，而拒不肯答者，得假定若实答其事，将不利其案中之地位；8. 凡债权契据，已届清偿期，而落于债务人手者，得假推定债经偿还；9. 凡汇票经签诺凭付，或背签转让者，得假推定为受偿而为。其次，作者还列明了与前述通则相反而不容推翻的几则例外。1. 法律于特别规定之外，推定人人知法。郭氏评述了确立该条的缘由，认为是"为司法开启方便之门而已"。作为该条的例外，只有幼童癫癔者方为可免。2. 反证之未立也，得假推定人人无辜。此即无罪推定。3. 常人皆受心神无恙之假推定。4. 人之行为，其必然与或然之效果，为常虑所及知者，得推定为之者，心欲其然也。即推定其为有意为之。5. 凡动产之管有，其来历无证者，得假推定所有权随之，反证之责，由持异议者负之，所以维持财产之安全也。6. 信缄投邮，邮票黏足，住址姓名详而无误，得假推定其曾以时送达焉。7. 自护肤体，惟力是视，此人之常情。故于伤体毙命之案，得假推定伤者毙者当时不息于护避。8. 男女在精通化育之龄，得假推定其禀有人道之机能，及衍嗣之能力。9. 姓名皆同者，得假推定为同一之人，名类色状品质记号皆同者，得斟酌情形推定为同一之物。10. 故意撕灭书证，如公文账簿记录之类者，得假推定其因不利于己而撕灭之。其涂窜者，得假推定其因该部分不利于己而涂窜之。11. 当事人贿使或怂恿对造证佐规避传唤或移匿对造关要书件者，得假推定此种言证书证为大不利于贿劝移匿之人。12. 当事人隐匿所存书证，如公文账簿记录等类之原本，而提出誊本者，得假推定其因原本不利于己而隐匿之，其隐匿他种证据者亦同。13. 构砌证辞，捏饰书契者，得推定若质直陈述，将不利于其人。14. 两造讼争，事实上要点，有为某丙所深悉，某丁所略悉，丙与甲造无干，而为乙造私人，如戚友仆伙之类，又非法律所禁为证人者，揆诸常情，乙造必邀丙为证，乃不邀丙而偏邀丁者，从可推定丙若据实证述，将不利于乙造。15. 当事人躬知案中要节独谛，而相对人所述若伪，正可当庭对质驳之，然而无故不到庭者，得推定相对人所述不为无因。16. 晤议数次，而后订立书契者，得假推定议定要点悉载于书契。17. 外国法与本国法出于同系者，得假推定两不相背。（郭云观：《法官采证准绳·上编》）作者并举例对上述情形进行了说明。

郭氏没有提及与免证事实相关的自白、承认等问题。其关于推定的论述虽然用力甚殷，但分类的逻辑标准不统一，如关于法律上的推定与审判中的推定的划分，即缺乏可操作性。尽管如此，能将号称是法律中的"蝙蝠"的推定初步介绍出来，厘清其理论源头，已经是不小的学术贡献。

免证事实在杨兆龙的《证据法》中占据了较多的篇幅，值得关注。杨氏视免证事实为当事人举证责任的免除，并将之分为四类：（1）法庭认知之事实；（2）法律上推定之事实；（3）不能否认之事实；（4）自认与自白之事实。这在分类逻辑上与郭云观不一致。随之，杨氏以较长篇幅论述了该四类免证事实。摘其要者，略述如下。

法庭认知的事实有两种，一是性质显著者；二为职务上已知者。作者论述了英美法系法庭认知事实的情况，并将其与当时的《中华民国民事诉讼条例》中免证事实进行了比较，认为前者以法院在法律上应知的事实为限，而后者以法院实际上了解的事实为限。因而，"英美法之长，在其认知事实范围之广大；而其短，则在认知实际未知之事实为已知之事实。我国民事诉讼条例则相反"。

<<< 第四章　近代证明责任知识体系的中国式生成述论

由于二者都以裁判者之学识经验为断,所以,杨氏认为,二者制度名虽异而实则同。①

法律上推定的事实即法律关于某事实所有利于或不利于当事者的推想(inference)。作者认为,法律上推定的事实,大部分属于实体法的范围。由于当时的中华民国属于大陆法系传统国家,因而在有关推定的规定上与英美法系国家不同,而且,作者认为,正是由于这种不同,如果将有关推定的内容像英美法系一样完全规定于证据法之中,并不妥当。杨氏着重就推定与举证责任转移的关系进行了说明,认为"凡当事者之一造,已证明其所主张有利于己之事实时,则举证之责任移转至他造方面;此时他所主张之反对事实若为法律上所推定者,则毋烦词费时而可使举证之责复归属于对方之当事人,故法律上推定之事实,为左右举证责任之归属之一大势力"②。

杨氏在论述不得否认的事实时,首先解释了与之相关的estoppel(禁止反悔)的含义,认为简单而言,该词乃阻止当事者否认某种事实的存在或真实的法律上的原则。其具体内容有三,即:(1)基于存案之否认禁止或者存案上不得否认之事实。当事者不得否认判决中关于诉讼原因的事实。但该原则对下述情形不适用:一是宣告判决的法院对于诉讼之事物或被告无管辖权时;二是判决因诈欺之手段而得来时;三是判决违反自然之正义的原则时;四是判决违反国际私法之原则时。在刑事附带民事诉讼中,虽然一般情况下,关于犯罪的证明及自然有约束附带民事诉讼或独立民事诉讼的效力,但必须受限于以下条件:刑事判决必须已经确定且所认定事实必须以关于犯罪之证明及责任为限,关于被害人所受损失的程度则不此限。杨氏特别指出,此项原则对于当事者于判决确定后,如发现新事实、反对事实或解除事实,不妨申请再审,而并非意味着判决一经确定,当事者永无平反的希望。(2)基于契据之否认禁止与契据上不得否认之事实。杨氏引述了英美法的相关规定,即凡契据内关于事实之积极规定,履行契据者及以其权利为根据者一概不得否认。但杨氏认为,应注意的是,契据内关于事实之积极规定以与契据之目的有关系者为限。至于契据目的以外的事实则不然,由于当事者目光既不在此,则疏略之处自不能免,如一律禁止否认,实属不公平。(3)基于行为之否认禁止及行为上不得否认之事

---

① 杨兆龙.杨兆龙法学文集[M].北京:法律出版社,2005:160.
② 杨兆龙.杨兆龙法学文集[M].北京:法律出版社,2005:162.

实。杨氏考证了本项禁止是由英文原词 estoppel in pais 引申而来，意为凡"当事者之行为足以表示某种事实存在，而致他人为引诱而变更其地位或情形者，以后该当事者不得否认该事实之存在"。当事者的行为有言语行动的积极行为和消极的不作为两种。本项禁止成立的条件：一是所表示者为事实，法律者不在此限；二是表示的结果曾使他人对其所表示的事实信以为真而变更地位或情形；三是表示的事实应为足以确信者。

关于自认与自白的事实，杨氏认为，由于自认与自白事实不真实者甚少，举证手续非属必要，但为了发现真实，仍应对之设立界限，以防鱼目混珠。就自认（杨氏将其定义为当事者于民事案件内及刑事案件内不属于犯罪意思或犯罪行为部分事实之承认也）而言，可以免除举证责任是有条件的：（1）是当事人主张的事实。如自认非当事者主张，则不在诉讼范围，所谓举证责任则无从发生。（2）非出于胁迫者。作者论证道，自认事实之所以毋庸举证者，以其出于当事者之自由表示足以代表真相。如其是以胁迫手段而得之者，必非出于当事者之自由意思，则其真实之程度殊不可信。此时，如果不经举证而以之对抗表示之者，其流弊将不堪设想。（3）非出于错误或相对人之同意者。如当事者之表示是出于错误或相对人之同意，则其内容不能代表真相。（4）自认之事实是当事人本人，或其代理者，或其共同利害关系者，或与其利益相连带者，或其所指定以供参考者所陈述或表示者。（5）事实之承认非出于和解，而亦非以不提作不利之证据为条件者。杨氏还探究了自认的形式及证据资格等问题。① 自白（杨氏将其定义为刑事案件内之被告关于犯罪意思或犯罪行为事实之承认也）分法庭内和法庭外两种。其中，庭内自白可免除举证责任，而庭外自白须经证明，由主张自白事实之当事者承担举证责任。杨氏还比较了自白与自认之间的区别，值得借鉴。一是自认的事实陈述不以自愿为必要，而自白则必须出于当事者自愿方能生效。且自认事实可由言语动作及不动作表示，但自白事实仅可由言语表示，动作表示则为例外。二是法律对自认事实采用宽大主义，对于自白事实采严格主义，由此使自认事实条件少而自白事实条件多。三是出于代理关系及有共同利害关系等人的自认，有拘束效力。而自白则除出于共犯者与主人在刑事上为之负责的仆人外，概以出于被告本人为有效的

---

① 杨兆龙. 杨兆龙法学文集 [M]. 北京：法律出版社，2005：165.

条件。①

免证事实在周荣的《证据法要论》中，是被视为与举证责任关系密切的一章内容。周氏将免证事实分为显著事实、法院职务上已知的事实、法律推定的事实、事实上推定的事实以及当事人承认的事实。

周氏袭用了郭云观关于显著事实即一般公知之事实的观点。显著事实具体是指凡一国内一地内或一社会内所共知之事实，以及一般经验法则等。包括：(1) 一定之物理，如饥食渴饮、晴干雨湿、海咸河淡等；(2) 国内名山巨川，省道县邑之所在，国内史上显著的事实等；(3) 年与日之计算、季节及例行假日，某月日是否为星期六，某星期日在何月日等；(4) 法定及本区通行之度量衡、货币利率；(5) 区内邻近的巨灾浩劫等；(6) 本区内历久相传的习俗，一时盛行之风尚，以及某处至某处常经之途等；(7) 通常文字之句读意义及习用之典故谚语等。

在论述了各类显著事实之后，周氏着重讨论了认定显著事实的标准问题。认为应当借鉴大陆法系法律的规定，以法官的认识能力为准据。因为这一标准在适用时较之英美法系以一般人的认识能力为标准更为便利。至于合议制法庭时的标准如何认定，作者认为应以全体法官知悉为是。②

关于法院职务上已知的事实，作者认为应包括通常应知之事实及经调查而后知悉的事实。这里的知悉，"不论其知悉系由本诉讼事件，或系由其他诉讼事件，或系非讼事件，亦不论其得知之方法如何"。只要法院已经知悉，则此事实之真相已明，一造当事人纵有争执，主张之一造当事人亦无再举证的必要。纵然如此，法院应允许当事人有就其事实辩论的机会，否则，裁判将有法律上的瑕疵。此外，法院对职务上应知事实不知者，应由法院自行调查，当事人毋庸举证。但对于习惯法、地方制定的法规，以及外国法（实为事实），法院不能尽悉者，当事人仍负举证之责。③ 周氏对于法律上推定的事实与事实上推定的事实基本袭用了郭云观的观点，此不赘述。

关于经当事人承认的事实，有自认与自白两种。与杨兆龙不同，周氏仅视自认为民事诉讼中的免证事实，而自白为刑事诉讼中的免证事实，实则为一种

---

① 杨兆龙. 杨兆龙法学文集 [M]. 北京：法律出版社，2005：168.
② 周荣. 证据法要论 [M]. 上海：商务印书馆，1936：36.
③ 周荣. 证据法要论·前引书 [M]. 上海：商务印书馆，1936：37.

疏漏。周氏在自认与自白的内涵以及二者的区分上，与杨氏基本一致。值得关注的是其关于自白作为证据所应具备的条件的论述。一是自白须与犯罪事实相符。周氏认为，出于各种目的动机，被告自白犯罪，往往有与事实真相不符者，基于职权主义的立场，周氏认为不能采为证据。二是与对自白的与真相相符要求一致，法院应调查必要的证据。三是自白须非出于强暴、胁迫、利诱、诈欺或其他不正当的方法。可以看出，周氏在自白的条件上不及杨兆龙论述得细致。①

蒋澧泉关于免证事实的论述，见于其书第十六章中。该章内容包括民事及刑事诉讼中的免证事实，因此，其第十六章篇名《民事诉讼免除举证责任事项》应该有误。蒋氏关于免证事实的种类及对每一种免证事实和相关举证责任的论述与前述郭云观、杨兆龙及周荣等人基本一致。所不同者，蒋氏在论述法律上的推定时，除将其研究范围远溯至我国唐律外，还就英美证据法中裁判上的假定、法律上的论断及妨碍抗辩三种，与当时中华民国的法律推定进行对比，这有利于对法律上推定的认识。此外，作者还专门讨论了免证事项的冲突问题。作者认为，两种免证事项如相一致，其真实性更为强固，于事实之认定，当无问题；若互相冲突，应依何种事项为准，为一重要问题。作者随之论述了自己的观点。一是自认与显著事实相冲突的效力。蒋氏认为，自认事实如为显著不真实的事实，或与显著事实相反者，不得以之为裁判资料。因为，"显著之事实，世人均知之事实；显著不真实之事实，亦为世人皆知者"。此时，如果法院竟然拘于不干涉主义，认显著事实为真实，显然有损于法院之荣誉。② 二是自认与法院职务上已知之事实相冲突时，亦应从法院职务上已知事实论之。三是自认与法律推定相冲突时，应视是否为完全推定或不完全推定而处置。如属法律上完全推定，如自认之事实与之冲突，应从法律上推定论之，不能反于法律上完全推定之事实为真实。于不完全推定场合，因是允许提出反证推翻，则如当事人为反乎此项不完全推定事实之自认，宜以使其优于法律上推定者为当也。四是自认与事实上推定相冲突时，应依照自认论之。以事实上推定，是属不完全推定，均得以反证推翻；如自认事实与事实上推定相反，宜认自认为真实，较为妥当。五是显著之事实与法院职务上已知之事实相冲突，

---

① 周荣. 证据法要论 [M]. 上海：商务印书馆，1936：41.
② 蒋澧泉. 民刑诉讼证据法论 [M]. 北京：中国政法大学出版社，2012：133.

应依显著事实论之。因为，显著事实为世人皆知；而法院职务上已知之事实，仅法院知之。少数人认为真实，不若多数人认为真实之事实为事实。此外，法院职务上已知事实，是由办理诉讼而获得，常常因该诉讼案件囿于证据或手续，不能得实质之真实。六是显著之事实与法律上推定之事实相冲突时，不问法律上推定为完全推定或不完全推定，均依显著事实论之。因为，显著事实其真实性甚大，而法律推定不过依据法律之规定，以一定事实之发生，法律上推定其有某种效果。这种效果，终究不如显著事实直接且有效。七是显著事实与事实上推定之事实相冲突时，当以显著事实论之。其理由除与前述相同外，事实上推定均属不完全推定，与真相相差甚远。八是职务上已知之事实与法律上推定事实相冲突时，应分别法律上推定为完全推定或不完全推定而分：如为完全推定，则优先于职务上已知之事实；如为不完全推定，则以法院职务上已知之事实为优先。九是法院职务上已知之事实与事实上推定之事实相冲突时，应以法院职务上已知之事实为准，较为合理。十是法律上推定之事实与事实上推定之事实相冲突时，不问法律上推定为完全推定或不完全推定，均优先事实推定。因为，以法律上规定之推定，是依常理加以推定，不过是以明文规定者。进行事实推定时，因亦依于既有法律上规定之推定，则径行适用法律推定即可，毋庸再依事实推定。如在允许以反证推翻的法律推定场合，则事实推定，固然与法律上推定相同，不致有所出入。因此，二者相竞合时，难以看到事实推定有优于法律推定之处。[①]

东吴大学法学院的《证据法学》中关于免证事实的内容见于其第一编第二章。该书将其界定为"免证限度"，分事实为法院已知者、事实为当事人承认者、事实为法律或他事实推定者三种免证事实，并阐述了推定之效用以及推定于法制史上之比较观等内容。其中，事实为法院已知者包括显著的为一般人所周知的事实和法院在其职务上已知事实。该书还详细阐述了众所周知事实中的主体性标准及职务上已知事实的认定问题。该书将当事人承认的事实分为民事诉讼和刑事诉讼进行讨论，认为民事诉讼中当事人的承认是自认，而刑事诉讼中为自白，并指出"此类事实承认之表示，须出于当事人之自动而非强迫者，与和解或让步无关"[②]。同时，当事人的承认是事实上的承认，与权利主张的

[①] 蒋澧泉.民刑诉讼证据法论[M].北京：中国政法大学出版社，2012：133.
[②] 东吴大学法学院.证据法学[M].北京：中国政法大学出版社，2012：40.

承认不同，后者该书将其界定为认诺。

该书将民事诉讼中的自认分为审判上的自认与非审判上的自认、完全自认与限制自认、准自认、本人与代理人自认四种，并就自认的效力、自认的撤销与追复等做了详尽的论述。该书将刑事诉讼中被告人的自白划分为审判上与非审判上的自白、各个自白与共同自白、直接自白与间接自白三类。其中，直接自白为被告人直接承认被控事实的自白。间接自白只可视为情状证，不能视为自白，包括犯罪行为的表示（如犯罪嫌疑人见到逮捕而逃逸）、犯罪行为的解释（如在谋杀案中，被告解释谋害原因乃为防卫起见）、犯罪事实以外的陈述。该书就刑事自白的效力做了较为合理的论证，认为法院采信自白时，应该符合一定的积极条件和消极条件。前者要求自白应当与犯罪事实相符，且法院应调查必要的证据以作为自白的补充性证据。后者要求自白应出于犯罪嫌疑人的自愿，而非由强迫、胁迫、利诱或诈欺的方式获得。该书特别指出，法庭对于自白，"应审察自白之全部，不得断章取义，曲解证言，致供述者蒙不白之冤"①。

三、结论与启示

总结清季至民国时期有关证明责任的论述，在以下几个方面，尤值关注。一是有关证明责任的概念相对稳定。各研究著述中，皆以举证责任指称证明责任的全部内涵，尚无时下研究中将证明责任分为举证责任与结果责任的分类。但从这种混一的研究中能得到这样的信息，即今人所谓的证明标准或说服责任（结果责任）实为举证责任的自然延伸，易言之，如负举证责任者不能使法庭达到"起信而远疑"的程度，其责任即不能免除。由此又使这种混一的研究具有了将证明责任分为举证责任与说服责任而分隔研究所不具备的优势，即诉讼证明中，围绕法官拣证与采证的中心，如何分清举证责任主体，并由其完成举证责任，是诉讼证明的核心而须臾不可偏离。二是在刑事证明责任研究中，各研究者未能在大陆法系职权主义审理方式与当事人的证明责任之间做出区分，由此造成了理论上的含混。事实上，近代以后，随着控审主体的分离，所谓由法庭承担举证责任的观点已无立足之地。各种原因分析中，主张刑事诉讼的干

---

① 东吴大学法学院.证据法学 [M].北京：中国政法大学出版社，2012：47.

涉主义和民事诉讼的处分主义，尚能解释其原因的一二。此外，研究者也未能认识到刑事证明中，无罪推定原则对举证责任的先在约束。这些都是刑事证明责任研究的前车之鉴。三是值得肯定的是，在各研究中，都视举证责任为案件审理的体系化规则，因而，免证事实成为举证责任的题中应有之义。而且，这一时期有关免证事实的论述，在免证内容上基本一致，在免证事实与举证责任的关系上认识也趋一致，由此反映出有关免证事实理论研究的成熟程度。其中，蒋澧泉关于免证事实相互冲突及解决的研究尤为周到，不仅考虑到理论自身的完备，也满足了实践中可能产生问题的需要。要而言之，这一时期的证明责任制度尽管还存在诸多不足，但无论就其理性化程度、证明责任在整个证据知识体系中的位置的界定来看，还是就其包含免证事实的论述而形成的知识的系统性而言，都足资借鉴。

本书采用历史研究的方法，探寻了证明责任制度的话语及其依存的制度知识体系在我国从萌生到其后发展的内在理路，乃立基于以下原因。一方面，如前文所述，是由于自清季至民国时期初步形成的法律知识体系，某种意义上已然构成中国法律现代化进程中"一以贯之"的"学统"，已成为中国法律现代化的"元叙事"。对1980年以来的刑事证明责任研究，亦复如是。另一方面，由于语言一经产生，就有了自己的生命力，其含义即在其得以使用的社会中不断获得并演变。法律语言也是如此，其概念的内涵、外延及引申意义也常常在约定俗成中发生变化。但应注意的是，语言"层累"的结果既可以丰富语义，也极易造成某一语词的"谬种流传"，语义失范或迷茫的现象。对于后者，语义本源的澄清显得十分必要，而通过对该语词的一种知识考古，在对其意义的考辨中，追溯其原初意旨，应不失为一种可行的探索途径。[①]

正是源于上述知识发展背景和研究设想，本书对证明责任发展源头的考据性发掘，对当前的证明责任的研究，应不无启示意义。事实上，很长一段时间以来，我国证明理论研究拘泥于以满足司法实践需求为指南的"实用主义"倾向而非基于证据法理的导向，这使证据法学内部各知识点在学术上受关注的程度不一，造成整个证据法学知识体系的不平衡。就证明责任的研究而言，源于司法实践中对案件事实清楚，证据确实、充分具有可操作性的诉求，理论界率

[①] 何邦武. 近代证据法学知识系谱研究：意旨、方法与进路 [J]. 求索, 2015 (2): 96-102.

先关注对所谓证明标准的研究,而对该问题与举证责任的逻辑关系、在举证责任中处于何种境况,却关注不足。这种不平衡还表现在有关免证事实的研究尚未取得共识,以致免证事实至今未能走进立法。证据理论研究的系统性不足,使零散、微观的即重视个别问题探究的研究方法依旧延续,而立足整个证据知识体系的宏观性和系统性研究方法仍然缺位。其结果,一方面是既有的研究对象虽然得到深化,有了堪称精致的研究;另一方面,有些尚未成为司法实践中亟待解决的与证明责任有关的问题则研究不多。同时,缺乏宏观视野的证明责任的研究使各个知识陷于孤立的境地,对于有关证明责任、免证事实由内而外的相互关系及其在整个诉讼证明中的结构功能等则认知不足。其中,诉讼证明过程中泛哲学化的认识论和实践中难以企及的乐观主义思维理性,尚未转换成立于证明责任基础上,以及在法律原则和规则约束下的规范认识思维和有限理性。这种关于诉讼证明的纯粹认识论的研究,固然与其认识论有关,但没有兼及诉讼过程的特质,未能置该种认识过程于特定场域,使其受证明责任的深度约束,有难以排解的关系。易言之,证明责任尤其是其中的说服责任对诉讼过程的法官心证形成的认知没有得到应有的重视。①

不仅如此,研究方法上的因循,以及对证明责任基本法理缺乏应有的认知,还使在如何构建证明责任的制度体系上,出现了近乎荒诞的理论,成为一种"方法论上的盲目飞行"(陈林林语)。鉴于研究的零散和系统性缺乏,有学者主张,构建一种全面的证明责任体系。但这种构建的设想却不是建立在证明责任基本法理基础上,而是主张证明责任既不是权利,也不是义务,更不是权利与义务的统一体;应该建立全面的证明责任体系,打破自古以来"一责独秀"的局面。全面的证明责任体系包括侦查机关的取证责任,诉讼一方或双方的举证责任,以及审判机关的审证责任。每一种特殊的证明责任类型都有其自身的内在根源、外在条件、主体和基本内容。作者认为:"时至今日各国法律上仍然只有举证责任一种证明责任。这种状况不能再继续下去了。""为了适应司法制度、诉讼制度、证据制度不断发展的需要,创新证明责任理论、提升证明责任制度,确保证明质量、更好地完成证明任务,必须打破几千年来一种证

---

① 何邦武. 错位与回归:刑事证明责任理论与制度的反思性整合之路[J]. 扬州大学学报(人文社会科学版),2016(5):23-32.

明责任独秀的局面,在司法证明和诉讼证明中建立全面的证明责任体系。"①

笔者认为,学术的创新不应与无视或者摒弃证明责任的基本法理画上等号。解决当前证明责任理论研究中的困境,走出研究的歧路,反思汉语世界证明责任知识体系的源头,以此重新审视该知识体系的应然逻辑,应不失为一种可行的进路。

---

① 裴苍龄.构建全面的证明责任体系[J].法商研究,2007(5):50.

第五章

证明程度在近代的学理演进

一、引言

在我国现行证据知识体系中,证明程度是以证明标准的概念出现的,更有甚者,后者不仅是概念的变异,也已成为现行证明理论的通说且具有独特的学术品格、知识位阶(证据知识体系中一个独立的知识单元)和研究热点。经过40余年的学术层累,主流证明理论根据客观主义绝对真理理论,利用传统的客观主义认识论哲学,已将证明标准理论演绎成一种与证明责任相对而非依附关系的范畴,成为一种客观主义的存在(本体论色彩),并作为学术研究的对象和司法实践的外在准则,形成中国证明理论的独特景观,具有与证明程度不一致的内涵。[①] 申言之,证明标准的话语体系与其他证明知识一起,构成了我国证据法学研究从话语表达、理论体系到运思逻辑的独特范式,以致在包括证明标准在内的知识再生产中形成了一种"路径依赖"[②]。这从一个侧面印证了如前文引用的论断:我国证据法学研究中的许多思想和观念是在资料匮乏、视角单一的历史条件下"独创"出来的,而且,这些思想和概念还成为我们无法抛

[①] 现行主流证据理论关于证明标准的"客观真实""法律真实"甚至其他某种真实的争论一直热度不减。关于证明标准的论述,其基本的论述逻辑是证明标准的概念、国外证明标准、我国刑民事证明标准,将证明标准客观化(视证明标准为一种客观存在物,如同光、电、社会等的客观存在)并进行探讨。与传统的证明程度探究心证的过程即如何评断证据或者说是对心证的描述,实为完全不同的知识体系。

[②] 这种"路径依赖"就是笔者在前文中所说的证据与证明二分的知识体系及其在现行研究中产生的影响,具体论述可参见裴苍龄. 证据学的大革命:再论实质证据观[J]. 法律科学,2010(3):87-97.

弃的认识前提和知识基础,① 从而对我国现行证明知识体系及其未来发展产生深刻的影响。

本书将继续沿用笔者此前的研究方法,从历史的视角,通过对证明标准原初概念即证明程度在近代的钩沉,探索证明程度在汉语世界早期证据知识体系语境中的原初含义以及证据知识结构中的位阶。笔者希求经过这样的努力,能够为当下证明标准理解的客观化倾向提供一种反思的视角,使证明标准的理论研究及实践运用能够回到常识性理念,立于应然的证据知识体系中,在对证明标准理论绝对化客观主义理念祛魅的同时,为当下证明标准知识体系的构建,贡献新的知识基础。

二、证明程度（标准）概念在近代早期的形式

证明程度的概念在近代早期,首先出现于笔者前文关于自由心证自西向东传输情况梳理中所述的清末法典草案中。依据《大清刑事民事诉讼法草案》第75条:"如被告无自认供词,而众证明白确凿无疑,即将被告按律定拟。"这里的"明白确凿无疑"虽然是在缺乏被告人供述情况下,根据"众证"即间接证据进行证明的规定,但其要求的"明白确凿无疑"就是汉语世界关于证明程度的第一次描述。由于法典的粗疏,也由于制定者模仿英美法系法律的立法背景（突出如陪审团制度）,法条上没有明确的关于"自由心证"的语词,有关证据评断的规则尚未系统化。

1911年相继制定的《大清刑事诉讼律草案》第326条及《大清民事诉讼律草案》第339条将证据评断的规定第一次明确表述为"自由心证"。修订法律大臣沈家本在《民事诉讼律草案》的立法理由中,对自由心证又进一步做了解释,即法官应当"以自己所生之确信,判断事项之真伪"。由此可以断定,关于证明程度的理念已经为当时的立法者认同。

在郭云观《法官采证准绳》中,有关证明程度的论述在该书下编"心证"中,该编一共分"辨迹""察辞""综观""平断"四章。根据词义推断,证明程度的论述应该在"平断"一章中,由于资料散佚,已经无法确知作者关于"证明程度"的具体论述。（郭云观:《法官采证准绳·上编》）但综合心证的

---

① 沈德咏. 刑事证据制度与理论·总序一[M]. 北京:法律出版社,2002:2.

全过程来看，作者关于证明程度的解读应该是要求法官在认真审验物证、仔细辨析言辞证据的基础上，由法官综合所有证据理性地做出判断，因此，证明程度委诸法官主观裁量即"求诸内心"，属于证据评断的一个部分应该是其基本的观点。

这一时期，关于证明程度的详尽论述应以松冈义正的《民事证据论》最为突出。松冈氏以专章论述了自由心证，对自由心证的意义、心证基础的形成、心证的效果、扩张及限制等进行了系统的论述。其中，证明程度是作为自由心证理论的一个部分阐述的。

松冈氏首先论述了自由心证的一般概念，认为自由心证主义是"依审判官之学识经验所得自由之确信而判断证据之主义"。关于对确信的理解，松冈氏用描述性的语言对此进行了解释，即该确信应当是具有学识经验或思考能力的审判官，根据客观原因所得到的确信。一方面，审判法官在调查事实时，应依照一般的理论（共识）和经验法则，形成真实的确定。"凡依暧昧之感觉，或漠然之推测者，皆为法律所不许。"① 因此，在司法实践中，不能仅仅就当事人之辩论或证据调查的结果，附上一般的说明，即认为已经明了；而是应当记载其心证之由来，开具其单独的或综合的所得心证之理由，才算是合格的，即要说出确信之所以然来，给出确信的理由。另一方面，松冈氏引入通常理性人标准对确信进行解读，即确信是具有吾人实际生活上引为确信之程度，即应具有使疑惑归于沉默的确信程度，并非除尽疑惑之确信程度。为了走出这种循环定义的困局，松冈氏进一步解释道，对具有除去数理上之疑惑，或有反对之困难等确信程度，均非民事诉讼法所要求之证据。

其次，松冈氏论述了确保达致确信的路径应该是自由心证，或者说实现确信的手段是自由心证的方式。关于心证的过程，具体来说就是，应将自由心证建立在证据调查的结果或辩论的全部旨趣上，"由证人鉴定人之供述或解释及其行动，证言之拒绝及间接证据等所认识之事实，法院得以之为证据调查之结果，而构成心证之基础"。另外，记载于下级审或受命推事受托推事前之文书中或判决中者，可以作为上级审或受诉法院心证之基础。除此之外，心证还包括其他方面的基础，举凡当事人及其代理人之行为（辨明、辨明方法）、不行

---

① 松冈义正. 民事证据论 [M]. 张知本，译. 北京：中国政法大学出版社，2004：62.

第五章 证明程度在近代的学理演进

为（对于对方之质问不加陈述，拒绝提出证据物等）、举动（轻浮态度、欺瞒态度）及当事人之人格等，法院都可以作为心证的基础。松冈义正在书中继而详细论述了自由心证形成过程中的诸多规则。①

松冈氏还论述了关于自由心证的扩张及限制问题。所谓扩张是松冈氏探究如何以自由心证适用于民事损害赔偿案件之中。所谓心证的限制，则是指心证中的一些法定证据主义的例外，由法律直接规定证据的证据力而不受当事人心证的限制。松冈氏提出了以下需要注意的问题。一是对法定证据主义的理解。松冈氏认为，法定证据主义可分为积极的法定证据主义和消极的法定证据主义，前者意指法定前提条件存在时，能使审判官认为某种事实已被证明之法则，后者之法定有前提要件存在时，不能使审判官认为某种事实已被证明之法则。法定证据主义乃证据判断之法则，不能以之与法律上之推定（举证责任的法则）相混同。② 二是自由心证是绝对法则。易言之，一方面，当事人不能因其处分，排斥自由心证法则之适用，或变更之。因而当事人不得依其合意，使审判官依据自由心证法则以外之法则而为裁判。同理，如当事人预定不使用一定证据方法之契约，或预定限制使用之契约，在民事诉讼法上，皆无其效力。另一方面，此项法则还表明，刑事判决中已确定之事实，得拘束民事法院，而自由心证之法则，即为其排斥（刑事判决中所确定的事实对民事诉讼有拘束力，笔者注）。因此，法院对于刑事判决中已确定之事实，（在民事诉讼中）不得独立而为判断。因刑事和民事诉讼的差异，其调查结果，也难以相同，因此法院应在刑事诉讼完结时，方可中止民事诉讼中的相关证据调查。但松冈氏又指出，实际上，除有重大原因外，大都以民事判决事实之确定，与刑事判决事实之确定为相同。③

总结松冈义正关于证明程度的论述，可以发现，证明程度的理论具有附随性，是作为自由心证知识的一部分存在的，隶属于自由心证的知识体系，是自由心证的结果。这样就不难理解，松冈氏在《民事证据论》中径直以"自由

---

① 松冈义正．民事证据论［M］．张知本，译．北京：中国政法大学出版社，2004：62.
② 但笔者以为，推定虽然是一种举证责任之酌免，但推定既具有实体性也具有程序性，其所形成的事实，换一个角度，将是法官对一种事实的直接认知。所以笔者对松冈氏此论持保留观点，笔者前文还专门介绍了推定的法律规定及理论。
③ 松冈义正．民事证据论［M］．张知本，译．北京：中国政法大学出版社，2004：70.

115

心证"为题进行论述的缘由。

比较而言，杨兆龙对证明程度的论述及话语较具有本土特色。由于其《证据法》以英美法系证据法的知识体系为建构基础，因此，其证据法的内容主要以证据资格的审定为中心，对来自大陆法系的自由心证并无述及。尽管如此，如笔者在前文已经论及的，虽然英美法系无自由心证的概念及相关表述，但现代意义上的自由心证仍为其诉讼过程中法官认证的题中应有之义，从杨氏的论述中还可以梳理出有关证明程度的理论。

杨氏在其《证据法》第三编"证据的分量"中，首先论及关于证据分量的理论上标准，证据之数量（quantity）；证据与系争事实的关系以及证据本身的地位。其中所谓证据数量，就是关于证明程度的理论。杨氏认为，依数量而言，证据有充分的与满意的之别。根据杨氏接下来的解释，充分的证据是证明其事实所必需之法定数量证据。此种证据为最低限度证据，当事者如不能提出此种证据者，其所主张之事实即不能成立。所谓满意的证据，是指足以绝对地证明某事实之证据也。杨氏继续就二者做了区分，认为充分的证据依法律原则足以证明某事实之证据，满意的证据为依法律之原则及例外，均足以证明某事实之证据。杨氏以杀人罪为例，杀人罪之成立，依原则而言，须具备二条件：杀人之故意和实施杀人之行为。而依例外而言，亦须具备二条件：杀人之行为非出于适法之原因以及杀人之行为非出于单纯之排除违法原因。在上例中，合乎前两项条件者，谓之充分证据；合乎前后四项条件者，谓之满意之证据。如笔者在前文中所述，杨氏所谓充分证据与满意证据实际就是证明理论中关于证明程度的规则，相当于刑事诉讼中的排除合理怀疑与民事诉讼中的优势证明，杨氏关于充分证据与满意证据的划分以法律行为或事件的构成要件立论，已非某种证据证明力本身的判定。

杨氏接着论述了评断证据分量的三大原则。一是证人证言必须根据自己之观察，书证之作者须在庭。证人证言必须根据自己之观察，对此，杨氏是根据英美法系的传闻证据规则，对传闻言辞因为缺乏对质而致的种种弊端做了分析；对证书的作者必须到庭的分析，也是从作者如不到庭，将很可能妄为陈述甚至伪造证书，且法院对制作者的品行学识，无由知晓等弊端的分析中阐明自己的观点。二是证人证言必须根据其所知者，而不得根据其所推想者。此即意见证据规则。三是书证不得为言证所更改。杨氏认为，人的意思表示方法之困难与表示时注意之程度常成正比例,意思表示方法越难,表示时注意之程度越高。以此类推,人们用文字发表意思时较用言语发表意思时所有的注意力强,因为文字较言语为难也。基于上述原因,言语对书证的更改,不仅违背证据法之宗旨,而且与表示者之本意相悖,因此禁止以言证更改书证,其原因不言而喻。① 杨氏此处仅论及人证和书证两种证据方法评定时须注意的问题,没有涉及其他种类的证据,显然这一讨论是不周延的。而且,内中的部分讨论本是证据资格问题,类此的情形还发生在作者同一编第三章关于10种"间接证据"的讨论中,作者同样存在将证据资格问题混同为证明力的问题。②

杨氏关于证据数量中充分证据与满意证据的阐述,除将本属于自由心证的内容作为证据规则进行讨论的错置外,对证明程度的论述本身基本则是正确的。就其论述方法而言,可以视其为追求证明程度客观化的一种努力。

三、近代后期对证明程度(标准)的认知

证明程度在近代后期的演进情况,限于篇幅且为了避免重复,本书仅以周荣的《证据法要论》、蒋瀓泉的《民刑诉讼证据法论》以及东吴大学法学院的《证据法学》中的有关内容为对象进行梳理。

周荣在《证据法要论》序言中首先说明了撰写该书的意图:尽管中国证据法采自由心证主义,但法官在心证时,仍须取双方当事人之证据,依法权其轻重,定其取舍,而不是不论证据情况甚至不依靠证据,而任意为之者。申言之,证据既在自由心证中举足轻重,从证明出发研究证据即是自然之理。周氏此论还可解读为证据制度的最终目的是为法官自由心证而设置的。易言之,将周氏此书勾画成一幅以自由心证为中心的知识图谱,当为适合其原意的解释。周氏还指出,由于英美证据法则采法定证据主义,规定详密,本书在以本国证据法为根据进行论述的同时,旁及英美证据法。由此可见,本书在证据知识体系的建构上,已开始注意参酌并折中两大法系的相关知识,虽然该书延续着松冈义正《民事证据论》中的观点,将法定证据主义与自由心证主义作为对等的概念进行解读。

---

① 杨兆龙. 杨兆龙法学文集[M]. 北京:法律出版社,2005:180.
② 杨兆龙. 杨兆龙法学文集[M]. 北京:法律出版社,2005:183.

立足于以上以自由心证为中心的论证逻辑，作者认为，证明程度是心证结果的一种描述。因此，作者关于证明程度的论述，是从自由心证的论述开始的，并指出审判官在自由心证中，应以"自由确信"作为证据的评判标准。作者随之解释了这一标准，即"该项确信乃审判官根据其学识经验所得客观之认识也"。一方面，这种确信是根据客观原因而非审判官的主观之意志所作的任意判断，而且不受证据的约束。因此，审判官必须通过证据调查，依照证据法则及其他一般法则，以求得对事实的确信。故而，凡仅依暧昧之感觉或漠然之推测而判断者，皆非自由心证而失去立法的本意。作者这里所依据并阐述的是证据裁判主义原理。另一方面，这种确信程度即以"吾人实际生活上引为确信"为标准。首先，在"确信"上，是一种使疑惑归于消散之确信程度，并非绝对毫无反对可能之程度。作者因此指出，"证据法上所称证明与科学上之证明，其显著之程度并不相同"。因为后者须达于一定不移的程度，而前者仅须达到当然或可资凭信的程度，即为已足，达到这一程度，即可确信事实为真实。申言之，这种确信仅具有使疑惑归于消散之程度而已。作者进一步论述道，这种确信从正面而言，可深信其事实之存在，从负面而言，"同时可深信，反乎其所信者，为不存在者，为之确信"。如果疑信参半，即不得谓为确信，应认为未经证明。其次，这种确信采用的是法律中经常采用的"常人理性"即"常识"的标准，即以一般通达事理之人为标准，是一种"通常人理性"。作者借此想消弭可能出现的"在一人心理中，已认为达确信之程度者，而在另一人心理中，犹认为未足置信"[①]，以致出现无一定之规的乱象。

为实现"确信"的证明程度，法庭需要采用法定证据主义与自由心证主义的证据评断方法。关于法定证据主义，作者将其界定为，法律就证据方法之可否提出及其证力之强弱，皆设有明文规定，法院审理时，不得违反此项规定而应受其约束。简言之，法定证据主义为审判官须受证据方法及证据力之法律拘束而取舍证据之主义。与之相对的自由心证主义即证据之取舍判断一凭审判官根据其学识经验自由判断之，是审判官凭自由确信判断证据之主义也。作者继而断言，英美证据法采用法定证据主义，盖其基于历史上之关系，且英美采取陪审制度，因而非有严密之证据法则及采用法定证据主义不可。而大陆法系各

---

① 周荣.证据法要论［M］.上海：商务印书馆，1936：254.

国则采取以自由心证主义为原则，以法定证据主义为例外。在自由心证过程中，作为主体的审判官所发挥的作用大小至关重要，需要审判官应有相当之能力，否则无法达至发现真实而为适法裁判之目的。因为当审判官具有胜任的学识经验时，方能为适当之判断而作成公平的判决。反之，当审判官缺乏这一基础时，则其自由确信难免错误而不能作成公平的裁判。与此相关，由于自由心证中审判官常常会发生滥用权力的现象，如果不能在审判中平心静气、冷静理性地对待两造证据，即有产生偏见和恣意的可能。这种任意和武断，会做出不当裁判，使当事人权利受损。在法定证据主义中，由于审判官审断证据受法律的限制，因而其审断标准是法定的，审判官权力较小，随之任意判断的危险也减小。然而法定证据主义的弊端亦由此产生，当证据方法及其证据力恰好适合实际上的经验时，固然判断适当；但是，如果审判官依照其学识经验对不能确信的事实，也必须按照法定证据主义的规定而确信时，或者审判官依照其学识经验能够确信但法律没有规定时，都将产生弊端。因此，公允而言，二者各有利弊。①

作者接着论述了自由心证的适用条件，在论述了自由心证实际上的"不自由"之后，指出这种"不自由"的三方面限制。一是证据调查必须合法。即合法有效的自由心证，其作为心证基础的证据调查，"须符合法定之程序。因此，法律所规定之一切重要程式，均须具备，不可有违"。二是证据调查结果须经当事人之言辞辩论。作者指出，证据应经当事人之言辞辩论，否则调查证据程序违反言辞审理和直接审理主义，该项证据不得作为自由心证之基础。与此相关，记载在前诉讼文书中或裁判中证人的陈述，未经本案言辞辩论者，不得为本案裁判之基础。三是某些情形下的法定证据主义的限制。由于兼采法定证据主义为例外，因此，凡待证事项为法定证据所规定之场合，自应受法定证据规定之限制，不得再适用自由心证法则。作者在该书中以相当篇幅论述了证据的调查及证据力的评断问题，以下对其分别做介绍。

---

① 周荣.证据法要论［M］.上海：商务印书馆，1936：251.必须说明的是，在上述自由心证主义与法定证据主义的比较分析中，作者将英美法系有关证据资格的规定误解为判断证据力的法定证据主义，认为由于历史上英美法实行由非专业人士的陪审团审理制度，因此非有严密的证据法则及采用法定证据主义不可，因而混同了证据资格的审定与证据价值的判断两个概念，不能不说是一种遗憾。

119

首先是证据的调查。第一,证据调查的范围。调查范围以构成系争事实之证据及足以印证或证明关系本案事实之证据为限。① 在决定调查范围时,法院应斟酌案情,本乎事理,凡唯一之证据或其他重要证据,有互相证明之用,或于释明事实有重要关系者,都应当列入调查范围。法院对无关本案之证据,或事实已臻明了等认为不必要调查的证据,则可裁定不予调查。如法院不能依当事人声明之证据而得心证或因其他情形,认为必要时,可依职权调查证据。第二,证据调查的程序。作者论述了主持证据调查的机关、调查的时间、调查的地点及补充或再行调查等项内容。作者特别指出,调查证据不论为受诉法院受命推事或受托推事,均应将其期日通知当事人,令其到场。如当事人不到场,法院应告知当事人调查结果,令其辩论。如受诉法院外,由受命推事、受托推事或向外国官署或大使公使领事等调查者,受诉法院应使当事人于言辞辩论时,陈述其结果。审判长也可令庭员或书记官朗读调查证据笔录,否则如采信该证据,将违反直接审理主义与言辞辩论主义。另外,对受诉法院于言辞辩论中调查的证据,可将调查之结果记明于言辞辩论笔录,无须另作笔录。但于言辞辩论前调查证据或由受命推事、受托推事调查证据者,书记官应制作调查证据笔录,此项笔录,准用言辞辩论之规定,但经受命推事、受托推事将调查证据笔录送交受诉法院时,受诉法院书记官将该笔录附卷者,可不必另作笔录。②

由上可见,在周荣的证据法理论中,证明程度是以自由心证为中心的证明知识体系中的一个部分,是对自由心证结果的描述。这样的知识逻辑保持了与此前有关证明程度学理的一致性。

如笔者在前文中所述,蒋澧泉在其《民刑诉讼证据法论》中有关证明程度的论述,较为独特。该书第九章"证明程度的分类"除将刑事证明程度分为嫌疑、释明、证明,民事分为释明和证明外,还结合当时的刑民事诉讼法典中相关条文进行了分析。蒋氏还特别指出,刑事案件中认定犯罪事实的有无及民事案件中应否裁决被告方承担义务,均须证明。对法律规定仅需释明的事项反而进行证明时,就违反了诉讼经济原则。关于释明,蒋氏认为,释明中的举证责

---

① 对于何谓系争事实及关系事实,作者在本书第二章中,参照英美证据法相关性理论,做了专门论述。
② 周荣. 证据法要论[M]. 上海:商务印书馆,1936:54.

任是由申请的一方当事人或第三人承担，法院或对方当事人无须承担举证责任，且法院无须讯问对方当事人，即可做出裁判。证明则在民事诉讼中必须由有举证责任的一方当事人举证，举证后还应讯问双方当事人。刑事诉讼中的释明只需法院依职权调查即可。可以看出，在蒋氏证明理论中，证明程度等概念及其功能，是为诉讼中的证明责任提供操作指南的。

在该书第三章"证据法之性质"的论述中，作者还注意将诉讼证明中的真相发现与自然科学中的真相发现做了区分，认为"自然科学之据已知以求未知、阐彼物以明此物，可达于一定不明之点，无比较程度之可言"。但是"法律事务、法院审理案件，一则因已过事实不能重见于法庭，再则有利害关系之当事人或证人等，均尽其智力以相掩饰、回护，不能达到绝对真实之域"①。因此，证据法上的事实，仅能达至可信的程度。作者进一步阐述了可信的理解问题。即可信就其正面而言，是可信其事实之存在；就其反面而言，可深信反乎其所信之事实为不存在，如果是将信将疑，就是未经证明。作者还特别指出，可信的程度，是以"客观的一般通达事理者，依常识观察之"结果。蒋氏反复强调，所谓心证，不能超越一定范围，否则将出现离奇偏颇的结果，一定要依据经验法则进行。

由上可见，在蒋澧泉的证明程度理论中，证明程度具有比较重要的地位，因此其书作为独立一章进行论述。但需注意的是，从其关于证据法的性质及证明程度的具体论述可以看出，其证明程度的理论仍然是作为自由心证的结果，是附属于自由心证理论的，只是比较而言，其自由心证的论述较为简略，且体系上亦不周密。

东吴大学法学院《证据法学》延续了盛振为、周荣等的知识逻辑，其第十三章"评证标准"即为证明程度的论述。所不同的是，在该章中，首先是关于证明程度的介绍，并以民诉上之量度与刑诉上之量度分别进行了论述，继而论述了判断之准则即通常所说的证据评断中的自由心证主义与法定证据主义。其后，该章就法制史上关于评证的情况进行了梳理。该书关于证明程度的论述在用语上较为接近现今证明标准的用语。此外，该书专辟一章以"供证图解"（第十四章）为题，用图例的形式就各证据方法的审断做了形象的说明。

---

① 蒋澧泉. 民刑诉讼证据法论［M］. 北京：中国政法大学出版社，2012：30.

在关于证明程度的具体论述上，该书首先指出，当事人于诉讼案件所提供之证据，须证明至何种程度，方能取得法院之信服，关系到诉讼的成败。而且，民刑事诉讼中，这一标准又各不相同。在民事诉讼中，"凡任何一造所提供之证据，其证明力较对造稍强（畸重证据）者，应得胜诉之裁判也"。即在民事诉讼中，通常凡主张者，提供证据材料证明后，如果对造并无反证，法院应认主张之一造证明为确当，予以有利之裁判。倘对造提出反证，然而其证明力不如主张者强固，则主张者犹可胜诉；倘对造所提出之证据，其证明力与主张者相等或较为强固，则法院应判主张者败诉。因此在有反证的案件中，两造证明力强弱相差程度，并不要求有巨量之分别，稍胜或稍弱即足矣。在刑事诉讼中，由于实行无罪推定，"原告方面除所提供之事物能确实无疑证明被告有罪外，法院应为被告无罪之论知"。因此，还应该实行疑罪从无的原则。① 该书在其后还做了进一步的论述，即"凡主张被告有罪者，其证力须极为强固。倘若有罪之证力较无罪之证力为薄弱，或证力相等，或稍为较胜，则法院应认此有罪证据未足证至'使常情起信而远疑'也"②。由上述内容可知，证明程度因刑事与民事而异，用现在的通行话语就是，民事证明以占优势证明为已足，而刑事证明则必须达到"排除合理怀疑"方可。

关于判断的标准，该书因此述及自由心证与法定证据。关于自由心证，该书将其定义为，"法院在判断事实真伪时，凭其主观之认识，认定一切事物，别无证据规则以拘束也"。该书进而补充道，自由心证规则的利益在能合乎实际之审判。并且，就学理而言，自由心证并非法院采取证据可以任意推测，漫无限制。法院在审究诉讼人辩论意旨及调查证据结果时，不仅应斟酌当事人提出之证据，且应注意当事人陈述之内容及其举止状态。从心证形成的基础看，法官仍须依学识、经验及一般法则为之。此外，证据的提供，与本案非切要，或未经言辞辩论，或为道听途说，亦须甄别限制其自由施行。由此而产生的内在要求是，心证的理由，应记明于判决，以免法官在心证中的专横。从评证标准（证明程度）的视角来看，即证明程度是理性和可预期的。

关于法定证据，该书的定义为，法院对于证据取舍、证力强弱，须受一定证据规定之拘束。此项限制，使采证者依客观之标准，审定各种为裁判基础之

---

① 东吴大学法学院. 证据法学 [M]. 北京：中国政法大学出版社，2012：28.
② 东吴大学法学院. 证据法学 [M]. 北京：中国政法大学出版社，2012：234.

事实。并沿用松冈义正的理论,将法定证据的规则分为积极与消极两种。前者是当特定的前提要件存在时,法院应认为某种事实已经被证明;后者是当特定的前提要件不存在时,法院应认为某种事实已经被证明。该书认为,法定证据规则,在实体法中规定者甚多;在诉讼法中规定者,有书证中之公文书及笔录,如在未遇反证前,应认定其为真实。

该书"供证图解"一章援引威格摩尔《司法证明的原则》一书中的理论,首先说明了各符号所代表的意义,继而以图解的形式说明了各证据方法相互关系、推论所得到的"暂时证力"以及事实得到证明后的效力等;随后,以列举的形式说明了图解的具体运用。这是一种将诉讼证明过程中抽象的思维具象化的有效尝试,值得肯定。

该书随之引述郭云观的观点,比较了两种证据评断方式的优劣,并就历史上各种既存的法律制度和两大法系的证据评判方式进行了分析,但关于两大法系证据判断方式的结论仍然和周荣的专著一样,视英美法系为法定证据主义,不无遗憾。[①]

四、结论与启示

梳理近代关于证明程度的理论,可以看出,证明程度是自由心证理论的有机组成部分。无论是松冈义正关于证明程度是对自由心证状态进行描述的论述,还是其后其他关于证明程度的论述,其知识体系遵循的是同样的逻辑结构。当然,换一种视角,证明程度又是证明责任是否完成的考量指标,这就是蒋澧泉在其著述中论述的理路。蒋氏在对证明程度与心证之间的关系进行梳理的同时,还从证明责任的角度将证明程度按照刑民事诉讼的要求分别进行了论述。无论是哪一种研究证明程度的方式,都可以视为一种"关系"的进路,即从证明程度与证明责任或自由心证的相关性展开相应的研究。即使是在东吴大学法学院《证据法学》中,这样的论述思路仍然是清晰的。所不同的是,该书将自由心证作为证明标准的保障手段和实现路径。总之,以体系化的思维对待

---

① 东吴大学法学院. 证据法学[M]. 北京:中国政法大学出版社,2012:236-238. 有学者认为东吴大学法学院的《证据法学》为盛振为先生的作品,但对照周荣的《证据法要论》可以发现,两者在很多地方的论述、观点是一致的,因此,《证据法学》应为盛振为、周荣等人集体撰写的作品,本书采此说。

证明程度，使证明程度与证明责任、自由心证等构成一个完整的知识体，是思考证明程度问题应然的出发点。

在我国现行的证明标准理论中，证明标准被赋予了多种角色，担当着多重使命：除作为通常意义上的完成证明责任的标志外，在裁判者一方，还是防止冤案（狱）发生，以及完成裁判说理和免除错案责任终身追究等表面和形式拘束力的关隘。尤其是后者，基于司法行政化的层级制管理模式以及权力构造体系实际上的委任制所产生的履责压力，防止司法人员办错案已成为立法和司法领导层的执念，① 由此使包括刑事证明标准在内的诉讼证明问题具有了特殊的意义。法官因为办案受到追究直至承担刑责，在中国已经不是孤例。② 其中，对法官惩戒的关键性事由，就是以法官在证明标准把握上的非法为追责要件。不仅如此，因应经济社会发展和转型的现实，面对执政党、民众对司法越来越高的要求，各级司法系统还自我加压，为法官设定越来越多的考核性指标，制定了越来越明细的规则指南。③ 这样一来，势必在营造一个法的空间，使法官依照法律，本乎理智、良心和经验法则，自由做出判断与接受外部越来越多的规则约束之间产生难以消弭的张力。其可能的结果就是，法官按照规则机械办

---

① 我国法院内部层级化构造及法官生态的详尽分析，可参见刘练军. 法院科层化的多米诺效应 [J]. 法律科学, 2015（3）: 20-34; 刘忠. 格、职、级与竞争上岗——法院内部秩序的深层结构 [J]. 清华法学, 2014（2）: 146-163. 但笔者此处选择用"层级化"来描述我国法院上下级及法院内部行政化隶属关系，而没有采用刘练军教授文中的"科层化"一词，原因在于，根据马克斯·韦伯的观点，科层制是理性化的现代社会中组织的最为一般的特征和类型，因而以此概括我国法院及法官的组织模式并不准确。

② 2017年，辽宁省辽源市法官王某忠被以枉法裁判罪判刑，此案二审中因为法官回避问题被中止审理，直播以后，庭审中出现的各种现象令舆论大哗。王某忠案的核心即与王作为法官在裁判中对事实的认定非法有关。根据王案一审判决书记载，王某忠在其所审理的案件中，对该案发生"转让"的原因、李某辉被追加"第三人"是否妥当、李某岩出庭作证是否适格、本案买卖关系是否成立等事项应当核实的事实未予调查，故意违背本案买卖关系不成立的事实，且对郭某兴的上诉理由及李某辉的陈述内容不采纳，未能做出评判，违背事实和法律做出"驳回上诉，维持原判"的终审判决，因此构成民事枉法裁判罪。此外，无论最终该案如何进行，本案二审中存在程序上的硬伤是不容置疑的。

③ 还以王某忠所在辽宁法院系统为例，辽宁省高院党组书记、院长在"辽宁全省法院提升审判质效工作会议"上讲话，要求辽宁省各级法院对既有员额法官办案实行目标管理或定额管理。（参见严怡娜. 全省法院大力提升审判质效工作会议工作推进会召开 [EB/OL]. 辽宁省高级人民法院，2018-11-28.）

案而出现的判决,突出如河南兰草案、深圳贩卖鹦鹉案、天津气步枪案等,①使司法的公正性、权威性这一司法本应具有的内在品性受到侵蚀,从而离执政党对司法的期待、社会公众对司法的诉求越来越远,最终出现司法愿景与司法实践越来越相背离的现象。

缠绕在当前司法中的多重矛盾,在司法问题成为理论研究的热点这一现象中得到证实。而为当前司法把脉并开出的药方也多种多样:从宏观到微观的制度体制改革,从对法官道德、素质的提升到对法官的纪律、规则约束,等等,不一而足。其中,单是涉及证明标准的理解、把握等的研究以及司法部门对此频繁做出的解释、指示等就已经难以尽数。②这或许从一个侧面可以说明,既有的关于证明程度的认知已经陷入学术上的停滞阶段,无法得到提升。

现行证明标准出现的频繁解释与理论研究精细化的现象有既有程序理念反射下的特点,即某种程度上,现行的"审判的程序性限制也是以官僚机构内部纪律的形式出现,程序的遵守不是由于当事人能够对违法的过程提出效力瑕疵的异议,而是通过上司对违法官僚的惩戒处分来保障"③。当程序被视为对一种基于官僚体制模式的对法官的限制性规则时,就不难理解这种不厌其烦地追求所谓证明程度的明细化,因为"立法层次上的细则化倾向意味着不断限制司法裁量的努力"④。如笔者在本书开头所言,国内有关证明程度理论的研究没

---

① 所列几个刑事案件均发生在 2016 年前后,由此被学者称为年度奇葩案例,引起了学者的热议,并反思如何理解罪刑法定等实体性正义问题等。笔者认为,严格遵循规则以防被追责的案外因素对法官的影响,恐怕是不可忽视的原因,值得进一步研究。

② 仅以刑事诉讼中的证明标准为例,现行《刑事诉讼法》第 55 条规定,对被告人定罪和处以刑罚需要达到"证据确实、充分"的证明标准。此前,学界已将"案件事实清楚、证据确实充分"具体化为 4 项要求:(1) 据以定案的证据均已查证属实;(2) 案件事实均有必要的证据予以证明;(3) 证据之间、证据与案件事实之间的矛盾得到合理排除;(4) 得出的结论是唯一的、排除了其他可能性。单从解释学的立场来看,学界这一解释实际上无非是用另外一种并不清晰的概念解释已有的概念,并没有使人对证据确实、充分的认知改观。因为确实、充分与合理排除,排除了其他可能性等概念之间同属形容词,都没有实现指示上的确定性。而此后出现的有关刑事证明标准的司法解释也是如此。突出如对网络电信犯罪惩治中犯罪证据的认定问题,最高司法部门频繁地做出解释,提出一个实际上并不具有操作价值的"综合认定"的规则,实践部门对此仍然一头雾水,形成了解释、再解释的恶性循环。具体研究待笔者另文详述。

③ 滋贺秀三. 清代中国的法与裁判 [M]. 东京:创文社,1984:78-79. 转引自季卫东. 法治秩序的建构 [M]. 北京:中国政法大学出版社,1999:58.

④ 季卫东. 法治秩序的建构 [M]. 北京:中国政法大学出版社,1999:60.

有将其与自由心证、举证责任等有关诉讼证明的理论一体化，使证明标准的理论成为独立于自由心证的理论体系，是更为根本的原因。

迄今为止，我国的诉讼法中均无自由心证的制度规定，理论界一度对自由心证制度及理论持强烈的批评态度，甚至将其与意识形态挂钩，视其为"旧司法"中法官专制的渊薮，以致自由心证制度不见于立法。① 此外，理论与实践均选用"证明标准"一词还有使用自由心证将会导致法官主观随意乃至恣意定案的担心。不仅如此，自由心证还被贬斥为资产阶级主观唯心主义的理论，并代之以辩证唯物主义实事求是的认识论，同时以客观真实为证明标准，坚信能完全认识案件事实，即达到"客观真实"并排除认识主体的主观性，乐观自信地认为具与来自两大法系传统标准的"内心确信"或"排除合理怀疑"判然有别，是比两大法系更客观、更先进的标准。② 直到今天，主导证据立法的认识论仍然是上述乐观的认识理论，隐喻其中的，一则是孤立地看待证明标准，视其为纯粹的认识论问题；一则是其中潜存的关于案件事实的可知论和独断论理念。持此论者坚持认为，从理论上来说，一切客体都具有可知性，通过人的主观努力能够认识这一客观世界，可以达到所谓"绝对的真实（绝对真理）"，知识是外部世界的摹写，知识的正确性就在于与外部世界的符合（真理符合论）；还因此主张，"我国证据制度要解决的核心问题是如何保证司法人员能够正确认识案件事实，亦即如何保证其主观符合客观"，甚至提出"要忠于事实真相……务必查明起初情况，还事实的本来面目"③。由于上述原因，我国的证明标准理论自然无法作为自由心证制度与知识体系的一部分，甚至证明程度一词都因为具有主观性色彩而不见于立法及相关的理论中。

笔者认为，当前我国诉讼证明标准理论中的结构性缺陷、作为其前提的认知理论的理想化、泛哲学化思维亟待克服，唯此方能尽快回归证明标准理论应

---

① 有关自由心证理论在1949年以后中国的命运的研究，可参见何邦武. 近代证据法学知识体系研究：意旨、方法与进路 [J]. 求索，2015（2）：96-102.

② 陈光中. 刑事诉讼法学 [M]. 北京：中国政法大学出版社，1990：153.
沈德咏. 刑事证据制度与理论 [M]. 北京：法律出版社，2002：188.

③ 分别参见陈一云. 证据学 [M]. 北京：中国人民大学出版社，2000：94；常怡. 民事诉讼法学新论 [M]. 北京：中国政法大学出版社，1989：71. 类似的论点还可见于廖永安. 民事证据法学的认识论与价值论基础 [M]. 北京：中国社会科学出版社，2009.

<<< 第五章 证明程度在近代的学理演进

然的知识结构逻辑中。由于既有的证明标准理论没有充分顾及主客体生成的历史统一性及延续性,"把解释者的历史性作为阻碍获得正确理解和解释的因素加以排斥和否定",① 认识主体的能动性受到限制,因而无法出现主客互动的意义不断生成之境。在理性主义的普遍认知能力受到质疑和挑战、人在认知活动中的主体性地位即主体性问题②得到重新审视和重视、认识不再以是否与客体相符为衡量标准的新情势下,传统的认识理论及与其相关的存在绝对性真理的独断论,必须被超越,证明标准的既有知识体系必须被改写。

除上述主体性哲学理论及来自两大法系有关自由心证、证明责任的最新理论外,重新思考汉语世界证明标准理论的源头,探究该理论原初的知识与逻辑,也可为当下的知识转型、制度回归到常识性理论与思维的改革提供相应的理论资源。申言之,应当确立证明标准知识与自由心证、证明责任等有机融合的一体化系统性知识逻辑,将证明标准融贯于自由心证、举证责任等理论中进行建构,确立证明标准与后二者之间的有机联系。与此同时,考虑到自由心证及现代知识论哲学的主体性特征,最好将既有的证明标准的概念更替为证明程度,以祛除其在既有语境中的独断论和客观真实主义真理论的色彩,回归其本然的主观性属性。

---

① 张志铭. 法律解释操作分析 [M]. 北京:中国政法大学出版社,1999:35.
② 主体性问题较为复杂,在 20 世纪后的各种哲学思潮中,存在着有主体哲学、无主体哲学和反主体哲学三种形态。胡塞尔的现象学是最典型的弘扬主体的哲学。其后,海德格尔的在世哲学和萨特的存在主义哲学继续弘扬这种主体性哲学。与之截然相反的是英美分析哲学的无主体以及结构主义和后结构主义,如福柯、德里达等人的反主体性思想。但这里要注意的是,主体问题同样是后二者探究的对象,并且,后期维特根斯坦的转向,以及普特南从分析哲学向实用主义的转型,都蕴含着对主体的重新认识。而福柯、德里达的思想,作为一种后现代主义,只具有反思的特质而不具有建构意义。因此,笔者认为,在 20 世纪以来的各种哲学思潮中,主体性哲学应属主流。具体到自由心证理论中,以主体性哲学为基础,使证据评价的方式"从演绎证明到对话证明,从'封闭'到比较'开放'的推理形式,从不容置疑的权威到不同解决方案之间辩证选择,已成为一种趋势,尽管这一趋势是在各种法律传统或法律制度内部发生的,是渐进的而非突发的"。(张志铭. 法律解释操作分析 [M]. 北京:中国政法大学出版社,1999:208.)

第六章

近代证据方法学理的沿革评述

一、引言

本书遵照近代证据法学理论中关于证据法知识结构通说，以证据方法统摄各种类具体证据，并以此梳理这一时段各种类证据的基本学理。这一研究进路一方面是基于对研究对象"同情的理解"的理论预设，将研究视角与当时证据方法知识结构同框而不是拆分原有的结构；另一方面是为了避免落入当前证据法学理论中以证据与证明为二元结构的知识逻辑的"前见"。笔者认为，只有这样，才能够尽可能还原近代证据知识及其结构的原貌。

遵照上述研究进路，本书首先概要介绍证据方法在笔者所列研究对象的著述中所处的知识位阶，即在近代作为以证明为中心的证据知识一元化的逻辑结构中，证据方法在整个证据知识体系中所处的应然位置及与其他证据知识的关系。与之相关，本书还将同时介绍各著述有关证据方法的基本理论及主要证据种类。由于近代证据法学理研究渐次发达，关于证据种类的认知亦逐渐走向深入，证据种类的划分逐渐精细，本书在叙述中亦将反映此间的上述变化。其次，本书整理各种类证据收集、取证及评判的相关研究，通过总结各著述关于各种类证据获得证据资格及证明力评判的论述，探求各种类证据的学理在近代演进的情况。最后，本书将介绍与各种类证据相关的问题。鉴于证据制度相互之间复杂的勾连关系，证据资格的取得还与取证对象的相关权利产生联系，因此，有关人证、鉴定人等的权利、义务，以及其他种类证据中的相关问题亦在梳理之列。

在资料梳理选取的对象上，笔者在考虑尽可能还原这一时期各家著述原貌的同时，为避免资料使用的冗杂、重复，将按照各种类证据方法演进的内在逻

<<< 第六章 近代证据方法学理的沿革评述

辑，撷取各家著述中有代表性的论述作为整理的对象。因此，本章的论述将以各类证据方法的内在发展逻辑为主轴，不求对每家论述的全面展开。

二、近代证据方法理论概述

在笔者搜集到的近代有关证据法学的著述中，除周荣的《证据法要论》外，都有关于证据方法的专章论述。综合来看，有关证据方法的理论在形式上与证据法学知识的其他部分既相互独立又保持着有机的联系，且各著述关于证据方法的定位基本相同。

在松冈义正的《民事证据论》中，作者关于证据方法的论述一共有五节，分别是证据方法之性质、证据方法之种类、证据方法与证据原因、证据方法与证据契约、证据方法之利用。作者首先将证据方法界定为"证人、鉴定人、证书、检证之目的物及受讯问之当事人之总称"，是"为审判官确信证据目的物之真否所利用之物体也"[1]，涉及人与物。作者还进一步援引当时的日本民事诉讼法典，论述了广、狭两种意义上的证据方法。广义的证据方法是"确定必须证明之事项为正当所应斟酌之一切资料"，因此，作为判决基础的全部辩论意见等，也属于证据方法。狭义的证据方法，仅指用以证明某事项的物体，不包括辩论意见。作者随之指出还有一种依举证者或审判官意见而确立并使用为证据的关于证据方法的理论。但这种理论及制度（德国）应该仅为大陆法系国家所有，在证据种类法定的英美法系国家，应该摒弃这种证据方法的理论。松冈氏还列举了各种类证据方法的排列。日本民事诉讼法中依次为人证、鉴定、书证、检证及当事人讯问，而德、奥、匈等国又各不相同。松冈义正进而认为这与各国对各种类证据在证明中的角色与分量认知上的不同有关，即有的国家重视人证，而有的国家重视物证或书证，遂有不同的排列结果。

关于证据方法的性质，作者一共讨论了3个方面的问题。一是证据方法是否包括除证据以外的实验规则及法则等。松冈氏分析了理论研究中两种不同的看法，并指出了各自的理论根据以及持不同观点的学者的观点。二是证据方法是否包括当事人之外的法官依职权调查证据时所凭依的证据方法。松冈氏为此引述了相关理论，梳理了两种不同的主张。一种观点主张将审判法官形成确信

---

[1] 松冈义正. 民事证据论[M]. 张知本，译. 北京：中国政法大学出版社，2004：126.

的方法分为证据方法和认识方法,前者方为当事人所使用的证据方法,后者仅是法官为明了事实关系所用的认识方法,不能纳入证据方法中。而反对此观点者则主张,证据方法本身即依内容而确定,并不分当事人的证据或法官的证据,因此均为证据方法。这种区分只是体现在区分职权主义(干涉主义)与非职权主义(不干涉主义)时,才具有意义。三是证据方法中所指向的证据究竟是指作为相关的对象(如证人、鉴定人、受讯问的当事人本身、证书、检证指涉的目的物),还是仅指如证人、鉴定人、当事人的讯问及证书或检证中的言辞,而对象只是载体。作者列举了两种观点。一种观点认为证据方法包括证人的讯问及证书的阅览诸如此类的方式等,而以证人证书等为证据方法的观点,实际上是对言辞本身的不正确使用造成的。而反对此种观点者则认为,证据方法本身就是以证据的目的物作为认识的渊源,证人之讯问及证书之阅览等,不过是认识的形式。因此证据方法仅指证据目的物本身。作者指出,在此问题上,多数学者均认同后一种观点。① 松冈义正在随后关于证据方法的种类的论述中,即采用后一种观点。

松冈氏结合日本民事诉讼法的规定,认为证据方法的种类包括证人、鉴定人、受讯问之当事人、证书、检证之目的物等5种,从证据种类法定之说。他认为除此之外裁判人员不得以其个人的手段,私自采用某些非上述种类的证据。另一方面,对于实验规则或法则,以及一些显著的事实等,法官也可以其为认识的渊源而予以利用。作者还将上述5种证据按照德国法既有理论分为人的证据方法(personliche beweismittel,包括证人、鉴定人、受讯问之当事人等)和物的证据方法(sächlicheBeweismittel,证书、检证之目的物等)。

在确定了法定证据种类及其相关法理后,作者明确认为情况、自认及不是基于讯问而得到的当事人陈述,不能称其为证据方法。作者明确反对将情况(indizien,即后文将要提及的情况证据)作为证据方法的观点,认为情况是间接事实,且为证据的目的物,因此不能作为证据方法。作者还援引德国学者的观点,认为单独称情况容易引起视为证据方法的误解,所以称为情况事项(indizerebe thatsachen)较为妥当。作者认为,自认也不属于证据方法。因为裁判外的自认,本属于一种情况或间接事实,只可视为证据之目的物,而不能作为

---

① 松冈义正. 民事证据论 [M]. 张知本, 译. 北京: 中国政法大学出版社, 2004: 128.

130

证据方法。至于裁判上的自认，作者认为，虽然刑事诉讼中视其为证据方法，但在民事诉讼中应视为当事人一方使他方免除其举证责任的处分行为，因此不宜视其为证据方法。关于当事人之陈述，作者认为，如果不是依靠讯问即通常的证据收集方式得到的，审判官可以其为判断的诉讼材料，但不能作为具有价值、能够帮助审判官进行心证的证据方法。[1]

作者继之从比较的视角，讨论了证据原因、证据契约等与证据方法相近，但在现在的证据法理论中已经不用的概念。作者认为证据原因与证据方法之间有着紧密的关系，证据原因即从认识证据方法之事物之渊源中所得确信的主因。作者举例说明，如检证物的重要特征、证书的重要事项、证言与鉴定的重要部分、当事人在讯问形式中所供述的重要部分等。通过证据原因，证据方法方始具有证据价值，因此，证据方法不足提供相应的证据原因时，即无证据价值。从资料来源看，松冈氏关于证据原因的理论应该是大陆法系的德国的理论。

关于证据契约，作者首先指出，各种证据方法都可以作为证据使用，不可以约定的方式排除。但作为该原则的例外，言辞辩论所规定的方式被遵守与否，只能以记录才可以作为证据使用。作者继而指出了与证据契约有关的几个问题。一是当事人一方对于他方约定禁止使用特种证据方法的契约，对审判官没有效力。二是在诉讼上约定使用民事诉讼法所否认的证据方法的契约无效。三是约定如有特定之前的提条件存在时，则视为某种特定事实已经证明的契约，不能有效。松冈氏进而援引相关学者的观点论述了相应的理由。[2]

作者随之分具体证据种类论述了证据方法的利用，笔者将在后文中进一步予以介绍。关于证据方法利用的基本原则，作者认为，民事诉讼中，由于实行当事人处分权主义，证据方法的运用以当事人声明调查的范围为原则。同时，证据方法的利用必须合法，遵行法定证据方法所需要的方式。除此之外，证据方法调查的结果，应作为当事人言辞辩论的对象，未经当事人辩论的调查结果，如果不是法院以职权调查的事项或以职权命令调查的事项的证据，不得作为判决的资料。总体来看，该书从证据方法性质开始至证据方法与证据契约的论述，可以视为证据方法的总论部分，是对证据方法一般理论的介绍。

---

[1] 松冈义正．民事证据论［M］．张知本，译．北京：中国政法大学出版社，2004：130．
[2] 松冈义正．民事证据论［M］．张知本，译．北京：中国政法大学出版社，2004：132．

杨兆龙关于证据方法的论述比较散乱，既有隶属于其《证据法》第一编"证据之提举"中的第六章"证人"及第七章"书证及物证"，也有第二编"证据之得当"及第三编"证据之分量"中有关证据资格、证明力等问题的讨论。笔者在下文的论述中将分别予以介绍。

周荣的《证据法要论》没有出现以证据方法一词为研究对象的相关论述，而是直接就各类具体的证据方法的使用，分章进行了专门阐述。因此，笔者将在下文论述该时期各家关于各类具体证据方法时对其进行梳理。

蒋澧泉关于证据方法的论述见于其书第十章。从结构上看，与松冈义正所论不同，其书关于证据方法的论述只占全书很少一部分，只是在其后的第十一章中，又论述了利用证据方法的必要条件。从内容上看，该书以英美法系为知识背景的有关证据方法的理论与松冈义正所论述的内容有很大不同。

在关于证据方法的分类中，作者首先就什么是证明方法做了界定，指出证据方法即审判官认识事物所利用的物体，可分为证人、鉴定人、受讯问之当事人、证书及勘验证物等5种。其中，证人、鉴定人、受讯问之当事人，为人的证据方法；证书、证物为物的证据方法。作者随之就各种类证据方法进行了界定。

关于使用证据方法的条件，鉴于证据方法必须具备何种条件，方能作为裁判的基础，学者间无定论，法律上亦无具体规定，作者阐明了以下观点：一是须经搜集或合法提出；二是须经合法调查；三是须经当事人之辩论；四是须有证据原因；五是能够帮助形成心证。作者还进一步就上述5个方面的要求结合当时的法典做出了具体的说明。[①] 从其第五项要求的内容判断，是指利用证据方法可以形成诸如内心确信的心证，因此，该项要求是指证据能够充分证明某项事实，是对证据方法数量上的要求。作者关于各类证据方法的使用，笔者将在下文中予以介绍。

与前述几种证据法学著述不同，东吴大学法学院的《证据法学》中有关证据方法的论述是书中4个基本内容的一部分，单独成为一编。在概要性介绍了证据方法后，该书以5章篇幅分别论述了人证、鉴定、书证、勘验和情状证。与周荣的理论一致，当事人的讯问在该书中没有作为一种证据方法。笔者将在

---

① 蒋澧泉. 民刑诉讼证据法论［M］. 北京：中国政法大学出版社，2012：38.

下文中详为介绍其具体证据方法。这里首先介绍书中有关证据方法的一般理论。

该书从整个诉讼证明知识体系的宏观视角出发，对证据方法进行了界定，诉讼法中的证明责任、免证事项及证据调查等问题，一旦这些问题有了明确的目标，当事人就应当提供证据，以使法院能够对案情达到确信的程度。该书还就证据方法概念本身进行了辨析，认为从内容上看，所谓证据方法实际上就是各种证明的资料。因此，与其称为证据之方法，毋宁称为证明之方法或证之方法，这样能够"使名实较相符合"。① 这是一个有创见性的观点，通过"证明之方法"这一概念，可以更好地将证据法的知识体系有机且清晰地连成一体。

该书随之阐述了证据方法的广义和狭义概念，前者是审判中所应斟酌考量的一切材料，因而包含作为裁判基础的全部辩论意旨。后者只是就审判中被利用的材料而言，因而论辩意旨不属于证据方法。该书继而梳理了两大法系及相关学者关于证据方法分类的观点。其后，该书论述道，由于"吾国《民事诉讼法》以人证适用最广，故首先列之；鉴定因依证人之规定居多，故列于人证之后；书证因以鉴定之观念为前提，故居鉴定之后；勘验则尤以鉴定及书证为前提，故居于末位"②。由此说明了当时中国立法中证据方法排序的理由。此后，该书分章介绍了各类证据方法的内容。提出并详细介绍情状证据，则是该书有别于其他著述的特点。

可以看出，各家关于当事人讯问是否属于证据，看法不一，由此，在证据方法的具体种类上，表现出一定程度的差异。本书从多数学者主张，以人证（狭义上的证人）、鉴定、书证、勘验及物证等为梳理对象，而对当事人讯问暂不予以梳理。

三、各种类证据性质与资格

（一）人证

和其他证据法学著述一样，人证在松冈义正的《民事证据论》中居于证据方法第一位，作者以"证人"为题。松冈氏在书中分8个部分对人证的内容进

---

① 东吴大学法学院. 证据法学 [M]. 北京：中国政法大学出版社，2012：87.
② 东吴大学法学院. 证据法学 [M]. 北京：中国政法大学出版社，2012：88.

行了阐述，即证人之意义、证人之能力、证人之义务、证人之回避、人证之舍弃、以证人为证据之调查手续、请求给付日费及旅费之权利、证言之评判。由此可见，人证制度理论包含的内容非常丰富，这里着重介绍作者关于人证的证据资格理论，关于人证的证明力的评判及其相关制度理论将在后文中分别论述。

松冈氏在证人这一目的开端，阐述了证人的概念及该制度的历史。通过考证，认为证人制度起源于罗马法。其时，证人作为促使审判官确信当事人主张事实的真实性的证据方法，需要宣誓作证，审判官对其陈述做出确信与否的判断后，即可据此做出诉讼胜败的裁断，因此，罗马法中的证人制度奉行的是实体的证据主义，并为近代各国证据制度效仿。随之，作者从证人与鉴定人的区别、证人的目的物及证人的第三者身份3个方面论述了证人的意义。证人以其经历过的事实做出陈述而非表达意见，但并非意味着其中没有判断。① 依存于证人方面的证据目的物，是过去具体的事实，且证人为自然人中的第三者（非诉讼当事人及其法律上的代理人），因此，法人及其他团体，不得为证人。从其阐述的内容可以看出，证人的意义实为证人所指称的对象。

作者在证人之能力这一款中论述了证人的资格问题。所谓证人之能力，即证人的资格，作者同时列出了几种没有证人能力的情形，并特别指出，法律上具有证人能力之年龄（即是否达到辨识事由的成熟年龄）以及健康状况（即精神是否健康），实属于证言可信性大小的问题，与证人能力无关。作者以民事诉讼中的证人制度为对象，详细讨论了人证制度中的各种情形，一是法人及其他团体，因为非自然人，均无证人能力。二是当事人在证据决定前为受讯问的证人，具有证据能力。其中，共同诉讼人专对别一共同诉讼人提供作为裁判基础的事实时，可以作为证人。但是对于全体共同诉讼人共通的事实，则不得作为证人。三是无诉讼能力者的法定代理人及法人代表作为诉讼代理人时，均可视为当事人而无证人能力。四是第三者有证据能力。五是推事及法院书记

---

① 证人对事实结果的描述中，肯定含有一定的判断，这是证人与鉴定人区别中的模糊地带。松冈氏的论述较有启发，即证人之陈述，仅系判断事实的小命题，是具体经验的结果，不像鉴定人提供给法院的意见，后者是判断事实的大命题，即基于特别知识才能有此认识的一般法则。松冈义正. 民事证据论 [M]. 张知本，译. 北京：中国政法大学出版社，2004：138.

官,如果不是本案的当事人或其法定代理人,对于诉讼案件有证人能力。

杨兆龙关于证人的论述在证人一章中分为三节:证人之资格、证人之讯问、证人之拒绝证言权,此外还有在其他部分关于证人的论述。在证人一章中,作者论述道,证人问题有 5 种:证人的资格、证人的出庭、证人的讯问、证人的拒绝证言权、证人证言的效力。其中,证人证言的效力在其证据法关于证据分量中进行了论述。由于论述简约,书中不见关于鉴定人的论述。

作者关于证人资格的论述采取排除法,即首先列明英美法中无证人资格者:(1) 王帝(专指英国);(2) 痴人及精神病者;(3) 不愿宣誓亦不愿具结者;(4) 年幼而不能理解宣誓之意义者;(5) 共同犯罪之夫妇。根据作者随后的解释,"依英美古代法之规定,曾犯重罪之人与利害关系人及其配偶均不得为证人",作者第五种证人资格的除外性规定应该是作者理解有误。作者还就当时中国法律中证人资格的问题与英美法系的制度进行了对比。[①]

如前文所述,杨氏证据法理论中最突出的是引入传闻证据理论,论述了关于传闻证据的证据资格问题。这里先介绍其中涉及人证中传闻证据资格部分。一是法庭外的自认与自白并经证人证明者,具有证据效力。原因在于自认与自白都是不利于陈述者的事实,从常理上说,陈述者应该不会故意为之,但获取自认与自白的手段必须合法。二是与陈述者、记述者利益相反的陈述或记述(declarations or entries against interest)。作者具体说明了此类证据具有证据资格的 4 项条件,即:(1) 不利于陈述者、记述者;(2) 陈述者、记述者已死亡或者无法到庭作证;(3) 此类陈述或记述发生在诉讼之前;(4) 做出陈述或记述时并无意用于将来作为讼争案件的证据。三是非在审理时宣誓的陈述(sworn statements not made at trial)。具体包括以下四种情形:(1) 法院外的证言,且对所指定的司法官宣誓后的陈述。作者还就当时中国法律中的相关规定进行了分析。(2) 前审中的证言,即同一案件中在前审中作证的证人证言,但应符合下列条件:证人已故或因重病而不能到庭作证,或者精神障碍、失踪或在辖区外;双方当事人为原来的当事人或者共同利害关系人(privies);系争点与前审相同。(3) 临终陈述,其原因在死后无法证明而只得采纳且人之将死其言也善的信条。但应注意的是,所陈述者是关于致死原因及其情性;该陈述

---

① 杨兆龙. 杨兆龙法学文集 [M]. 北京:法律出版社,2005:172.

是用于证明陈述者被杀的案件；陈述者在做陈述时已有死亡危险；陈述者已知自己死亡在即，无生的希望；陈述者有宗教信仰；陈述者现已死亡；陈述者如未死亡则为有证人能力者。(4) 为系争事实或行为一部分或与之附带发生的陈述。根据作者的论述，该类陈述即传闻证据例外中的激情陈述。①

周荣关于人证的论述分为证人之意义、证人之资格、证人之义务、证人之权利、讯问证人之程序、英美法系之诘问制度、证言共7节，同时附上中外判解例。其内容呈现出明显的英美法系的证据法理论背景。周氏首先肯定人证的地位，认为证据方法中，人证之用最广。随后对人证进行了界定，即人证是以证人为证据方法，以证人的证言用来证明案件事实，因此人证不是以人为证据方法，而是以其陈述作为证据。由此来看，其关于人证的定义简单明了。作者关于证人意义的讨论，从证人概念入手，即证人是依法院或其他司法机关的命令，在他人诉讼上陈述其所经历事实的第三人。由此，证人应为第三人，凡法院职员不得为证人，如作为证人，即应回避执行职务。不过对于该案不是因为职务原因所知晓的事实，可以为证人。此外，一切诉讼关系人不得作为证人。共同被告在本案中，也不得作为证人，但如果是不利于己的供述，可以作为证言。与松冈义正的理论一致，周荣还阐述了证人与鉴定人的区别，以及非自然人不得作为证人的观点。

关于证人资格问题，作者首先论述了古代社会因身份等级的原因，导致很多人无法作为证人，从证据法理论中肯定了近代证人制度及其理论的历史合理性，论证了人证应该研究的是证言的真伪而非证人本身的资格。作者随之阐明了关于年幼、精神疾病、残疾等人的证据资格问题，对证人的证据资格与证明力做出了明确的区分。

周荣在该章第七节"证言"中还论述了鉴定证人与鉴定人的区别，以及英美法系传闻证据的理论。鉴定证人是指证言根据的事实须有特别知识技能经验才能知悉，而不是一般人所能知悉者，与鉴定人以其判断为证据即意见证据不同，因此，二者的区别仍在陈述意见与陈述事实的不一致。基于证人应以其亲身经历的事实为陈述对象的要求，作者介绍了英美法系中的传闻证据及其例外可采用的情形，其陈述内容与杨兆龙阐述的较为一致，故不赘述。但其主张中

---

① 杨兆龙. 杨兆龙法学文集 [M]. 北京：法律出版社，2005：183.

<<< 第六章 近代证据方法学理的沿革评述

国应该将传闻证据理论作为条理适用,是一个有创意的观点。①

东吴大学法学院《证据法学》关于人证的论述共有证人之意义、证人之性质、证人之资格、证人之拒却、证人之作证、证人之证力、证人之权利、法制史上证人制度之比较观等8个部分,与此前各家关于人证制度的学理有同质性。不过,在论述了人证制度的基本理论的同时,作者还注意从历史维度对该制度的学理进行分析。

该书关于证人概念及证人之意义的论述与此前既有著述基本一致,因此不再赘述。关于证人性质的论述,该书实际上与此前著述中关于证人的界定亦相一致,即证人与鉴定人有区别,因以其经验为证词,因而证人对于待审中系争的具体事实,不论是直接经验还是传闻而得,只要是案情发生时在场的第三人,不管是偶然在场还是预先约定而在场都具有证人资格,其证言都可以作为证据使用,由法官心证决定证明力。

该书关于证据资格的论述,分种族、年龄、性别、宗教、心神、性格、情感等7个方面,详细论述了上述因素影响下的证人的资格问题。从其引文可以看出,其证据资格的理论主要受英美法系理论的影响。(1)种族可能有的偏见。该书首先明确表示,在现代社会,交往日繁,不得因一个人的国籍、种族而在作证问题上有所歧视。即便如此,法官在审酌此类证人证言时,应注意到该类证人在作证时,有可能基于民族观念而难免不有所偏袒(或有所隐曲)。(2)年龄之于认知。该书引述了 Han Cross 的观点,认为,未成年人具有天真性者,为最善之人证;年老者,应使之证为时久远之事物,较善于证初过之事件;壮年者,最为难处,应以其环境、事之性质及平日言行,为之综断方可。(3)性别对证言的影响。该书指出,尽管男女一律平等早已写进法律,证人的性别问题当无讨论必要,但因男女心理不同,在证言的采纳上不无影响。就识别而论,女子善用本能,常就事情之本身而为陈述,对其中的利害关系难以详审,因而其观念,较男子可恃。但女子对于事物,通常知其然,而不知其所以然。在决断方面,男子以理性为轨范,女子以情感为经纬,因而对于理智方面,女子往往不能有深切的认识。在言行方面,女子常于不知不觉中,有颖慧

---

① 周荣在书中将证据分为本源证据与传替证据,并就英美法系的传闻证据及其例外做了详细的介绍。(周荣. 证据法要论 [M]. 上海:商务印书馆,1936:117.)

之表示，但一经诘问，即变为毫无主张，且其所为陈述，常不愿以全真面目示人。(4) 关于宗教信仰与作证的关系。该书缕析了作证宣誓制度的历史，指出近世以还，科学昌明，证人宣誓由宗教上的限制，改为天良上之制裁，因而，凡证人对于"是非"观念，能有明白认识者，法律上均予以作证资格。申言之，笔者认为，证人证言将不因宣誓而更具证力。(5) 证人心神状态。该书认为，证人之心神不健全者，法院于其作证时，固应免除其具结，使不负刑事责任。然其证料之可否采取，自属另一问题。法律既无明文规定，法院于采证时，应先注意该证人于作证时的精神状态及其得悉事物时的认识力，严为调查，而后决定其证力之强弱。该书进而指出，精神病人在其心神清醒时，与常人并无二致，甚或该精神病人对某种事实，较常人所感受的印象更为明晰。(6) 性格对证言的影响。该书指出，证人性格有善良与恶劣之分。通常情况下，证人之证言可否采取，并不以性格之善恶为断，然证人性格不良者，其证言难免遭人怀疑，法院于采证时，似宜加以甄别，尤宜注意其认识力是否健全。(7) 由于情感影响着证人的认知，因此，证人之陈说，涉及有利害关系之亲友者，则其偏袒之危险性，势所难免。法院在采信此类证言时，应先审其证言是否确实，然后决定应否采纳。①

(二) 鉴定人

松冈义正关于鉴定人的定义以大陆法系理论为背景，认为鉴定人是依照法院命令，以自己的专业知识，就法则、习惯、实验规则以及与自己无关系的过去事实等陈述意见的第三者，鉴定人既属于证据方法，同时又为补充审判官知识的辅助机关。作者随之论述了鉴定人的意义、鉴定人之能力（鉴定人之资格）、鉴定人之义务、鉴定人之回避、舍弃鉴定人之证据方法、由鉴定人以调查证据之手续、日费旅费及垫款之给付请求权、鉴定之评判、鉴定证人等9款内容。由于鉴定人的学理与证人近似，因此只就其中的特殊部分作一介绍。此外，松冈氏在论及鉴定时，同时提出了鉴定证人、证人兼为鉴定人等其他两个人证概念，现今法律中已没有这种划分。

关于鉴定人作为审判官的辅助机关，作者先引述了对此有异议的观点。该异议的理由是：一方面，鉴定人如果是审判官的辅助机关，就不能将鉴定载于

---

① 东吴大学法学院. 证据法学 [M]. 北京：中国政法大学出版社，2012：90.

调查证据的规定中。另一方面，鉴定人的意见，还要由法院自由心证以决定其证明力，如果以鉴定人作为法官的辅助人，将使法官不能行使自由判断的权限。此外，将鉴定人视为证人与法官的辅助人的合体，还有自相矛盾之嫌。作者引述了不同的观点，并提出了同意视其为两种身份的理由，即鉴定人在确定实验规则时，即为实验规则上的证据方法，与证人作为事实的证据方法相同。然而在应用实验规则进行判断时，就是对事实上的诉讼材料，提供审判官在判断上所缺乏的知识，与证人仅就过去见闻的事项进行陈述不同，因此，鉴定人的法律地位应当一方面是证据方法，另一方面是对审判官判断权限的辅助。[①]

关于鉴定的对象，作者认为包括法则、习惯、实验规则以及过去的事实，其范围远较证人为宽。不过，从现代证据法中的鉴定制度来看，所谓习惯及外国法律制度等，已经不属于鉴定的对象。

关于鉴定人的资格，作者首先明确了鉴定人的一般范围，然后列出了没有鉴定人资格的对象。一是官署或公署，以及法人及其他团体，皆无鉴定人资格。前者因为无法按照直接审理主义原则进行审理；但并非意味着法院不能向官署或公署请求报告某种实验规则的存在与否，或请求上述部门关于诉讼原因的意见，因为此时的报告可作为书证看待。关于后者，也可以要求法人及其他团体的代表作为鉴定人而对其进行讯问。二是法院职员与当事人及视同当事人的法律上代理人等，均无鉴定资格；但不得因此认为法院不能确信当事人关于鉴定的说明。

周荣在其《证据法要论》中以"鉴定"而非鉴定人作为专章，分别论述了鉴定及鉴定人之意义及性质、鉴定之客体、鉴定人之资格、鉴定人之义务、鉴定人之权利、鉴定人拒却、关于鉴定之程序、鉴定之证力等8节内容，并附有中外判解例。与松冈义正前著不同，其中的鉴定客体（即鉴定对象）、鉴定人拒却是新出现的用语。

周氏首次引入意见证据的概念用来界定鉴定的性质，并就此将鉴定与证人、通译（翻译人员）进行了区分。随后，作者依照审判中心主义的原则，就鉴定人的性质再做界定："鉴定人系依法院之命令而陈述者"，且"鉴定须在

---

① 松冈义正. 民事证据论 [M]. 张知本，译. 北京：中国政法大学出版社，2004：208. 另外，松冈氏在论及鉴定时，同时提出了鉴定证人、证人兼为鉴定人等其他两个人证概念，现今法律中已没有这种划分。

诉讼程序中为之，若于诉讼前曾为判断，在诉讼中再行报告，则为证人而非鉴定人也"①。作者还就鉴定人是否同属于审判法官的辅助人问题进行了分析，明确表达了认同松冈义正的折中理论并论证了采取折中说的理由。

在关于鉴定人资格的论述中，作者就当时中国法律中规定的法人也具有鉴定人资格的问题进行了分析，认为以法人作为鉴定人，无法如自然人一样行使具结及到庭的义务，且当事人无法对法人进行质证，与直接言辞审理原则不相符合，因此，法人作为鉴定人存疑。至于鉴定人资格其他方面的要求，作者认为与普通证人相近。②

东吴大学法学院《证据法学》关于鉴定的论述共分12节：鉴定人之意义、鉴定人之性质、鉴定人之资格、鉴定人之拒却、鉴定人之义务、鉴定之准备、鉴定之实施、鉴定之证力、鉴定人之权利、鉴定证人、通译、鉴定人于法制史上之比较观。

可能是周荣参与编著该书的原因，该书关于鉴定人的意义及鉴定人的性质，与周荣的理论较为一致，即鉴定人为自然人，鉴定人的性质具有普通证人和法官辅助人的折中性。关于鉴定人资格，该书首先阐明了一般规则，即"凡就鉴定事实具有特别知识经验之人，不问其国籍、性别与年龄之限制，倘其心神无恙，知识充分者，均得为鉴定人"③。该书随后论述了鉴定人的任命要件、任命机关、选任标准。鉴定人的任命要件，应由法院调查进行，并引用大理院判例，"鉴定人是否具有相当学识、经验足以胜任鉴定之任，自应由该管审判衙门于职权上为公平之认定"④。关于鉴定人的选任机关，该书首先说明了中国当时的规则，即以法院任命为原则，当事人选任为例外；随之介绍了大陆法系法院选任制、英美法系当事人选任制以及意大利当事人与法院结合选任的合选制。该书关于选任标准的论述同于周荣，故不详述。

（三）书证

松冈义正关于（证书）书证的论述一共分6部分：证书之意义、种类、证

---

① 周荣．证据法要论［M］．上海：商务印书馆，1936：140.
② 周荣．证据法要论［M］．上海：商务印书馆，1936：147.
③ 东吴大学法学院．证据法学［M］．北京：中国政法大学出版社，2012：131.
④ 大理院判例四年抗字五号．转引自东吴大学法学院．证据法学［M］．北京：中国政法大学出版社，2012：132.

>>> 第六章 近代证据方法学理的沿革评述

书提出之义务、证书之证据方法之舍弃、证书之证据调查手续、证书之评判。现行的张知本译本将书证译为证书,并将其定义为"思想寄之于文字,且将其内容视为证据方法之物体也"①。作者还指出,广义上的证书,还包括文字及其他各种符号的记载物;狭义上的证书,仅为文字。而所谓的思想即确定的意思表示。由此可见,作者关于民事诉讼中的证书是狭义上的书证概念。但作者同时认为,文字以外用符号表示的物件,如事迹的纪念物、权利证据的凭证、界标等,在性质上与狭义书证没有区别,因此,此类物品除适用检证的规定外,还可准用书证的规定。作者论述了书证与检证物(物证)的区别。作者还将书证依制作者的资格以及内容和表现形式,分为公证证书(原书作公正证书)与私署证书、处分证书与报告证书、原本、胆本(复印件)与抄本等,并就各类书证的效力进行了分析。

公证证书的证据资格决定于以下几个方面的因素:一是应当由官厅或公署,或有权作成公信用证书的个人所制作的文书;二是记载于证书中的事项,如果不在官厅公署职责范围内,就不能作为公证证书;三是应按照法定方式制作;四是当对公证证书要件、是否遵守了法定方式产生争议时,应由主张为公证证书的举证者承担该条件及法定方式符合要求的证明责任。私署证书的证据资格要求:一是在证书的结尾部分应有制作者的签名;二是如有盖章,则签名与盖章名应相同。② 从作者后文表达的内容看,证书分类中,最重要的就是公证证书与私署证书。

处分证书即记载具有法律效力的意思表示的证书,包括公法和私法两种有法律效力的证书。其证据资格即根据其公私证书的属性确定其证据资格。报告证书分为意见报告证书和事实报告证书两种,就其证据资格而言,仍应将其归类为公证证书与私署证书再确定其证据资格。原本、胆本及抄本,后两种证据资格的确定应以其验较原本,和原本比对以确定其证据资格。③

杨兆龙《证据法》中,关于书证的论述分为两个部分,即书证的种类和书证的举证(提举),此外就是其后第二编、第三编中有关涉及书证的论述。杨

---

① 松冈义正. 民事证据论 [M]. 张知本,译. 北京:中国政法大学出版社,2004:236.
② 松冈义正. 民事证据论 [M]. 张知本,译. 北京:中国政法大学出版社,2004:239.
③ 松冈义正原书中没有明确提及原本、胆本及抄本的证据资格,但从其关于该3种书证的定义分析中可以推断,其证据资格应与原本对照方可确定。

氏将书证分为公书证与私书证、原书证与副书证两类。公书证是"以国家之官吏或公法之职员于职务上所作之证书",私书证则是私人间所作证书。原书证即证书的原本,副书证即非原本的书证。作者指出,原证书作为证据时,必须同时提出作成或参与作成证书的证人。如果没有该证人,或该证人已死亡、失明、无从传唤,则还要证明证书为其亲笔作成、曾经其签名或盖章。但有以下情形除外:一是提出书证的当事人可以提出书证的副本作为辅助证明;二是所提证书已为对方当事人提出,且对方当事人根据该证书主张权利时;三是受提出证书对抗之人(即证书用来证明的事项所指向的对象),是在公共职务上负有作成该证书之义务之官员,且曾经认同该证书为依法做成的证书时;四是提出之证书作成已经 30 年,并经妥当的保管。作者列出 4 种属于副书证的形式,即经审查之本(examined copies)、有官印之誊本(exemplifications)、留存之复本(offren copies)、经证明无误之本(certified copies);其他根据原本而经明无误者;用以对抗非作成者之同时作成之同样本(counterparts);曾经目睹证书原本之人对于该证书内容之陈述。具备上述条件的副证书同时即具有证据资格。杨氏关于副证书的上述分类,由于科技的进步,很多现已无价值。

私证书作为书证以原书证为原则,但作者参照英美法系认为下列情形除外:一是原本经证明或有明显证据证明为对方当事人所持有,而对方当事人虽经通知、命令但不提出的;二是原本为第三者持有,经法院提出命令而拒绝提出时;三是原本已毁坏或遗失,经必要搜索而无法搜寻到;四是原本因性质关系不易移动或在外国不准移动时。作者还结合当时中国的民事诉讼条例认为,在当事人之间仅就书证的效力发生争议而没有就是否原本有争议时,以及法院并未命令提出原本,或者虽命令提出原本但有关当事人能合理解释不能提出的事由时,上述情形均可免除提出原本的责任,而承认副本的证据资格。关于公证书,作者认为,公证书不以提出原书证为必要。[①]

此外,关于书面形式的传闻证据的资格,作者引述了英美法系关于传闻证据的例外理论,将业务活动记录(entries in course of business)、关于家族系统的陈述、满 30 年的古证书等均视为有证据资格的书证。

周荣关于书证的论述共有 5 节,即书证与证书之意义及性质、证书之分

---

① 杨兆龙. 杨兆龙法学文集[M]. 北京:法律出版社,2005:175.

类、证书之证据力、证书之提出义务、第三人请求提出证书费用之权利，同时附有中外判解例。作者关于书证的范围取广义，即证书以外的物件，有足以表示人类之思想者，也准用书证的规定，视为书证。周氏关于书证的分类与此前的作者不同，他将书证分为公证书（公文书证）与私证书、处分证书与报告证书、原本与缮本、编入卷宗之证书与不编入卷宗之证书、逾30年与不满30年之证书、自认证书与证言证书、一等证书与二等证书。其分类的标准无统一的逻辑，但有实用价值。其中，处分证书又称表示证书、勘验证书，凡记载内容属于有法律效力的意思表示者，为处分证书。但就其为记载者意思表示而言，则为表示证书。同时，在法院一方，又可就此证书直接观察而为自由心证，就此而言，又为勘验证书的一种。作者还指出，处分证书的意思表示，既有属于公法上的意思表示，如行政机关的许可证书；也有属于私法上的意思表示，如私人间的契约。报告证书即记载内容以报告为目的者，如日记、账簿、信函等。根据内容，报告证书又分为事实报告证书与意见报告证书。报告证书还可根据制作主体等做出不同的划分。从内容上判断，作者关于一等证书与二等证书的分类，实际就是原件与复印件的关系。此处从略。[1]

东吴大学法学院《证据法学》关于书证的论述一共分6节：证书之意义、证书之性质、证书之类别、证书之审定、证书之证力、法制史上书证之比较观。该书关于书证的定义是，凡用记载法律行为内容的文书，以供证明之用者，即为书证（documentary evidence）；并引述了塞耶关于书证属性从主权之代位到主权证明的理论。[2] 该书关于书证的外延亦从广义出发，包括文字在内可以表达意思的符号记载的资料。该书关于书证的类别划分较有特色，一是根据制作主体将书证分为公文书与私文书；二是根据内容将书证分为勘验文书（记载人的意思或其他陈述）和报告文书（记载某人观察事实的结果）；三是根据来源将书证分为原本与缮本（抄本），其中，缮本经有职权者制作，且与原本对照无异者，称为正本，正本以外，与正本制作相同者，称为副本。此外，从原本摘录一部分而并未全抄者，称为节本。从外国翻译原本而得者，称为译本。该书关于书证的证据资格没有如周荣或杨兆龙书中的论述。

---

[1] 周荣. 证据法要论 [M]. 上海：商务印书馆，1936：173.
[2] 东吴大学法学院. 证据法学 [M]. 北京：中国政法大学出版社，2012：147.

(四) 勘验、物证

有关物证、勘验概念的使用，各家较不一致，因此，本书将其并列以求包容相关理论。此外，还应注意的是，从笔者在前文关于证据制度发展的梳理中可见，在早期的制度及理论中，使用较多的是检证，这是受日本学者及其理论的影响所致。

松冈义正在其《民事证据论》中，视检证为证据方法，其关于检证的定义是"审判官依五官作用，实验物体之外形，以直接认识应证事项的证据调查"，有广义和狭义的检证两种。① 作者并梳理了检证的历史，认为在采用法定证据主义时，检证物是最有价值的证据方法。检证的证据资格在现代证据法中，主要是原件原物主义，但当时的论述都没有提及。②

杨兆龙的证据法中仅论述了物证。在阐明了物证的定义后，作者着重就物证在法庭的提出方式进行了论辩，认为证明物证之存在及内容（the existence and contents of real evidence）不以提出证物为必要，因此用言辞证明也是合法的。而证明某物用于系争行为（the use of a certain thing in the transaction in dispute）则不同，后者的目的在用物证证明该证物与系争行为的关系，需要提出证物以证明无误。③ 从杨氏论证的理论资源看，这一观点应该来自英美法系。

周荣关于勘验的论述一共有7节，即勘验之意义及性质、勘验之机关及勘验物、勘验之种类、勘验之证据力、提出勘验物及勘验承受之义务、勘验之程序，此外还有与勘验有关的中外判解例。其有关勘验的论述是"勘验或称检证，吾国就民刑诉讼律草案称曰检证"，从民刑事诉讼条例开始，已统一改称勘验。勘验是"法院于诉讼程序上以五官作用，就物之外形，实验观察其现象之行为也"。由于"凡诉讼上所需之凭证，须待物为证明时，应提出原物于法院，则形式色相及其他一切实质状态，皆无可掩饰，法官凭其五官之作用，推断真相"。且如果"该物系属土地建筑或其他重大物件若机械等时，则由法院

---

① 松冈义正. 民事证据论 [M]. 张知本，译. 北京：中国政法大学出版社，2004：311. 作者认为，广义检证即须释明无争议或已有证明的事实而进行的检证，狭义则仅指后者。
② 物证的原件原物主义原则，可参见《麦考密克论证据》中的有关论述。约翰·W. 斯特龙. 麦考密克论证据 [M]. 北京：中国政法大学出版社，2004：463.
③ 杨兆龙. 杨兆龙法学文集 [M]. 北京：法律出版社，2005：178.

<<< 第六章　近代证据方法学理的沿革评述

亲临其场所勘验之"。勘验具有作为证据的独特优势，是较为可取和证据力良好的证据方法，作为勘验的对象的物或现场等，则为勘验的标的物。关于勘验的种类，作者将勘验分为履勘、直接勘验与间接勘验、广义勘验与狭义勘验3类。①

关于勘验的证据资格，根据作者关于勘验性质的论述可知，勘验是诉讼上法院的行为，因此，非属诉讼法上的实验，不能称为勘验，也因此不具有相应的证据资格。作者还论述了勘验的程序、证据力等方面的问题。

东吴大学法学院关于勘验的论述较为详备。该书第七章勘验共6节，论述了勘验的性质、勘验人的资格、勘验之检查、第三人请求勘验费用之权利、勘验之证力、勘验于法制史上之比较观。该书关于勘验的界定与此前著述中的概念相近，既为证据方法，又为证据调查。但所举事例中以浅近的风格将勘验物视为直接证明，即事物目证，如谋杀案中凶器的提出。但谋杀案中恐吓信的呈供，是必须由推论才能获得信服的其他独立事物，实为间接证明。此外，该书前言部分以列举的方式关于勘验与人证、情状证区别的说明较有特色：在一待证案件中，要决定被告的臂腕状况时，法院如果根据证人的供述而信以为是假装者，是言辞证据；如果命令以手表演姿势，以此推测手臂的真假，是情状证据；如果命令被告脱下衣服，亲自查验其臂腕以核实究竟是真肢还是假肢，就是勘验。②

关于勘验的证据资格，与此前不一致，该书以勘验人的资格为中心，从推事与检察官作为勘验主体入手，论述了这两类主体在勘验时需要遵循的规则。由此可知，检察官亦为勘验主体。同时，诉讼关系人与鉴定人在法院不能确定真情时，应该同往参与勘验。

---

① 周荣．证据法要论［M］．上海：商务印书馆，1936：202．也有学者认为，勘验仅为调查证据的程序，而作为勘验的标的物，才是证据方法（陈瑾昆．刑事诉讼法通义［M］．北京：法律出版社，2007：181）。视勘验为证据调查者认为，勘验与讯问证人一样，勘验物犹如证人，勘验犹如讯问证人。甚至有理论认为勘验与免证事实相类似，与审判上的自认、法律上推定之事实、显著之事实等相同，是不用举证的方法，既非证据方法，也非证据调查。周荣对此持折中态度，认为勘验兼及证据方法与证据调查的属性。（周荣．证据法要论［M］．上海：商务印书馆，1936：204．）
② 东吴大学法学院．证据法学［M］．北京：中国政法大学出版社，2012：160．

145

(五) 当事人

松冈义正关于讯问当事人之证据调查是其证据方法的第五目内容，一共分为意义、讯问能力、答复讯问之义务、讯问当事人本人证据方法之抛弃、讯问当事人本人之证据调查、日费旅费等之给付请求权、询问当事人本人之证据评判等7款内容。作者首先将此种证据方法定义为法院调查当事人提出的证据后，对于应证的事实仍不足以形成心证时，依照申请或职权向原告或被告本人进行讯问的证据调查，是一种补充性质的证据方法。① 此时对当事人的讯问，当事人本人就是证据方法。作者随之评述了法国、德国及日本等国家该项制度的历史。讯问当事人本人的方法及据此做出判断的方法与证人的相同，二者不同之处在于，当事人无宣誓义务且在当事人不愿供述时不得强制，但具体规定各国并不一致。②

关于当事人本人的证据力，用松冈义正的判断即与其他证据无异，依自由心证之原则，由审判官以其自由确信评判之，故下文略而不述。蒋澧泉对此的论述则从另一个视角，在说明当事人本人证据力的评判法则后，作者强调了其中对识别当事人本人的重要性，并由此论述了识别当事人本人的法则，主要是结合其他证据，如指纹、人身、职业特征等进行辨别。这实际上已经不是对当事人本人供述的判断。③

(六) 情状证

情状证据的概念在今天的汉语世界中稍显陌生。在既有的研究中，都有将此类证据所指称的对象泛化或者实际上等同于间接证据（indirect evidence）的现象。或许正是与间接证据所指涉对象实际上的同质化，我国现行证据法理论

---

① 关于这种补充性质，作者做了以下论述：关于应证事实，无其他证据方法存在，法院不能依据已经调查的证据，证明应证的事实时；或者当事人所提出的其他证据方法，不能据此证明应证事实时，法院对当事人所进行的讯问（松冈义正. 民事证据论 [M]. 张知本，译. 北京：中国政法大学出版社，2004：325.）。

② 作者引述当时法国、奥地利、日本等的民事诉讼法，就此进行说明。其中，当时的日本民事诉讼法规定法院可以对拒绝供述者结合辩论情况及证据调查结果进行评断，形成了一种间接强制。而当时的法国民事诉讼法第324条则规定了必须供述的义务，等等。（松冈义正. 民事证据论 [M]. 张知本，译. 北京：中国政法大学出版社，2004：327.）

③ 蒋澧泉. 民刑诉讼证据法论·前引书 [M]. 北京：中国政法大学出版社，2012：260.

只见间接证据之论而无情状证据之说。① 2009 年,我国已有学者关注情状证据,相关研究也有很大进步,其中涉及该证据的独特属性及司法实践中的运用原则与方法。尽管如此,既有研究中仍然存在着情状证据的概念界定不统一,从而对此类证据的评断没有明确的规则的问题。②

在近代证据法学理论中,对情状证据也缺乏统一的认知。例如,蒋澧泉在其《民刑诉讼证据法论》中就认为,"当事人之情况(即态度、举止)"不属于证据方法,而"不过为一种间接事实",是"可籍(借)以推断其陈述可信与否之资料"。在除东吴大学法学院以外的其他证据法学著述中,也未曾提及情状证据。但笔者认为,法庭审判中案件事实的形成,其信息来源实际是多方面的,其中,情状证据就是十分重要的信息获得渠道。而且,在今天的认知理论中,利用大量的非命题知识即默会知识进行认知已是不争的事实。③ 因此,必须也应当给予情状证据应有的法律地位。

关于情状证据的定义,在东吴大学法学院所编撰的《证据法学》中,作者分人类行为之证明、人类情状之证明、无生物性质或情状之证明、情状证之证力、法制史上关于情状证之比较观 5 个部分论述了情状证据,并指出,"凡诉讼中,除用人证、鉴定、书证、勘验等方法,取得证明外,更就其他一般切要事物,提供到案,用推论方法,以证明案情上待证事物之真伪者",都是情状证据(circumstantial evidence)。在证明方式上,情状证据是以间接推论的方式进行的。作者认为,当时的民事诉讼法第 282 条的规定"法院得依已明了之事实,推定应证事实之真伪",即为情状证据的意思。关于情状证据的种类,该书认为,广义的情状证据实指除勘验与人证外,其他的一切证据。因此,"情

---

① 在英美法系的研究者中,有关情状证据的定义也基本如此,除前文引述的陈卜生、刁荣华等所著的《比较刑事证据各论》之外,在麦考密克所著证据法中,也是如此。(约翰·W. 斯特龙,肯尼斯·S. 布荣,等. 麦考密克论证据(第五版)[M]. 汤维建,等译. 北京:中国政法大学出版社,2004:455.)
② 有关情态证据的研究主要有:陈麒巍《情态证据刍论》,蔡艺生《现代司法局限背景下情态证据的证成》,蔡艺生《论情态证据的产生与认知原理》。
③ 默会知识是与传统的以命题为中心和语词为表现形式的言述知识不同的知识呈现和认知方式,其基本主张是"通过寓居而认知"(knowing by indwelling),强调能力之知和亲知。有关默会知识的详细讨论,可参见郁振华. 人类知识的默会维度[M]. 北京:北京大学出版社,2012:15.

状证之种类甚多,凡宇宙间一切情状咸属之,非若人证之有固定轨范也"①。但笔者认为,这样的界定易使情状证据失去应有的边界,使情状证据在外延上可以覆盖所有的证据,甚至可以超越该书设定的界限,使已有的法定证据种类也可以纳入其中。因此,承认情状证据并厘清其应有的指涉对象(概念外延),都是亟待从理论上进行论证和认真研究的问题。② 本书姑且从该书已有的知识体系出发,就该书中的情状证据理论做一梳理。

关于情状证据的资格,由于情状证据种类繁多,这里只能列举其中常见的,即该书关于无生物性质或情状之证明的证据进行评述。该书将此类情状证据分为事之发生、事之存在与事之趋势3种。该书以列举的方式进行了论述,关于事之发生,其例如一多年老树之倾倒、一脆弱帆船之沉没,即可事前推证有大风暴之将行降临。一人已否死亡、一文件已否毁灭的事实,可就火后所遗焦骨与片屑推证。又如为了知晓甲屋之倾斜是否受其邻近乙工厂震动所致,就应当研究物理学上关于震动力之趋势及地质上之情状如何,以便做出推断。③ 所有的这些推断中所依据的证据都应符合相应种类的证据要求,方具有证据资格。

四、各种类证据证明力判定

证据证明力的判定,即审判官就其所获得的证据资料,在归纳或演绎的基础上,评断各证据材料之于待证事实的效力。纵向来看,证据证明力的判定是在证据调查的基础上进行的,是审判官对讼争事实通过自由心证形成内心确信的必要基础。同时,证据证明力的判定还是证据搜集、证据资格确认的目的指向和意义所在,经此方可使证据具有证明讼争事实的意义。笔者将承袭前文关于证据资格论述的逻辑,就近代各类证据著述中关于各类证据的证明力问题做一介绍。

---

① 东吴大学法学院. 证据法学[M]. 北京:中国政法大学出版社,2012:167.
② 依笔者之见,情状证据应该是指如所罗门关于两个妇人争一个小孩审判中所使用的证据,即所罗门命令将小孩劈开分给两个妇人,结果小孩的亲生母亲放弃了主张,所罗门反而判定小孩属于放弃主张的妇女。在中国曾经轰动一时的南京"彭宇案"中,法官所谓按照常理,见义勇为者即使将人送到医院,也不必继续等待家人所用的也是一种情状证据。由此可以判断,情状证据在判断上应该本于经验与理性,但具有可错性。
③ 东吴大学法学院. 证据法学[M]. 北京:中国政法大学出版社,2012:191.

(一) 人证

松冈义正在关于人证证明力的判定上认为，证言（证人之供述）之取舍，由法官本乎自由心证评断。因此，如果法官认为宣誓之供述难以信任，可对该证言不予采信。反之，如认为证言虽未经宣誓但可以信任者，也可予以采信。除此之外，对证言的采信主要应审酌以下因素：第一，证人的记忆力及认知力的判断。松冈氏认为，人的记忆力大都会因时间之经过而薄弱，因而如证人所言是其很早时期经历的事情，审断时要持审慎的态度。证人本其观察或听闻所为陈述，应令其陈述其全部感官的结果，以此为基础进行综合判断，不可因其目视事实与听闻情形不一致，就简单地加以排除。第二，证言内容和形式的综合采信。松冈氏提出，证人在受诉法院受讯而为供述时，由于可以观察到证人的举动等言辞外的信息，因此较受命推事或受托推事讯问之供述在采信上更为可取，因为后者只能依据笔录。而且，使用明确且平易之语言而为供述之证言，较使用不明确不切实语言而为供述之证言，具有充分的凭信力。松冈氏此论甚合中国古代的"五听"制度，都是对直接言辞审理的强调。证言的内容和形式的审查还包括宣誓证言的审查判断，松冈氏认为，一般学者所主张的宣誓证言较不宣誓证言较为可信，每多不实，证言之宣誓有无，不应成为法院采信的唯一标准，法院仍应就该供述是否足信为真实者而决定采信。第三，证人有无供述真实的能力。松冈氏认为，此种能力，可分为有形的资格和无形的资格两种。前者是证人在其实验（感官体验）上须具必要之官能，如对于非依视觉不能实验之事实，盲者即无作证资格。后者即因精神之发达或习惯而在实验上须具必要之观察力，因为观察力和判断力互相关联不可分离。第四，证人是否有供述的真实和善意。主要考量证人与当事人、从参加人之关系（如亲属关系、友谊关系、敌对关系等）所带来的影响。第五，证言的形成基础。即证言所言究竟是其自身实验之结果，还是闻自他人实验之结果，又或证人是暂时居住于本国的外国人，其信用情况如何，等等。①

杨兆龙在其著述中关于证人证言证据力的判断，是在关于证据分量的三大原则中偶有提及，不似其他著述是以专门章节进行论述，由此也反映了其著述的论证理路与其他著述的不一致处。杨氏认为，证人证言必须根据自己的观

---

① 松冈义正．民事证据论［M］．张知本，译．北京：中国政法大学出版社，2004：233.

察，而且必须是仅就其所知者进行陈述，不能是个人的推断，其论证基础是传闻证据和意见证据的理论。[1]

周荣在关于证言证据力的审查判断中指出，法院审酌证言时，应首先注意证人本身一切情事，如证人之种族、宗教、性别、性格、情感、地位及年龄等，因为一般情况下，男性较理智而女性则注重情感，一个人的宗教情感信仰等，也会影响到该证人之证言。又如，在年龄与证言关系上，据研究，7 至 10 岁儿童证言最可靠，因为该年龄段之人不知爱憎、不知伪善，无野心，无宗教、阶级、地位、财产之考虑，也没有先入之见，无精神上之刺激，无已成之习惯、经验，因此，不易受外界影响，作伪掩饰者绝少。在此基础上，着重审查以下三要素：认识力，包括证人的感觉力及观察力；记忆力，包括记性及追想力；陈述力或传述力，即证人的口头表达能力。在认识力的审查判断上，应注意证人感觉是否健全，观察是否正确。关于证人的记忆力，法官应当注意的是，人类的记忆力通常因时间的流逝而减弱，对于讯问证人之事项，如是经过已久者，不能遽然信之。审查记忆力时，还要注意证人在记忆力上的天赋及与此相关的情形，即证人的记性及事后回想所记事件的能力。证人的陈述力主要审查的是证人言语的技巧和方法。如表达不善，听者将无从知其思想内容。尤其是在法庭庄严的气氛中，证人常常"未述心馁，急不择言，其所述者，往往与其心中之思想不同"。作者还专门介绍了威格摩尔的相关理论并引述了中外相关案例。[2]

蒋澧泉关于证据证明力判断的论述以专章形式，见于其著述第二十章，是全书最后一章。在该章总说部分，作者就证据评断的一般原则进行了论述。总体而言，作者认为，法院评判证据，应当审酌该证据是否确切、能否证明待证事实，据此做出判决，是否臻于允当；并认为，这种评断，在民事案件中，仅在近情合理，在刑事案件中，则须达于明确证明，即无正当疑虑可以发生之程度方可（今天通说的排除合理怀疑）。

---

[1] 杨氏论述了证人证言判断的几个方面的理由：传闻容易信口雌黄，证人因在法庭上作证，因此不敢妄言。传闻没有接受质证，但证人必须接受对质。此外，还有其他几个必须到庭的理由。（参见杨兆龙. 杨兆龙法学文集[M]. 北京：法律出版社，2005：182.）

[2] 周荣. 证据法要论[M]. 上海：商务印书馆，1936：121.

<<< 第六章 近代证据方法学理的沿革评述

关于证据力，作者将其分为形式上证据力与实质上证据力两种。前者是证据能够成为证据的要求（证据之成立之真正），后者即证据可以证明待证事实。其中，书证需要兼具形式证据力与实质证据力，方可采用。其余证人、鉴定人、当事人本人的讯问及物证之勘验，无所谓形式上证据力，只问其有无实质证明力即可。① 蒋氏关于证据力的上述论述实为当时关于证据力的通说。

就证言的证据力而言，作者首先表达了审查证言证据力的要点，即：（1）由法院自由判断。具体审查其与待证事实的关系，同时审查作证者认识是否正确、陈述是否真实。（2）对于传闻证言，应注意的是，如果单纯的风说浮言，茫无根据者，自不足采用。作者此处没有从传闻证据规则及其例外进行论述，是其理论上的失误。（3）鉴定证人（非鉴定人，即陈述过去经历某事实，同时又陈述其意见或判断者）证据力的审查，适用证人讯问的程序。（4）讯问证人笔录与证言证据力的关系，比较复杂，应分别不同情形。第一种情形是，如是法院自行讯问者，应依证言所述事实进行裁判。其中，如果证言与笔录所载不符，就应在查明二者谁为真实的基础上，再作裁决。② 第二种情形是，如果证人讯问是由其他机关进行的，法院应当将记载该项供述的笔录，经过庭审调查分别情形采用。但如果是受命推事或受托推事；或者侦查讯问笔录，由于无法再行传唤或者因死亡、疾病或其他事故不能再行讯问者，应当命令将侦查笔录当庭宣读（含司法警察官的讯问笔录）；或者由下级法院讯问而已无再行讯问之必要者。（5）证人在民事案件、行政案件、军事案件或其他刑事案件中所作的陈述。作者认为此类陈述在本案中仅仅属于书证，除证人因死亡、疾病或其他事故不能再行讯问者外，在本案中仍应传讯。③（6）关于诉讼程序与证据力的关系，作者分不同情形进行了论述。一是讯问程序本身违法而致无效，或该讯问程序为其他诉讼程序的一部分，因全体违法而致该程序也无效者，所为证言无证据力。二是讯问证人程序与其他诉讼程序分离，仅其他程序违法无

---

① 蒋澧泉. 民刑诉讼证据法论[M]. 北京：中国政法大学出版社，2012：226.
② 作者此处论述应有误，应该有判断二者谁为真实以后的采信问题。但作者原话是："如系该法院自行讯问者，亦不过发生二者孰为真实之问题，故第一审或第二审判决有此情形者，如经第二审或第三审查明系笔录错误，判决书所载为真实者，该判决仍不应撤销。"作者并没有论述笔录为真实时该如何处理。
③ 蒋氏这里的论述也与传闻证据规则的例外不符。根据传闻证据规则，这里的笔录应属于公文书（司法文书）的例外，应该可以采用。

151

效。作者举例进行了说明，即讯问证人在前，仅以后的更新程序无效，或嘱托讯问在前，仅以后的侦查或审判程序无效者，该项证言仍有证据力。三是仅讯问证人的前提程序违法无效者。如仅嘱托行为无效，而其实施程序即讯问程序并不违法时，所为证言亦属无效。四是因管辖错误而移送管辖检察官或法院者，证人在以前程序中所为证言，仍然有效。五是有不起诉处分或无罪免诉、不受理的判决者除讯问证人程序是违法无效者外，在以前程序所为证言，在本案仍有证言效力，在他案中也有书证的效力。六是证人证言已经被判决为伪证罪，该证言的实质证据力，虽然由法官自由心证，但其证据力应该弱一些。七是证人在本案以外的犯罪中所作供述，应视为无证言效力，作者解释其原因是与本案所讯问无关。但如该犯罪与本案犯罪有共犯或继续犯，并有牵连的关系的，则仍有证言效力。① 八是共犯在未发觉前具结所作证言。作者认为该共犯既未作为共同被告，则其具结虽与免除具结义务规定有违，仍属有效，只是证力薄弱。九是证人在受诉法院的证言，因为可以目睹证人的举动，因此较受命推事或受托推事前的证言较正确，而后者只能依据笔录由受诉法院斟酌。十是证人以明确平易之言的供述，较以不明了、不切实的语言所为供述可信。(7) 证人有无供述真实的善意，与证言的证据力也有关系。作者列举，如果证人与当事人有亲属关系、友谊关系、敌对关系等，其证言必有偏袒。

　　作者关于证言的实质证据力的评断所要考量的因素与其他著述较为一致，也是从证人自身各方面要素进行分析的。作者在关于虚伪证言的审断中，就故意犯伪证罪者的证言、偏颇或有利害关系人的证言以及无陈述能力人的证言，进行了详细的分析，具有指导价值。此外，就审判上选择证言的标准，即审判中同一事实有多人证言且互相矛盾应如何选择，作者阐明了从证言本身及证人受讯时的状态进行辨析取舍，这一观点也较有指导意义。

　　蒋氏在该书关于人证证据力判断的最后部分，还论述了证言真伪的测验方法，包括催眠术、血压法、意联法等，不知其理论来源于何处，也难以证立。

---

① 作者此论亦与传闻证据规则例外的规定不一致。根据传闻证据规则，这里的情形也属于传闻证据的例外，具有可采性。作者没有引入传闻证据例外的理论，较为遗憾，且于证明力的判断，应该从其他方面作衡量，如证人的品行、证言与其他证据的关系等等，而不仅仅以共犯的一面进行评断。

而且，催眠法已被视为非法，不具有证据资格。①

总之，比较而言，蒋澧泉关于人证证据力的论述篇幅较长，分析较为细致、全面，且具有很强的操作性，但其理论中的缺陷也是十分明显的，具体内容如上述。

在东吴大学法学院《证据法学》中，关于证人证力的判断，作者明确提出，法院在采纳证人证言之前，必须审查以下4种要素，即证人对于作证事物的观察力、记忆力、叙述力及判断力。其中，观察力、记忆力的阐述与其他著述相似，而陈述力的论述较为详细。该书将陈述的方式分为连续陈述与问答陈述、口头陈述与表演陈述、文字陈述与图画陈述、直接陈述与翻译陈述等几种，详列了每一种陈述的要点、要求。该书特别就陈述的虚伪问题、谎言问题进行了阐述，提出听证者应当注意陈述时的环境与形态，而后决定其证言之虚伪与否。另外，学会观察证人发言时的音调以及举止行动，有无不正常的情况，从问答时时间距离、句辞中语气长短、态度是否自然等方面细加观察，以此决定证言的证明力。该书还就如何判断证人作证情况，提出了正误检测的办法，通过实验的方式检测证人的判断力、观察力等。②

关于人证证明力的判定，陈瑾昆认为，凡该证人品行、地位、知识、经验以及其对于被告及被害人并案件关系如何，有无具结等，均应进行审核。其中，尤其需要审查者，一是证言与待证事实的关系即证言的形式证据力，此即关于证据关联性的审查，这是审查证据的首要注意事项。二是关于证言实质证据力的审查。一方面，应审查其认识是否正确。如其所得之认识，根本即不正确时，自无采用之价值。陈氏认为，一般而言，证人如为欠缺意思能力者，或经历该事实之当时，未用相当之注意者，其认识当然不正确。因此，精神病人、年幼者、当时酒醉者之证言，其证据力通常较为薄弱。另一方面，应审查其陈述是否真实。主要是审查是否为不真实陈述，即现时所陈述者，与原来所认识者不相符合，或甚为模糊。至于不真实的原因，有出于故意者，或出于过失者，或因为时间久远。三是传闻证言的审查，一般应认定其有证据力，但单纯的风说浮言，茫无根据者，不得采用。陈氏观点实际

---

① 蒋澧泉. 民刑诉讼证据法论［M］. 北京：中国政法大学出版社，2012：255.
② 东吴大学法学院. 证据法学［M］. 北京：中国政法大学出版社，2012：110.

上是委诸法官自由判断。四是关于证人证言中意见判断内容的采信问题。陈氏论及专家证言与普通证人问题，指出后者可将过去经历之事实，与现在经历之事实相结合，发表自己的意见，可以采信，但语焉不详。五是证人笔录的采信。主要问题是证言与笔录内容不符，孰者为真。针对当时通说主张判决所载证言与笔录所载不符者，应以笔录为准，该判决应自行撤销，陈氏认为，当时的《刑事诉讼法》第334条虽载明审判中的诉讼程序，专以审判笔录为证，但在讯问证人方面，应理解为就该讯问程序之有无并是否遵守程序而言，与证言内容无关。此项笔录，虽曾向证人朗读，未经请求更正并经署名，实际将难免错误。因此第一审判决有不符之情形者，第二审如再传讯证人，其仍为与该判决所载相同之供述者，无须以此理由，予以撤销。即便在第二审判决中有此情形，第三审法院也可以依《刑事诉讼法》第406条第一项，自行传讯或嘱托传讯该证人，以调查其曾否为判决所载之供述。如属相符，自然不应撤销。另一重要争议是，其他机关讯问证人笔录，其性质的界定。陈氏认为应视其为证言而非证书。但因为笔录本身终究为证据文件即证书，因而法院非亲自讯问证人者，应将记载该项供述之笔录，于审判程序宣示，按照书证程序进行。陈氏还详尽讨论了诉讼程序与证言效力的关系，认为应分别具体情形进行采信：第一，讯问证人程序本身违法而致无效，或该讯问程序为其他诉讼程序的一部分，因全体违法而致该程序也无效者，所为证言，也无效力；第二，讯问证人程序是与其他诉讼程序相分离，仅其他程序违法无效时，该证言仍属有效，可以采信；第三，仅仅讯问证人的前提程序违法无效者，而其实施程序即讯问程序并不违法之时，所为证言有效，可以采信；第四，因管辖错误而移送有管辖权之检察官或法院者，证人于以前程序所为证言，仍有效力；第五，有不起诉处分，或无罪、免诉、不受理之判决者，在以前程序所为证言，于本案仍有证据效力，于他案也有证书效力；第六，证人虽因本案之证言已于他案确定判决为伪证罪，但该证言在本案仍有形式证据力，其实质证据力，由法官自由判断；第七，证人就本案以外之犯罪有供述者，应解为无证言效力，因为与本案无关，但如果该犯罪与本案犯罪有共犯或继续犯并牵连案件之关系者，则仍具有证据效力；第八，共犯于未发觉前具结为证言者，关于其证言效力，陈氏认为，虽然其具结与

154

免除具结义务之规定有违，但其证言仍有效。①

(二) 鉴定

松冈义正在关于鉴定人的证明力问题上，认为鉴定意见由法院自由评断，但在评断时，应注意以下内容：首先，鉴定的价值不以意见人数的多少来定，因此，可以舍多数意见而采少数结论。其次，鉴定之结果并不充分时，可自由裁决命二次鉴定，或命鉴定人之全体或一人对鉴定结论做出说明。此法还可用于鉴定意见互相抵触或鉴定已被有效回避时，当事人对此裁决不得申明不服。再次，法院要注意对鉴定人鉴定能力的审定，即鉴定人所必须具备的必要知识或经验，且有合理解释事物的能力，以及其做出鉴定意见时是否出于独立、公正。此外，鉴定人意见之内容，必须明确而无矛盾；否则，虽有相当之能力而且公平，其意见亦难以采信。②

关于鉴定的证据力，作者认为，鉴定在性质上为证据方法，也是法院之辅助机关。就证据方法而言，其应否被采信，可由法院自由判断。从其为法院辅助机关而言，法院无必须采信鉴定人意见之义务，故而，对某种事项的鉴定人报告可否采信及其效力之强弱，由法院本乎自由心证做出判断。当讯问多数鉴定人且意见不同时，法院可舍多数人意见而采取少数鉴定人意见，作为裁判之基础，并无不可。

法院在评判鉴定人报告时，应注意鉴定程序是否合法，鉴定人有无资格，可否有偏颇，其意见是否完全等。其中，关于鉴定人资格问题，作者对当时法典视法人亦可为鉴定主体提出不同的观点：以自然人为鉴定人是各国通例，法人为鉴定人时，不能履行具结和到场之义务，不能负刑事上伪证罪之责任，当事人不能对其进行对质讯问，不符合直接言辞审理原则的要求。同时，所谓法人为鉴定人，实际上不过是法人代表人之鉴定，不如直接认定为自然人之鉴定。另外，关于鉴定书的调查，作者认为，鉴定书提出后，法院认为有必要时，可以命令鉴定人之一人或数人到场说明，鉴定人有数人时，可以共同或分

---

① 陈瑾昆.刑事诉讼法通义 [M].北京：法律出版社，2007：171.另外，有关证言笔录的判断，陈氏对如何制作该笔录所谈及的观点值得注意。陈氏认为，关于证人证言笔录的审查，还应就笔录中所记载的证人为证言时的表情一并加以考量，如关于证人迟疑、惶恐、忧愁、感叹等状态的记录。

② 松冈义正.民事证据论 [M].张知本，译.北京：中国政法大学出版社，2004：204.

别讯问。如果没有经过上述法定程序，不得认为是合法之鉴定书，只可认为是一种书证而已。凡鉴定人之报告，必须按照言辞辩论的要求，由当事人于言辞辩论中，陈述其内容，否则不得采纳为案件裁判的基础。①

杨兆龙著述中没有关于鉴定的论述，故略而不论。

周荣关于鉴定证力的论述，首先肯定了鉴定在性质上为证据方法，同时也是法院的辅助机关（以大陆法系的理论为基础），随后，作者就鉴定证言应否采信进行了分析，认为即使视鉴定为法院的辅助机关，也应由法院自由判断："盖所谓辅助者，不过贡献意见而已，并非为法院之代替。"② 由此，法院在决定鉴定意见取舍、判断鉴定价值时，完全由其自由决断。只是法院在评判鉴定人报告意见时，应注意其人有无资格，可否有偏颇的情事，以决定其意见在探求案件真相中的作用。

蒋瀓泉关于鉴定意见证据力的论述，首先明确了法院不受鉴定意见拘束的立场。其次，就鉴定本身而言，作者认为，完全可靠的鉴定，必须是鉴定人有能够胜任鉴定的能力，并须居于公平的地位，且鉴定内容应明确并无矛盾。③ 在评断鉴定证据力时，作者提出了鉴定程序需要注意的13项问题，细致且合理，为保持其知识的完整性，详列如下。

（1）鉴定人具结。鉴定人鉴定前具结，为法定程序，但与陈述之是否真实，无严重影响。也就是说，即使鉴定人没有具结，其鉴定意见仍可作为心证的资料。（2）鉴定如在法院进行，审判官必须亲自到场，注意鉴定报告是否与亲见情形相符。如果有疑点，应当进行驳问。（3）如在法院外鉴定，应当将鉴定物件的数量、名称、形式记明在公函中，并预留一定期间，以保证鉴定人有充足的时间进行鉴定。（4）交付鉴定材料，应尽可能分为三组，其中一组交付鉴定，其余留存法院，以便第一次鉴定不当时，再用另一组交付鉴定。如果仍有不当，可交付最后一次鉴定。（5）交付鉴定时，不能告知鉴定人本案当事人姓名，防止因情感友敌关系而有所偏袒。（6）评判鉴定的证据力，虽然需要注

---

① 周荣. 证据法要论［M］. 上海：商务印书馆，1936：146.
② 周荣. 证据法要论［M］. 上海：商务印书馆，1936：164.
③ 作者还就鉴定人的鉴定能力等进行了论述：鉴定人应该具备必要知识或经验，具有合理解释事物的能力；在进行鉴定时，必须处于公平而不偏颇的地位；等等。蒋瀓泉. 民刑诉讼证据法论［M］. 北京：中国政法大学出版社，2012：263.

意其内容是否正确，但也应当注意该鉴定与案情是否恰当。如果鉴定与其他证据方法调查结果有所抵触，或者不完全确切，可不受其拘束。因为鉴定不过是证据方法的一种，并没有优于其他证据的效力。(7) 鉴定文书的文章必须清晰明白，不能作模糊的断语；同时，应将鉴定所得的现象或结果，详细记载，不得过于简略，且不得前后凌乱。(8) 鉴定用语切忌使用公众不能理解的语言。(9) 鉴定书内应将鉴定手续、时间、处所、材料详细记明，由鉴定人签名、盖章。到场的法官及助手，也应记明其姓名、官职并盖章。(10) 鉴定书文字中重要部分，不得修改。如果属于不重要的部分，发现有错误，可以进行修改，但应盖章。(11) 精神病的鉴定，除由法医专家或精神病专家鉴定外，应先详细询问其个人及家族既往病史，以查考有无遗传关系；此外，还可询问近邻等，以充分了解情况。(12) 中毒案件中的化学检查，应选用专家进行。(13) 鉴定时，除认为有妨害诉讼的情形外，应当命当事人、辩护人在场。如有疑义或疏漏，可以质问、纠正。①

作者就鉴定的事项与证据力之间的关系进行了分析，分别论述了科学鉴定、外国法与习惯的鉴定、物产时价的鉴定、术语的鉴定、笔迹和印章的鉴定等鉴定时应注意的事项。

东吴大学法学院的《证据法学》关于鉴定的证据力的论述，明确表明了法院应采自由心证的立场，"法院于已鉴定之证，应否采用、其证明力强弱如何，均得以自由心证判断之"，并引用大理院判解和法律谚语作为论证支撑。"拳术家之语，果由于经验或技能所得，自可依法命其鉴定，酌予采用。唯审判官取舍证据，本不受何项拘束，当就案件情形，审查认定。"（《大解》第1712条）"专家之报告，非即裁判。"②

（三）书证

松冈义正关于书证证据力的判断，阐明了以下观点：证书的真实涉及其形式证据力和实体证据力两个方面。前者是指能证明证书中所包含的陈述为其作成者所为，后者是指某种证书所载内容对于应证之事实有证据价值。证书的判断如不依据自由心证主义，则难以发现真实，而如果不规定某项证书的证据力

---

① 蒋濯泉. 民刑诉讼证据法论 [M]. 北京：中国政法大学出版社，2012：264.
② 东吴大学法学院. 证据法学 [M]. 北京：中国政法大学出版社，2012：140.

以束缚审判官之自由判断,则流于专断,所以应以自由心证主义为原则,以法定证据主义为例外。在证书具体的审查中,根据不同对象,应做出不同的判断。首先是公正证书的审查判断。第一,公正证书(有公信用之官厅、公吏等,于其权限内,以法定方式而作成之证书)无论其为处分证书或报告证书,对其中记载之事实,均有形式证据力。关于其实体证据力的判断,处分证书之公正证书,就其所记载内容,理论上唯有为其解释及判断其法律上之效力之必要,此外无判定证据之余地。第二,关于证明他人陈述之公正证书的实体证据力,则视其陈述是否为应证事实,或为关于应证事实之裁决外之自认(如关于他种诉讼事件之记录而有自认之记载者),或为间接事实而不同。在后二者之场合,由审判官自由心证而定其实体证据力,在前者场合,则与处分证书相同,具有实体证据力。然而,可以举出该证明他人陈述之公正证书记载不正当之反证,而且,对于所证明之陈述内容是否正当,也可提出反证。第三,记载关于证明官厅、公吏等之实验或行为之公正证书之实体证据力,法院依自由心证确定。然而,可以提出该证书的反证,而且,如记载于公正证书的证明,非官厅、公吏等之实验事实或行为时,不具有公正的证据力。其次是私署证书的审查。[①] 一般情况下,私署证书中有作成者署名及法院或公证人所认证之拇印者,有证明作成者曾做过其中所记陈述的形式证据力,否则其形式证据力依法院自由心证确立。私署证书的实体证据力则根据陈述内容是否为发生意思表示及其他法律上效力的陈述(如有瑕疵的通知),或者是关于应证事实的证明或间接事实而不同,具体由法院依自由心证确定其证据力。

  周荣在关于书证证据力的判断上认为,书证的证据力有一定特殊之处,即其证据力包括形式证据力和实质证据力两方面。前者是指调查证书之外表形式是否真实,关于证书之成立是否真实,该证书是否为其所记载制作人制作,如上述情况真实,则法官可确认其形式证据力。这也是证书采信的第一步。在此基础上,法官宜进一步审查证书之内容,如法院认为其内容足资凭信,足以证明或释明其待证事实时,该证书即可发生实质上之证据力。因此,如证书具有完全有效之证据力,须具有形式及实质上二者之证据力。以上是证书证据力的一般理论。在此基础上,作者就公私证书的证据力问题,分别进行了论述。

---

① 松冈义正. 民事证据论 [M]. 张知本,译. 北京:中国政法大学出版社,2004:301.

<<< 第六章 近代证据方法学理的沿革评述

公证书除有反证外，应推定其有形式证据力，法院不得就此适用自由心证。但如果有可疑时，法院应进行必要的调查。另外，公文书如果有增加、删除及其他瑕疵者，法院也可依自由心证判断其形式证据力。① 对外国公文书，应该由法院审酌，但该证书如经驻该国的中方大使馆公使或领事证明者，也推定其有形式证据力。公证书的实质证据力则由法官本乎自由心证评断。私证书原则上无形式证据力，但有下列情形者除外：一是私证书经本人或其代理人签名、画押、盖章、按指印者（只需其中之一）；二是私证书有法院或公证人的认证。私证书如未经本人签名或代理人签名盖章，或者没有法院或公证人的认证，应由举证方负责证明该证书的真实性，但对造承认其真实性者除外。另外，私证书如有增加、删除及其他瑕疵者，其证据力由法院依自由心证进行评断。② 私证书的实质证据力与公证书一样，由法院自由心证。

作者关于书证实质证据力的判断，要求注意以下几方面的情事：一是审查证书与系争事实的关系；二是审查制作证书人之实验是否正确；三是审查制作人之记载是否正确；四是审查证书与制作人之关系。因这些内容比较清晰，笔者不拟再做细述。③

书证证据力评判在蒋灃泉著述中居于各种类证据之首，不知作者这样的安排出于何种意图。④ 作者同样将书证证据力分为形式上证据力和实质上证据力，并认为实质证据力以形式证据力为前提，随之分析了公私书证的形式证据

---

① 作者同时指出，审判笔录作为公文书，如果文字有改动处，应将改动之处盖章并注明改动字数，这样修改后的笔录对法官仍有拘束力。（周荣. 证据法要论 [M]. 上海：商务印书馆，1936：180.）
② 作者还指出，私证书如果不具备签名画押等要件，法院可以使用勘验的方法，核对笔迹或印迹，以确认其真伪。（周荣. 证据法要论 [M]. 上海：商务印书馆，1936：182.）
③ 周荣. 证据法要论 [M]. 上海：商务印书馆，1936：179.
④ 作者在介绍书证证据力开头关于书证的界定具有概括性，抄录如下：于诉讼程序作为证据方法而使用之文书，其内容可为证据者，即属书证。无论其构成之物质为竹木、为金石、为布帛、为皮革，亦无论其制作方法为写录、为刻印、为绘图、为摄影，凡以普通记号记载意思，足以传示于人者，皆足为书证。而所谓普通使用之记号，并不问其为本国文字、外国文字、全国通行文字、一地一业通行之文字、古代之文字、现在之文字、普通之符号、特别之符号等等，故即以商业习惯上仅行于一定范围内商人间之记号，用以表著意思者，亦不失为书证也。（蒋灃泉. 民刑诉讼证据法论 [M]. 北京：中国政法大学出版社，2012：227.）

159

力。公文书形式证据力的审断应审酌其程式及意旨是否为公文书,重点从印章、所叙公务事实等方面审查该文书是否伪造。私文书形式证据力的辨认应着重审查私文书是否制作人制作、是否为文书所记作成时所制作,以此审查其真伪。作者并对常见的几种重要的私文书的审查方式进行了分析。

关于实质证据力,作者与其他主张一样,认为应由法官自由心证决定。作者还就实质证据力审查的要点进行了阐述,且其论述与其他著述不同,因此梳理如下:

(1)通常文书的实质证据力审酌事项。主要审查证据与待证事实的关系,制作者的观察是否正确,制作者的记载是否正确等。(2)公务员制作的文书中有下列情形者无证据力:文件欠缺法定必须遵守的程式;文件是依违法程序制作;检察官起诉状、下级审裁判书、抗告意见书、检察官上诉书状或上诉理由书、答辩书、抗告书状等,均不得为证据。但推事对于声请回避的意见书,可为证据。(3)制作者不明的文书,应无证据力。(4)以风闻或单纯想象为内容的文书,无证据力。(5)在他案判决确定为伪造之文书,无证据力。(6)被告制作之文件是否于己有利,在民事诉讼中,对于法院信用关系重大,在刑事诉讼中,仍由法院自由心证判定。(7)利害关系人制作的书证,于自己有利益者,通常无实质证据力,而于自己不利益者,则有实质证据力。(8)公文书中报告处理事务经过者,恒有实质证据力。(9)证书原本遗失,以缮本为证时,应当证明曾有原本及原本遗失暨缮本内容与原本相同之事实,然后缮本才有证据力。①

此外,作者关于书证在一定条件下,可推定其有实质证据力的论述也有理论建树和实践意义。作者认为,下列条件下的书证具有证据力:一是当事人无正当理由,不遵从提交文书的命令,法院可以认为对造关于该文书的主张有正当理由;二是法院如果认为当事人持有文书的原本而当事人仅仅提供缮本者,可以命令提交文书原本,当事人不遵从命令提交原本或者不能提出者,法院依自由心证决定该缮本的证据力;三是文书的制作者如果为当事人,法院认为须核对笔迹而当事人无正当理由不遵从命令书写字迹以供核对,法院可以认为对造关于该文书的主张为正当。

---

① 蒋澧泉.民刑诉讼证据法论[M].北京:中国政法大学出版社,2012:237.

作者在其后关于证言与书证关系及由此对书证实质证据力影响的论述,也十分细致。但作者将书面形式的证人证言混同书证,这应该是作者不了解传闻证据及其理论的缘故。

东吴大学法学院《证据法学》中关于书证的证力评断,没有像周荣书中明确将书证证据力分为形式证据力和实质证据力,但提出法官应当根据原始证据规则,对证书进行审查。该书指出:"凡以证书之内容为证明之资料者,应将其原证书提出。"因为证书的证明力,原以证书之真实与否为要件,而原证书具有最强之证据力。因而对于原证书的审查,在确定其真伪时,除由法院核对笔迹、证人到案证明与鉴定人实施鉴定程序外,应着重审查以下几方面情况。一是年代是否久远。凡一证书之发现或存在已历数十年者,则其正确之情形,较为可信。二是内容真实性审查。证书真假,可将其所记载之文字或印就之图章,与该案当时之情形,互相比较后,查核其是否确实。"设一证书内,盖有真正印记,或其封面上,经邮务局盖印,或曾经邮递者,则可证明此证书确非伪造。"三是保管是否可靠。认为证据为正常机关所执有与保管者,自属可靠。不论是公文书或私文书,凡经公共机关依其职权收藏者,事前必经调查属实,方可收藏。然而,倘若当事人能提出反证,证明该证书于未呈案时已非真确者,应当允许提出证据证明之。

对于缮本的证据力,该书认为,在无原证书可提供的情况下,可以提出缮本,但须就以下事项进行证明。一是遗失情况的证明。任何证书遗失时,应将其存在之事实,先予以证明,以便法院可以调查是否有该证书。二是证书的成立与内容的证明。证书原本不能提供时,应依靠人证或缮本证明证书的存在及存在的内容。三是内容与遗失的证明。为便利证明起见,如能证明原证书确是遗失与其曾经成立的情形者,然后可用缮本或其他证据证明其内容。总之,证书遗失,以缮本或其他证料提证时,应先证明其存在,次证明其遗失,再证明其成立,后证明其内容,方能水到渠成。但本部分的论述用语界定模糊,所谓存在与成立各自指称的意义,不甚明了。

以上关于证书证明力的论述,从其内容看,实际是就其形式证据力的评断。该书随之开始就证书的实质证据力如何评断进行了论述。一是证据力由法律明确规定者。即关于言辞辩论所定程式之遵守(民事)、审判期日之诉讼程序(刑事),以审判笔录证明之。其笔录内引用附卷之文书,或表示将该文书作为附件者,其文书所载事项,与记载笔录者,有同一效力。二是由法院推定之事项。如依照文书的程式及意旨,可以认作公文书者,推定其为真正。该书论述道,因为公文书于制作时,已经相当监督,且为公职人员所知悉,其保管亦属可靠。如公文书有增删、涂改等可疑情形时,可以命作成该文书之公务员或公署到案陈述其真伪。外国公文书,经驻在该国之中国外交官或商务官证明者,推定其为真正。如未经上述官吏证明者,其可信与否,则由法院审酌情形决定,或责令利用该文书之当事人负举证之责。私文书经本人或其他代理人签名、画押或按指印,或经法院、公证人之认证者,推定其为真正。否则,法院可以核对笔迹或印迹证之,无适当笔迹可供核对者,审判长、受命推事或受托推事,可指定文字,命该证书之作成人书写,以供核对。三是法院对于下列事项可以自由心证评定其证明力。结合当时的民刑事诉讼法典,该书提出以下5点可自由心证的内容:(1)当事人无正当理由不从提出文书之命者;(2)举证人不遵从法院之命令提出原本而只提出缮本者;(3)私文书之作成人无正当理由不遵从法院命令,不书写笔迹,以供核对者;(4)当事人因妨碍他造使用,故意将文书隐匿、毁坏或致不堪使用者,法院可认定他造关于该文书之主张为正当;(5)文书真伪,可核对笔迹、印迹评定。[①]

关于书证证据力的判断,陈瑾昆探究了以下几个问题:其一,一般来说,对书证证据力的判断,第一要看其与制作者的关系。如果该证书并非其制作名义人所制作,则其成立已非真正而无形式证据力(这里的制作仅指本其意思制作之意,并不限于亲笔或亲自署名盖章)。第二要看书证与待证事实之间的关系,判断其有无实质证据力。第三是判断书证与心证的关系。既应审查制作者认识是否正确,也应审查制作者之记载是否正确。其二,公务员制作的下列文件,应无证据力。第一,文件欠缺法定必须遵守之程式者;第二,文件依违法程序制作者;第三,检察官起诉状、下级审裁判书、抗告意见书、检察官上诉书状或上诉理由书、答辩书、抗告书状等,均不得作为证据。因为此类文件,应由受诉法院或抗告法院判断其是否正当。但推事对于声请回避之意见书,可以作为证据方法。其三,制作者不明者之文书,应无证据力。这是由于文书之信用与制作人关系非常密切,如匿名文件或出处不明之文件,即当然无证据

---

① 东吴大学法学院. 证据法学 [M]. 北京:中国政法大学出版社,2012:155.

力。其四，以风闻或单纯之想象为内容之文书，也无证据力。其五，在他案判决确定为伪造之文书，有无证据力，须由本案法院自由判断之，不受其羁束。其六，被告制作之文件，是否于己有利，在民事诉讼中，对于法院之信用，大有区别，但在刑事诉讼中，仍应由法院自由判断。其七，公证书与私证书在刑事诉讼中的证据力，并无差别。[1]

（四）勘验、物证

关于检证的证据力，松冈氏首先指出，检证的证据价值，关系于审判官实验之正确而且完全，以及检证能表现应证之事实而且真确等（原文为"检证物表现应证之事实而且真确定"似有不妥）。根据检证认证中的这一特点，松冈氏主张：第一，审判官在执行检证时，无论其发现之事项属于积极的发现或者消极的发现，均应确定该事项，但在必要时，可以再行检证；第二，对于检证物能表现应证之事实且真确之点有争执时，则由对于应证事实负立证责任之当事人，对其进行立证。[2]

周荣关于勘验证据力判定的论述，包括以下内容：作者首先简单陈述了勘验在历史上的地位，指出在古代德意志诉讼法中，由于采形式证据主义，将勘验视为最有价值的证据方法，有排斥其他证据之效力。作者分析了其中的原因，认为是由于勘验是法官直接实验者，因而认为无可争执。近代以来，由于各国立法中采取实体（质）证据主义，因此其效力由法官依自由心证评断。尽管如此，勘验仍然不失为证据价值较高的证据。作者进而对勘验证据力的判断应考量的事项进行了分析。一是勘验物与待证事实之关系。二是勘验物是否真正。即勘验之标的物须为待证之事物，否则不能发生证据力。三是法院之实验或认识是否正确。四是法院之认识或实验是否完全。作者对上述4个方面内容进行了简单的分析。[3]

蒋澧泉关于勘验证据力的评判表达了观点，即勘验的证据力由法官本乎自由心证进行，在具体评断过程中，要注意以下几点：一是勘验物与待证事实的关系；二是勘验物是否真正；三是法院之实验或认识是否正确；四是法院之实

---

[1] 陈瑾昆. 刑事诉讼法通义 [M]. 北京：法律出版社，2007：189.
[2] 松冈义正. 民事证据论 [M]. 张知本，译. 北京：中国政法大学出版社，2004：320.
[3] 周荣. 证据法要论 [M]. 上海：商务印书馆，1936：208.

验或认识是否完全。用现在的理论来看，这些就是关于勘验物的关联性、最佳证据规则、勘验专业性等的评断。作者随之就各种勘验的重点及注意要点进行了论述，其细致程度及其可操作性特点在各家著述中无出其右。

关于勘验证明力的评定，东吴大学法学院《证据法学》认为，勘验，是法官或检察官以其亲自检查结果作为裁判基础，自属真确可靠。但如果当事人对此勘验结果有争执者，可另行提出反证。该书接着论述了勘验中的具体情形：诉讼一造执有勘验标的，无正当理由不从提出待验之命者，法院可依自由心证判断之。当事人妨碍调查，故意将其勘验标的物隐匿、破坏或致无法勘验者，法院可认定他造关于该标的物之主张为正当。该书还指出，勘验行为，因违法而无效，其证力自属不可置信。但勘验前之处分程序，如搜索、扣押等，倘若违法，而被告已有辩解之机会者，则由勘验所得之证明力，仍可采用。①

陈瑾昆关于勘验的证据力表达了以下观点：在审查判断其证据力时，除审查其关联性即勘验标的与待证事实的关联性外，如果实施勘验程序因违法而致无效，则勘验结果也不得采用，或者如果勘验笔录违法，则此笔录不得采用。但如收集勘验标的之前提程序违法，如搜索、扣押等程序，虽属违法，但审判时如已履行了法典第284条的程序，则勘验结果，仍可采用。②

（五）情状证

东吴大学法学院《证据法学》关于情状证证明力的论述具有启发性。该书首先介绍了在情状证证明力上两种截然相反的观点，即一种认为其证明力高于人证，另一种则认为情状证的证明力低于人证；继而通过将情状证（circumstantial evidence）与供述证（testimonial evidence）二者相关联适用的情况，以图解的形式进行了论述。该书同时引述大理院判例，认为应该根据具体情况，以 Han Cross 之"七何"即"何人、何事、何处、何时、何故、若何及所用何物""铭诸心腑，详加审察"，综合权衡，对情状证的证明力做出判断，方为理性的方法。③

此外，陈瑾昆对各证据证明力（证据力）的判断，进行了以下分疏：一方

---

① 东吴大学法学院. 证据法学 [M]. 北京：中国政法大学出版社，2012：165.
② 陈瑾昆. 刑事诉讼法通义 [M]. 北京：法律出版社，2007：185.
③ 东吴大学法学院. 证据法学 [M]. 北京：中国政法大学出版社，2012：167.

面，被告供述中，主要是自白与共犯供述在其他被告案中的证据力。陈氏认为，被告自白有诉讼上之自白与诉讼外自白两种，前者乃于实施刑事诉讼程序之公务员前为之（通常所说的自白），后者乃于此等人以外之人之前为之，并认为二者均可为证据且具有证据力。另一方面，自白必须是明示的形式，默示不能构成自白。陈氏此论立足于职权主义背景，缺乏对自白构成要件的省察，失之宽泛。关于共犯供述在其他被告案中的证据力，陈氏认为，此类证据虽未经讯问证人之程序，但其所为供述，于自己犯罪尚得为证据，于他被告犯罪，也可以作为证据，具有证据力。陈氏还就共同被告与证人的角色转换问题进行了探讨：即使曾经是共同被告，而现在已失其地位，或虽为共犯，而是在他法院为被告，或虽在同一法院为被告，而未在同一诉讼程序，仍得以为证人也。[①] 其证言证据力由法官自由判断。

五、与各种类证据方法相关制度的理论

各证明方法（证据方法）的运用，离不开与之相关联的其他证据制度。从前述各著述关于证据方法的理论中可以看出，作为证据（证明）方法的系统知识，其应然的逻辑无疑还包括其他证据制度的理论。实际上，如果将证明方法作为证据法学知识四部分之一，那么这里将要论述的其他证据制度理论则属于证据方法知识逻辑的下位知识，具有一体性。因此，基于知识的系统性考量，本书将就其中重要的制度理论进行梳理，以此窥探其中的流变，并夯实近代证据知识的体系。在所论列的对象中，将以松冈义正及周荣的相关著述为重心，因东吴大学法学院的《证据法学》所述与周荣高度一致，而蒋澧泉的《民刑诉讼证据法论》中没有相关的论述，故均不在本部分论述之列。

第一是关于证人、鉴定人义务的相关理论。值得关注的是，这一时期关于证人权利、义务等的论述中，多数只有专门关于义务的论述，而权利只提及作证费用及旅费等的请求权利，现代证人制度中十分重要的拒证权只是作为某些证人义务的免除内容才出现的。

松冈义正关于证人义务的理论见于其人证论述的第三部分。作者首先从大陆法系关于私法、公法的理论出发，界定了证人义务的内容，即依法院命

---

① 陈瑾昆. 刑事诉讼法通义[M]. 北京：法律出版社，2007：157.

令，负有到场、证言、宣誓等公法上的义务。而且，证人义务在性质上是公法上的义务，凡服从本国司法权者，都应当承担。证人原则上对于法院及受命推事或受托推事的传唤，负有到场义务，这种义务不能因证人自己的过失而免除，且这样的义务即使是在证人不知受讯的事项或者误传的情形下，也不受影响。有正当理由不到场者，接受讯问的证人应当于期日前呈明不到场的理由。无正当理由不到场者将予以罚金、赔偿费用、拘提①等相应的处罚。但这样的处罚以两次为限，即对于两次传唤不到场者。另外，证人对于受诉法院所作的赔偿费用、罚金、拘提的决定，可以抗告声明不服，且该抗告有停止执行的效力，但不影响本案诉讼的进行。松冈氏特别指出，证人对于传唤法院有无管辖权没有调查的权利，对于讯问没有主张异议的权利，并且没有请求指定自己所在地法院接受讯问的权利。到场义务可以作为例外而免除，不过这种例外必须是法定的，作者将其分为绝对的例外和相对的例外。前者对象为一国元首作为证人时，应当由受命推事或受托推事就其官邸或其滞留旅舍讯问。后者对象为公务员作为证人时，为避免到场义务与公法上重大职务的冲突，应当就其官署所在地讯问，如果滞留于官署所在地以外时，应当就其现住处讯问。

  证言的义务，即证人应当就法院讯问的事项进行真实的陈述，违反此项义务的制裁与拒不到庭的制裁相似，包括赔偿费用和罚金，同样以两次为限。作为此项原则的例外，下列证人可以拒绝证言：一是因证人与原告或被告有亲属、监护、同居、雇佣等关系，可以拒绝证言。但在亲属拒绝证言中，有关家属出生、婚姻、死亡的事项，因家属关系所发生的财产事项，曾为证人在场得知法律行为的成立及内容，证人曾为原告或被告的前权利人等，证人对此不得拒绝证言。二是证人因负有秘密义务，可以拒绝证言。包括官吏、公吏或曾为官吏、公吏者，医师、药商、稳婆（助产者）、律师、公证人、僧侣或者曾经

---

① 作者将不到场的赔偿费用与败诉者对于胜诉者诉讼费用的赔偿进行了区分，认为前者是公法上的义务，后者是私法上的义务。由此产生的罚金属于秩序罚，不具刑罚性质。（参见松冈义正. 民事证据论 [M]. 张知本，译. 北京：中国政法大学出版社，2004：146.）另外，笔者认为，拘提既是一种强制措施保证证人到场，同时也是一种处罚措施。

从事此类职务者。其中,官吏、公吏经其官署许可,可以提供证言。① 另外,作者指出,证人只有证言拒绝权,并非完全不许讯问证人,因此,不能将讯问一概视为不合法。

宣誓本为法定义务,作者在论证了宣誓的目的、时间、程序、效力之后,明确指出,宣誓为证人法定的义务,拒绝宣誓者,法院可依职权命其赔偿因拒绝所生的费用。宣誓也可由当事人基于处分权而免除。② 如果证人作证时没有宣誓,而后证人死亡,或者舍弃宣誓,那么其证言的价值,由法官自由判断。作为例外,如果当事人舍弃宣誓的义务,或者有法定的情形,可以不宣誓。这些法定的情形包括:证人在讯问时不满16周岁者、在讯问时心神丧失或衰弱者、因刑事判决而被剥夺或停止公权者、因担心证人偏颇不宜宣誓者。

松冈氏关于鉴定人义务的论述是,鉴定人与证人的义务性质相同,有依法院命令,到庭、宣誓、供述的义务,违者也要处以罚金及赔偿相应的费用,但对于鉴定人不得拘提。鉴定人到场作证的例外亦与证人相同。鉴定人可以根据证人拒绝证言的同一原因,拒绝鉴定,对于官吏或公吏为鉴定人时,如其管辖官署或公署有异议者,法院不得向其讯问。对此,法院还可以撤销鉴定人的委任,或者免除其义务。在宣誓义务的履行上,鉴定人与证人相同,如果双方当事人舍弃其宣誓的利益的,可以不宣誓。③

周荣在其《证据法要论》中与松冈义正所述相似,作者首先论述了证人作证义务的性质,指出该义务是公法上的义务,是对于国家而发生,并非对当事人的义务。因而,当事人如果与证人约定作证义务时,只是一种私法上的义务,不影响其公法上作为证人的义务。作者并将该义务分为到案义务、具结义务和陈述义务三种。根据到案义务,证人已到案且依法定程序讯问后,如其陈述无疑义者,法院不得再行传讯,但有特定事项应为必要之讯问者,法院可以

---

① 作者在原著中,对上述人员的拒绝证言情形进行了详尽的分析。如公职人员,其应守秘密的情况,必须出自法律规定或该项事务的性质决定的事项,必须是本国的公职人员,如公职人员已被免除秘密义务时,则不得拒绝证言。(松冈义正.民事证据论[M].张知本,译.北京:中国政法大学出版社,2004:163.)

② 作者此论为当事人主义民事诉讼当中的情形,在职权主义的民事诉讼中,当事人不得舍弃证人宣誓。(松冈义正.民事证据论[M].张知本,译.北京:中国政法大学出版社,2004:174.)

③ 作者还论述了鉴定人宣誓与证人宣誓的不同之处,即鉴定人应于鉴定前进行。

167

再次传讯，证人仍应到案作证。证人出庭接受讯问是一项强制性义务，违反而拒不到庭者可以对其进行罚锾、拘留的行政处罚并仍不免其作证义务。但对于享有治外法权者、依法享有拒证权者（应事前呈明），应当免除此项义务。对于有一定身份的政府官员、证人因事实上有作证障碍如心神丧失、精神耗弱、路途遥远而作证费时费成本等以及现役军人、在监所人，可以酌定免除其到庭作证义务。然而，如果有免作证义务的证人到案接受讯问后，其证言即有效力。

关于具结义务，作者分具结义务之内容、具结义务之强制、具结义务之免除三部分进行了阐述。作者首先论述了具结的性质，视其为附属于阐述义务的一种担保，与伪证罪互为功用，目的在保证证言的真实。其后，作者阐明了具结的程序、具结的内容。具结具有强制性，违者可处罚锾，但被处罚者可以提起抗告。作为例外，对未满16岁者、精神障碍者、证人与本案犯罪有特殊关系者（与本案有共犯或有藏匿犯人及湮灭证据或赃物的关系或有此嫌疑者）、证人与刑事被告或自诉人有特殊身份关系因之可能受到刑事追诉者、证人为刑事被告或自诉人之受雇人或同居人者，应当免除其具结义务，属于绝对免除。而对于证人与民事案件当事人有特殊身份关系者、证人为民事案件当事人之受雇人或同居人者、证人与民事案件当事人之诉讼结果有直接利害关系者，可以由法官本乎自由心证酌定免除其具结义务，属于相对免除。另外，刑事案件侦查中，可以不需要证人具结。①

证人陈述义务是人证的核心，是证人义务中最主要的义务。② 作者首先论述了证人陈述的内容要求，即据实回答，直接陈述其记忆所得，原则上不得朗读文书文件札记等以替代回答；然后就证人陈述的强制性义务结合当时刑民事诉讼法典的相关条文进行了分析，随之论述了该强制义务免除的情形，即证人"在特定场合不能陈述真相者，法律不强人所难，故设例外规定，凡证人有法定情形者，得拒绝证言，免除陈述义务"③。当证人主张作证免除时，应向法庭或受托法官说明理由并释明，遇有不易释明时，法院或受托法官也可根据情

---

① 周荣. 证据法要论 [M]. 上海：商务印书馆，1936：71.
② 周荣论述了到案义务、具结义务与陈述义务的关系，认为到案义务是前提，具结义务是保证，而陈述义务方为核心。
③ 周荣. 证据法要论 [M]. 上海：商务印书馆，1936：84.

况命证人具结以代替释明。同时，法院书记官应将证人拒绝证言的事由通知当事人，当事人如不认同，则由法院进行裁定。作者此处将本属于证人拒绝作证的权利混同作证义务的免除，虽然其后作者自我转圜将此免除义务又以证人权利进行了一番解释，并阐述了这类权利的具体内容，但到底是其理论中逻辑上自相矛盾之处，不免遗憾。

关于鉴定人的义务同于证人，有到案义务、具结义务及鉴定义务。其中，鉴定人违反到案义务时，不得对其拘提或将罚锾易科为拘留。鉴定人如为国民政府委员、国民政府各部会长官及地方最高行政长官时，应就近讯问。关于鉴定人具结也与松冈义正所述相同，即应当于鉴定之前进行。总体而言，周荣关于鉴定的论述与松冈义正的理论差别不大。

第二是证人拒证权理论。拒绝作证制度的法理基础在近代曾经历了从义务到权利的转捩，这反映了基于权利本位的法治思想在近代中国的逐渐成长，是衡量近代中国法制文明的重要参数。[①] 前文所述各家关于证人拒证的理论均以义务免除的形式进行了论述，但也有将其作为证人权利进行论述的。这就是杨兆龙证据法理论有关证人拒证权的论述。

杨兆龙在关于证人拒绝证言权的论述中，明确提出该权利是证人享有的一种特权（privilege），如果证人舍弃该权利，其陈述即为有效，并结合当时的民刑事诉讼法典详列了具体拒绝作证的情形：（1）证人为当事人之未婚配偶或亲属者，其亲属关系消灭后也仍然有此权利；（2）证人所为证言对于与证人有前款关系之人足生财产上之直接损害者；（3）刑事案件中，证人是被告人的法定代理人、监护人或保佐人者；（4）刑事案件中，证人恐因陈述导致自身、未婚妻（夫）、亲属、法定代理人、监护人或保佐人受刑事上追诉，或者在民事诉讼案件中，证人之证言足以导致自身或与其曾有或现有亲属婚姻关系之人受刑事上的追诉或蒙耻辱者；（5）证人就其职务上或业务上有秘密义务的事项接受讯问者，包括公职人员、医师、药师、药商、产婆、宗教师、律师、辩护人、公证人及其业务上佐理人或曾居此等地位之人；（6）证人非泄露其技术上或职业上的秘密不能作证者；（7）民事案件中证人证言涉及夫妻同房与否问题者（英美法）。

---

① 有关亲属作证制度的演变及其理论分析，可参见何邦武. 亲属作证制度在近代中国的演变及启示［J］. 中国法学，2014（3）：196-210.

作为证人拒绝证言权的例外,在下列情形中,证人即使为当事人的未婚配偶、亲属或其证言即使对于其未婚配偶或亲属关系之人有足生财产上的直接损害,也不能主张拒证权:一是同居或曾同居人的出生、死亡或其他身份上的事项;二是因亲属关系或婚姻关系所产生的财产上的事项;三是曾经作为证人而与闻的法律行为的成立或意思表示;四是作为当事人的前权利人或代理人,而就相争的法律关系所为之法律行为。①

第三是证人、鉴定人作证请求给付日费及旅费的权利。松冈氏在其著述中就此的观点是,证人、鉴定人遵传到场直至讯问日期终结后,可以按照民事诉讼费用制度的规定,有向代表国库的法院,请求给付日费及旅费的权利。其中,旅费包括住宿费。上述费用不得请求预付。该请求权的时间自讯问日期终结后,即可行使,并经过法定期限消灭。对该项请求法院经言辞辩论进行并做出裁决,对裁决不服者可提出抗告。

周荣关于证人、鉴定人上述权利的论述与松冈义正所述近似,认为证人请求日费及旅费,是基于诉讼法所发生的,是公法上对于国家的权利,不得对当事人请求此项权利。因此,"凡证人遵传到案,则不论法院讯问与否,或因当事人舍弃使用该证人为证据方法时,或因证人有拒绝证言之原因而拒绝证言时,仍得同样请求法定之日费及旅费"。而且,即使证人"系属误传到场,对于本案完全无关者,但一经到案,即得请求此项费用"②。与松冈义正不同,周氏认为,如果证人因事实上无力垫付,或有其他必要情事时,可以申请法院预先酌量给付旅费。关于此项权利的救济,作者认为对于请求法院所作的裁定,证人可以进行抗告。对于受命推事、受托推事所为之裁定,可以向受诉法院提出异议。③

关于鉴定人的权利,周荣认为,除请求费用的权利外,为便利鉴定人实施鉴定起见,鉴定人还应享有以下权利:一是讯问证人及当事人的权利,原因在于鉴定人对专门事项的发问,较法院更为有益;二是利用诉讼资料及检阅卷宗

---

① 杨兆龙.杨兆龙法学文集[M].北京:法律出版社,2005:174.
② 周荣.证据法要论[M].上海:商务印书馆,1936:98.
③ 作者还论述了请求权行使的时限,认为应在讯问完毕后十日内申明。过此期限即丧失此项请求权,不得再行主张。原因是时间过长,案件已结束,法院不宜令当事人缴纳。(周荣.证据法要论[M].上海:商务印书馆,1936:98.)

或证据物件的权利；三是请求搜集调取证据物的权利。①

第四是有关书证提出的义务理论。首先是证书提出义务理论的性质。松冈义正认为属于公法上限制性的义务，不是一般意义上公法的义务，也不是私法上的义务。因为如果仅仅将证书的提出视为公法上的义务，势必妨害证书所持有者秘密保持的利益。如果仅仅承认证书的提出为私法上的请求权，就有可能使重要的证据不能提出于法院。因此，在不损害证书所有者保持其秘密的利益的范围内，应当使举证者容易使用他人所持有的证书（书证）。作者进一步论述了证书提出义务成立的要件：举证者的对方或第三者须持有举证者所欲使用的证书；举证者须有证据上的利益。作者还详细分析了举证义务产生的原因。

其次论述了证书提出中需要履行的程序和法院可以做出的裁定，以及由此而产生的相应法律后果。作者这一部分的论述十分细致，并引述了德国民事诉讼法中的相关理论，具有可操作性。

周荣关于证书提出义务的论述较松冈氏更为详备。作者首先引述当时的民事诉讼法典中关于证书为第三人持有时，证书提出义务的内容，包括：准备书状或言辞辩论引用为证据者、他造依法律规定可以请求交付或阅览者、为他造的利益而作者（如举证人为遗嘱内的继承人）、就当事人之间的法律关系所作者、商业账簿如流水账等。关于证书提出的要求，公文书应提出原本或经认证的缮本，私文书应提出其原本，但仅在文书的效力或解释有争执者，可以提出缮本。对不能提出原本者，应释明不能提出的事由。② 证书提出的请求原则上应向受诉法院提出，但在下列情形下，可以在受命推事或受托推事前提出：一是因担心证书散失毁损，不能提出于受诉法院者；二是证书因有重大窒碍不能于言辞辩论时提出者，如商业银行日常所用的账簿，若一经提出，则短时间内不能归还，即有碍营业。此外，关于证书提出行为的性质，周氏与松冈义正的主张一致，认为是公法上的义务，并论证了其间的理由。

周氏还论述了提出证书的强制义务以及该义务的免除。强制分两种情形：

---

① 周荣所述的这几项鉴定人的权利也不见于东吴大学法学院的《证据法学》中，专此说明。

② 当法院要求提出文书原本时，不遵从法院命令提交或不能提交者，法院可依自由心证判断该文书缮本的效力。这是作者关于文书提出时有关文书效力的论述。（周荣.证据法要论 [M].上海：商务印书馆，1936：186.）

一是当事人无正当理由，不遵从法院提出证书的命令者，法院可依自由心证判断他造关于证书的主张是否正当，由此形成一种内在的强制。同此情形，如果当事人妨碍他造使用，故意将证书隐匿、毁坏或致不能使用者，法院可以认定他造关于证书的主张是正当的。二是第三人无正当理由，不遵从法院命令提交证书者，法院可以裁定50元以下的罚锾，当事人对该裁定可以抗告，抗告中停止执行。作者还就证书提出义务的免除参照英美证据法进行了学理上的分析：一是私证书无关本案者；二是相对人与其律师间关于准备诉讼的一切文件，可以保留秘密而拒绝提出，其理由与拒绝证言理由相同；三是因担心发生刑事嫌疑或诉追者（导致自我归罪）；四是有关夫妻之间事项者，其理由亦与拒绝证言者相同；五是和解未成的文件，经声明不得为其不利益的凭证者。

此外，作者还论述了第三人请求提出证书费用的权利。由于第三人是与案件无利益关系者，其提出证书的行为完全是为了他人争议事实的解决，因此，作为一种公法上的义务，自应享有相应的权利。此即提出证书所生的费用，其提出时间为证书提出后10日内，与证人费用请求权相同。

第五是勘验物提出的义务等项理论。根据松冈义正的理论，首先需要注意的是，不能将关于人证、书证的规定，简单地适用于检证，以为个人在自己的身体作为检证物时，如证人承担相应的义务一样，负有公法上忍耐检查的义务。同理，以为以自己所占有之物作为检证物时，如负有提出证书的义务一样，负有公法上应当提出检证物的义务。其次，作者论述了这种提出检证物义务的性质。根据作者的分析，检证物提出的义务是否属于公法上的义务，各国理论并无一致。由此作者进一步论述了法院依当事人申请而进行检证与法院依职权进行检证两种情形。前者在举证人妨碍检证或拒绝提示其占有的检证物动产时，即丧失该种证据方法的权利，但当事人没有拒绝检证的正当原因时，法院可以本于自由心证将该拒绝事由作为不利于该当事人的推断。作者还论述了第三者妨碍检证时的处理理由。① 后者在占有检证物的当事人妨碍检证物时，法院可根据该拒绝检证事由，做出不利该当事人的推断。但占有该检证物的第三者妨碍检证时，法院不得将不利归于一方当事人。

---

① 即第三方妨碍检证或拒绝提示自己所有的检证物的动产时，法院不得因为检证之故而对第三者施用强制力，因为第三者不负有忍耐检查的公法上的义务。（松冈义正. 民事证据论 [M]. 张知本，译. 北京：中国政法大学出版社，2004：315.）

周荣在其《证据法要论》关于勘验物提出及勘验承受的义务的论述中也引述了国外相关理论，梳理了其中不一致的观点。作者表达了自己与松冈义正不同的观点，即"凡服从一国司法权之人，当然负有此项义务，且勘验在性质上属于一种强制处分，此项义务之存在毫无疑问亦不必准用书证规定而存在也"①。作者认为该项义务与鉴定及书证须由特定之人履行不同，而与证人的义务相同。无正当理由违反此项义务者，可以处以罚锾，必要时可以强制处分。对于该项处罚相对人可以提出抗告，抗告期间停止执行。

此外，作者还指出，勘验中的第三人可以请求费用。其原理即与证人相同，则其程序、时间、请求内容等亦与证人类似权利一致。

六、结语

本章以相对较长的篇幅梳理了近代证据（证明）方法的理论，并大致勾勒出其间的逻辑演进历程。从中可以看出，围绕证据（证明）方法知识体系的，除相关证据方法的性质、资格、证据力这些核心的知识外，还有诸如证人、鉴定人等的义务、权利等保障证据方法得以顺利提出、实现证明目的等次一级的知识。对此，各家著述在证据方法知识体系的逻辑结构上具有同质性，这反映了当时证据法学理论在证据方法上的某种共识。当然，这一共识性的理论体系并不排除各家在证据方法知识体系中一定程度的差异，比如，较早时期出现于松冈义正《民事证据论》中的证人、鉴定人的回避的理论，在后来的著述中就没有再出现。②

证据方法知识体系一体化还预示着以证明为中心的一元证据知识体系在证据方法中的贯通。其中，除各种类证据的性质、证据资格等理论外，各种类证据中证据力的评断也是该知识体系中不可分割的一部分，是证据资格、证据提出等合乎逻辑的结果。如果用这样的逻辑结构对照我国现行主流证据理论，则不难断定后者将证据资格与证据力评断人为割裂所造成的知识断裂及其不合理性。笔者已在前文中对当前我国主流证据理论的知识体系进行了分析，相信通过笔者关于近代证据方法知识体系的梳理，这样的评价应该是站得住脚的。

---

① 周荣. 证据法要论[M]. 上海：商务印书馆，1936：210.
② 松冈义正在其著述中所论述的证人、鉴定人回避是指申请人证之当事人之对方，不令证人供述之排斥方法也，鉴定人的回避与此相似。该制度及理论在各法域当时就不一致，现已不存。

第七章

证据保全制度的学理演进

一、证据保全概述

证据保全制度,旨在防止证据在后续程序中存在灭失、伪造、变造、藏匿或其他难以取得的情形时,由当事人及其辩护人、诉讼代理人向专门机关提出申请后所采取的预防性保全措施。证据保全的理论,是近代证据法学理论体系中一个重要的部分,一直受到其时证据法理论研究的重视。纵向来看,松冈义正在其《民事证据论》中,曾就证据保全的基本概念、意义等进行了专门论述。其后,各主要著述关于证据保全都直接论述了刑事和民事诉讼中的证据保全的理论,但没有就证据保全的意义、基本概念等做专门的论述。因此,本书首先重点以松冈义正著述中有关证据保全基本理论的内容等为对象,就民刑事证据保全中共同的理论问题做一介绍。

松冈义正在其《民事证据论》第六章"证据保全"中,将证据保全的知识分为3节:证据保全之意义、证据保全之要件、证据保全之手续。在该章的前言部分,作者首先论述了证据保全的概念及该制度形成的历史,认为证据保全是诉讼尚未系属于法院以前,或诉讼已系属于法院而未达到证据调查程度以前,暂不调查应证事实的重要与否,而为将来系属之诉讼或已系属的诉讼上所行的证据调查,将证据保全定格为诉讼调查行为;并认为,从学理上看,依照管辖法院及申请方式的不同,可以将证据保全分为诉讼系属前的证据保全(peweiserhebung zum ewigen gedachluis)和诉讼系属后的证据保全(beweisantipation)。由于证据保全旨在防止证据方法的消灭或难于使用,因此证据保全实为诉讼中最必要的手段。

作者认为,证据保全的历史可以追溯到教会法(原著为寺院法)。德国普通法取法教会法，承认证据保全制度。而法国曾于1667年以前以敕令形式禁止证据保全制度。其后的法国民事诉讼法对证据保全亦无特别规定，但其判例中则根据民事诉讼法没有特别规定，而准许证据保全。日本民事诉讼由于与德国民事诉讼的特殊关系，则承认证据保全制度。

在证据保全的意义中，作者论述了证据保全的本质、特质（特殊属性）、证据保全手续与本案诉讼之关系3个方面的内容。作者认为，证据保全的本质是诉讼程序的一种。对于学界所谓的证据保全并非诉讼程序，或者在诉讼尚未系属以前所进行的证据保全程序，并非诉讼程序的观点，作者认为均不正确。因为，证据保全手续（程序），是预告（应该是预备的意思，笔者注）的证据调查（antigipierte beweisaufnahme；vorgreifende beweisaufnahme），并未丧失证据调查的性质。而证据调查是各种处分的先导，且是有准备性质的官厅行为，不过没有独立性。某种程序是否属于诉讼程序，而不能以各种处分（尤其是裁决）在先的程序非独立的成分为标准来决定，并由此得出证据保全非诉讼程序的结论。从证据调查的内容看，其主要目的在确定某特定证据方法的内容。某种程序是否属于诉讼程序，应根据其程序之内容而定，不能以证据调查在诉讼尚未系属以前，即属于非讼事件的程序。应当明确的是，证据调查虽在诉讼尚未系属以前，但其内容实际上即属于诉讼程序。[1]

关于证据保全的特殊属性（特质），作者继续强调了证据保全是在"诉讼尚未系属以前，或已系属而未达到证据调查之程度以前，尚未调查应证事实之重要与否而为之"[2]，是用以防止证据方法的丧失或将来使用困难而实施的制度和程序。

基于上述证据保全属性的界定理论，作者还阐述了证据保全手续与本案诉讼的关系，认为在诉讼系属后的证据保全属于当然的诉讼程序自身外，即使是诉讼系属前的证据保全程序，也是裁判上先行程序的非独立的成分，并非独立的权利保护方法。因此，作者认为，视诉讼系属开始前的证据保全程序为独立的程序并不合理。

周荣关于证据保全的定义是，本诉讼尚未系属于法院以前，或者诉讼虽已

---

[1] 张知本在译著中将程序译为手续，该词应为当时通行的诉讼程序用语，因为在杨兆龙的著述中，也是使用手续一词，本书依现代用语改为程序。
[2] 松冈义正. 民事证据论［M］. 张知本，译. 北京：中国政法大学出版社，2004：332.

系属于法院，但尚在法庭调查证据以前，因担心该项证据有灭失变更或碍难使用的情况发生而进行的保全。这种保全在民事诉讼中即为证据保全，在刑事诉讼中即为搜索与扣押。其定义侧重于证据保全的时间节点。

东吴大学法学院关于证据保全的定义与上述两位著述近似，认为证据保全是为了防止证据丧失或设法使其于利用时不发生困难的一种制度，是法院强制占有证据的一种处分行为，重点强调的是法院对证据保全的使用，或者说是该制度职权主义的一面。

二、刑事证据保全理论评述

从既有的几本近代证据法学著述来看，刑事证据的保全均处在其理论研究的视域之内，但均将其限定在搜索和扣押的范围内。[①]

周荣的证据保全制度与松冈义正不同，既包括刑事证据保全，也包括民事证据保全。其证据保全一章共分两节，第一节为民事诉讼上之证据保全，第二节为刑事诉讼上之扣押及搜索。关于刑事扣押与搜索，作者在明确了二者的概念后，阐述了二者为公法上的一种义务，因此，凡服从一国司法权之人皆应遵守，由此确立了二者的法律属性。

关于扣押，作者认为是为了防止该证据"散失、消灭、变更，致日后不能利用"，由"特定机关就证据物件及可以没收之物件，强制取得占有并于相当期间持有占有"的一种强制处分。[②] 作者认为，凡扣押物件的所有人、持有人或保管人，无正当理由而拒绝提出或交付或者抗拒扣押的，可以进行强制扣押。关于扣押的机关，在侦查中属于检察官，审判中属于审判长、推事或受命推事。扣押除由检察官或推事亲自实施外，可以搜查令状形式由司法警察或司法警察官执行，令状中应记载扣押事由。在扣押的对象[③]上，作者指出，是足为犯罪的一切有体物（无体物无从扣押），因此，凡是有体物，不论是动产、

---

① 理论研究中的这一限设应该与同一时期的立法有互为因果关系，自清末立法开始，刑事诉讼中关于证据保全的制度均限于搜索与扣押。时至今日，有关刑事诉讼中的证据保全理论与立法仍延续这一惯性，实属遗憾，笔者将在下文中详做分析。
② 周荣．证据法要论［M］．上海：商务印书馆，1936：232．
③ 作者原文中使用的是扣押"客体"一词，但笔者以为应该是对象，用客体易与法律关系客体即扣押行为混淆。

不动产、物件、证书,有主物或无主物,也不论其为被告或第三人所有或占有之物,以及法律上规定应当没收的物件,如违禁品、预备犯罪所用或因犯罪所得之物,均可以为扣押对象。但下列物件,应以不得扣押为原则,扣押为例外。一是公署公务员(包括曾经为公务员)职务上有保密义务者。此类人员所持有的物件非经其所在官署或公务员允许,不得扣押。该项限制原为保护国家利益起见,因此,除有妨害国家利益者外,不得拒绝此项允许。二是邮务或电报机关所持有的邮件或电报。为维护通讯自由的宪法性权利,邮件、电报以不得扣押为原则,但如有相当理由可以相信该邮件、电报与本案有关系者,以及该邮件、电报为被告发出或寄出者,可以作为例外进行扣押。三是邮务或电报机关所持有被告与辩护人间往来的邮件或电报。由于被告与其律师间的通信秘密权利需要得到保护,因此,不得扣押此类物件是原则,但在下述情况下,可以进行扣押:可断定为犯罪证据者、可断定为有湮灭伪造变造证据者、可断定为有勾连串通共犯或证人之虞者、被告已逃亡者。

  周氏继而论述了扣押的程序。首先,扣押应由法定的主体按照令状的要求进行。即除推事、检察官亲自实施扣押外,司法警察或司法警察官执行扣押时,应在交给其执行的搜索票(搜查令)内,记载其事由。但执行扣押时,如发现搜索票中没有记载的本案应扣押物件,也可以扣押。① 在有人居住或看守的住宅或其他处所,不得于夜间进行扣押,但有法定情形时可以作为例外进行扣押。其次,执行扣押时应当将搜索票向在场之人出示。在场者包括搜查场所居住人、看守人或可作为代表的人。如果没有上述人员,可命邻居之人或就近自治团体的职员在场。扣押邮务或电报机关或执行邮电事务之人所持有或保管之邮件电报,应通知邮务电报的送发人或收受人,但有妨碍诉讼之虞者,不在此限。再次,扣押后要有相应的法定手续。扣押后应制作收据,详细记载扣押物的名目,该收据应交与所有人、持有人或保管人。扣押物应加封条(封缄)或其他标识,由执行扣押的机关或公务员盖印。为了防止扣押物丧失或毁损,可以进行适当的处置。对不便搬运或保管的扣押物,可以命令相关人员看守或者命令所有人或其他适格身份者保管。对于容易产生危险的扣押物可以销毁。

---

① 作者此处的论述在法理逻辑上不周延,因为按照法治国家的令状制度,搜查扣押的范围和对象必须是明确的,只有在紧急搜查、附带搜查或者符合一目了然法则等的情形下,才允许超出原来令状中规定的范围和对象。

扣押物有灭失或毁损的风险或者不便保管时，可以拍卖该物而保管其拍卖所得钱款。但如果扣押物本身应该作为证据使用时，不得拍卖。笔者认为，扣押的目的旨在使用扣押物作为提交法庭的证据，所以拍卖扣押物保存其拍卖所得钱款只具有实现民事诉讼财产请求权的意义，因而此项处理不具有刑事证据保全的意义。另外，作者对本应作为证据提交法庭的扣押物，只提及不适用拍卖的方式，但如何处理没有明述，是其理论上的不足。最后，扣押应制作笔录。笔录由书记官制作，紧急情形下可由执行扣押的检察官亲自制作。扣押笔录中应详细记载实施扣押的时间、处所及其他必要的事项。笔录内应当明确记载扣押物件的名目，必要时还应制作目录附后，以便稽查。实施夜间入内扣押者，应将事由记明于笔录。笔录应有扣押的推事或检察官署名、盖章并由在场之人署名或按指纹。同时，制作笔录的书记官也要署名盖章。① 另外，在公署军营、军舰或军事上秘密处所内进行扣押时，应当通知该管长官或可为其代表之人在场。当事人及辩护人可以在扣押时在场，但被告受拘禁或认为其在场有碍扣押者，不在此限。实施扣押时发现另案应扣押之物，也可进行扣押并将该扣押物移交该管法院或检察官。

　　作者还专门援引当时的刑事诉讼法典论述了夜间②扣押实施中的例外情形：一是经居住人、看守人或可为其代表之人承诺者；二是情况紧急，必须实施夜间扣押者；三是日间已开始扣押而持续至夜间者；四是以下对象的扣押，可以作为例外进行，假释者居住或使用的住所、旅店餐饮店或其他在夜间公众可以出入的住所、常用为赌博或妨害风化之行为者。

　　关于搜索，作者论述了搜索的意义、搜索的机关、种类、程序等内容。搜索是特定机关因发现被告、证据物件及可以没收的物件，对特定住所、身体或物件进行强制搜查的一种行为。搜索有广义和狭义两种，广义的搜索是指发现被告的强制处分而言，因此包括拘捕的手段在内；狭义的搜索仅指发现证据物件及可以没收物件的强制处分。搜索的机关包括法官、检察官以及司法警察或司法警察官。搜索的对象包括身体、处所及物件三种，相应地，搜索分为身体

---

① 周荣．证据法要论[M]．上海：商务印书馆，1936：235．
② 关于夜间的时间界限，作者援引其时的刑事诉讼法规定，为日出前日落后。其中，4月1日至9月30日午后9时至午前5时为夜间；10月1日至3月31日午后9时至午前7时为夜间。

搜索、处所搜索和物件搜索。

关于搜索的程序,作者阐述了以下内容:搜索应当用搜索票(搜查令),搜索票在侦查中由检察官、审判中由审判长或受命推事签名。搜索票应记载以下事项:应搜索的报告或应扣押的物件、应加搜索的处所、身体或物件等。搜索以搜索票为原则(令状原则),但下列情况下,可以进行无搜索票搜索(令状原则的例外):一是检察官或推事亲自搜索时,可以不用搜索票;二是司法警察或司法警察官逮捕被告或执行拘提羁押时,虽无搜索票,可以径行搜索其身体;三是有下列情形之一者,司法警察或司法警察官虽无搜索票可以径行搜索,因追踪被告或执行拘提羁押者、有事实足以相信有人在内犯罪而情形急迫者。① 作者关于搜索程序中出示搜索票及相关人员在场等的其他要求,以及搜索笔录的制作等与扣押相一致,因此不再赘述。

蒋澧泉关于刑事证据保全的论述与周荣稍有不同。其关于扣押的理论分为刑事证据扣押之意义、扣押之客体、扣押之机关、扣押之方法、扣押之笔录、扣押物之处分及发还6个部分,关于搜索的论述分为搜索之意义、搜索之客体、搜索之方法、搜索时之注意等4项内容;此外,还用专节介绍了民刑事证据保全中各国的立法情况,反映了作者研究问题时的比较视野。不过,从其比较内容判断,是对松冈义正保全制度源起理论的承袭。

作者关于扣押、搜索的意义,扣押、搜索的机关,扣押、搜索的方法等与周荣所述近似。但关于扣押作为强制措施的例外仅论述了扣押物所有人或持有人同意情形下即任意提出的例外。不过所有人、持有人同意提出扣押物后,如果仍旧需要强制保持占有时,可以按照扣押程序扣押。作者论述了搜索时应注意的事项,具有较强的实践性。一是事前准备搜索时,应准备记录所用的纸笔及绘图用的仪器。如盗匪案件的搜索,恐被告或其徒有抗拒,应备防御所用的器械,必要时,可以通知保卫团或军警协助。二是临时搜索中,除必要的程序外,如果在搜索处所内发现犯罪人所遗留的凶器、衣履、手巾、毛发或毒杀案件中的遗留药物、药包等,均须妥为收藏。

东吴大学法学院《证据法学》第十章为"刑事上证据保全程序"。该章关于证据保全分为扣押、搜索、法制史上关于扣押及搜索之比较观3节。此外,

---

① 作者原文共列有3项例外,但其所列第一项例外实与其前所述的司法警察或司法警察官的例外一致。

全章开头还有一个序言,说明了证据保全的意义以及搜索、扣押的内涵。其中,关于证据保全意义的论述较为独特:法院审判的证据,常"有灭失及碍难使用之虞,如证人因衰老、疾病而死亡,或证物因天然变化而销灭或丧失其原形;又如文书之保管机关因宣告破产而封存卷宗等是之"。当此之时,极易使"证据因灭失或变化致证明之方法亦同时失去其效力",以致法院无从审理案件,因此,证据保全制度深有必要,此即刑事诉讼中搜索与扣押的由来。该书随之阐明了二者的定义及相互关系:"凡将证据物件或可以没收之物件,自执有人之手强占之,妥为保全,以供作事实认定之资料者,谓之扣押。如因发现犯罪证物或被告,对于人所携带之物件、人之住宅、船舰或其他处所,所实施之强制处分,谓之搜索。"① 该书认为,搜索与扣押不同,前者为保全证据而设,后者为发现证物及可以没收之物而设。

该书关于扣押的论述分扣押之事物原因与方法、扣押事物之限制、扣押之程序3部分。该书引述戴修瓒的《新刑事诉讼法释义》,将扣押分为3种:以强制力直接扣押、命持有人提出而扣押以及对于被告遗留之物或持有人任意(自愿)提出之物进行扣押。较之周荣所述,简洁明了。该书关于扣押的限制及扣押的程序,与周荣的论述较为一致,故略而不论。

本书关于搜索共分为搜索之客体、搜索之限制、搜索之程序、搜索之要素4部分。其内容也与周荣、蒋澧泉前述有较多一致性,因此不再赘述。另外,该部分援引的资料有日本学者南波李三郎的《犯罪搜索法》,以及 Burrill 的 *A Treatise on Circumstantial Evidence*. Atlay, *Famous Trials of the Century*, 1899-the Kent Case 等著述的内容,由此可以窥见其知识传承的脉络。

三、民事证据保全理论评述

松冈义正关于民事证据保全见于其书第六章第二节"证据保全之要件"、第三节"证据保全之手续"中。关于证据保全之要件,作者将其限定为三方面要件:一是证据保全的对象,仅限于讯问证人、讯问鉴定人或检证。"证据保全,唯许于讯问证人,讯问鉴定人或检证之范围内为之。"② 因为讯问当事人

---

① 东吴大学法学院. 证据法学 [M]. 北京:中国政法大学出版社,2012:203.
② 松冈义正. 民事证据论 [M]. 张知本,译. 北京:中国政法大学出版社,2004:333.

本人，不是证据保全。因为讯问当事人本人，是法院调查当事人所提出证据的结果，对于需要证明的案件事实，尚未能形成心证时而进行的证据调查。① 与其相关，作者认为，书证不能成为证据保全的目的。作者引述德国的学说认为，书证保全的利益，可由确定证书真否之诉讼，即可达到证据保全的目的。但也不能因此就遽然断言在证书真实与否有争议时，对于确定该证书真实与否的人证及鉴定，不能进行证据保全。为了确定证书的真实与否，对于必要的人证及鉴定，在有必须证据保全的事由时，可以讯问证人及鉴定人。而且，在证书容易灭失的情况下，可以进行检证。此外，作者还论述了私署证书的检真问题。② 二是原则上，必须有丧失证据方法或难于使用的事由存在。该事由的存在与否，由法院依情形做出判断。如果有对方的承诺，即便没有出现保全的事由，也应当进行证据保全，申请讯问证人、鉴定人，或者检证。三是原则上，为保全证据而进行的证据调查，须有一定的对方申请对其进行保全，也有例外不指定一定的对方而申请保全，此时，申请人必须释明非自己过失，实因对方不能指定所致。

  作者还阐明了证据保全的程序，涉及管辖法院、声请、裁判、调查证据、效力及费用等项内容。诉讼已系属于法院时，请求为证据保全进行证据调查申请的有利害关系的当事人或参加人，原则上应在受诉法院进行。遇有急迫或危险时，可以赴应接受讯问者现居地或者检证物所在地的有管辖权的初级法院进行。至于诉讼尚未系属于法院的申请，应当由对于证据保全有利害关系者（将来起诉者）在应受讯问者的现居地，或检证物所在地的初级法院进行。申请证据保全可以书面或言辞形式，明确表明需要进行保全的理由：有明确的对象、有进行证据调查的事实表示、表明相应的证据方法、说明该保全证据有消失或难以使用之虞的理由。做出保全与否的裁定通常不用进行言辞辩论，但对于申请产生疑问，可以进行言辞辩论。

  周荣关于民事证据保全的论述分证据保全之意义及性质、证据保全之要件、证据保全之程序、证据保全之效力、证据保全之费用共 5 项内容。作者关

---

① 作者关于讯问当事人非证据保全的原文是："盖讯问当事人本人者，乃法院调查当事人所提出证据之结果，对于应证事实之真否，不足得心证时而〈为〉之证据调查也。"
② 作者认为，私署文书虽然作为证据保全有疑问，但可以将其视为检证的一种。（松冈义正. 民事证据论 [M]. 张知本，译. 北京：中国政法大学出版社，2004：334.）

181

于证据保全的性质论述较为详细,强调由于在诉讼之前或者未达到调查程度时,某项证据是否需要调查尚在未定状态下,且该项证据与待证事实之间关系如何尚未确定,法院本来不必加以调查,但如果不进行调查,该项证据有可能灭失或变更,日后有不能应用的可能,将违背立法的本意,因此,为了防止证据的灭失或碍难使用起见,特设证据保全制度以为救济。作者分析了日本民诉法及中国以前的民诉草案仅将证据保全限定在证人、鉴定人、勘验3种的局限性,认为包括书证在内的一切证据都应当在证据保全的范围之内。

关于申请证据保全的条件,作者列出了以下几点,与松冈义正稍有不同。一是证据有灭失或碍难使用之虞。如证人、鉴定人衰老或罹患重病可能死亡,鉴定、勘验的标的物、书证等,可能由于天然或其他原因而消灭、变更等,或者证人等将出国有不知其行踪之虞者。二是经他造当事人同意者,可以不需要上述原因而进行保全。此外,作者还补充了前民诉法中其他申请保全的条件。①

该书关于证据保全的程序一共论述了证据保全的申请、证据保全的管辖法院、证据保全的裁判、证据保全的实施等项内容。所述理论多与松冈义正论述相近。其中,有关证据保全申请论述较为详细,现梳理如下:证据保全申请可以书状或言辞为之。以书状申请的,应遵循书状的一般规定,以言辞申请者,可以于言辞辩论中或言辞辩论外为之,由书记官作成笔录。申请中应记载以下事项:一是明确记载他造当事人,包括现时提起的诉讼或将要提起的诉讼中的对造当事人。如果他造当事人尚不能指定,应释明其中的理由。二是记载依照该申请保全证据所要证明的事实。证据保全不问待证事实是否重要,都可以申请证据保全,并无限制。另外,有关待证事实的说明仅需释明即可。例如,如果申请人证的证据保全,应当标明该人证应受讯问的事项,如果是鉴定的证据保全,就应当说明进行鉴定的事项。三是说明申请保全证据的具体种类(证据方法),如说明证人、鉴定人姓名、地址等。四是请求证据保全的理由。应当在申请时说明所欲保全的证据有灭失、碍难使用的可能,或者已经获得他造当

---

① 作者论述了此间的法理即不干涉主义以及使诉讼迅速结束起见。前民诉法中规定:当事人因物或工作之疵累,可以向他造主张权利以确定其疵累者;或者受让人通知物之疵累于让与人,或因物之疵累拒绝收受而让与人确定其物之状态者;定作人通知工作之疵累于承揽人,或因工作之疵累拒绝收受,而承揽人确定其工作状态者。该3项规定在其后的民诉法中已无立法。(周荣.证据法要论[M].上海:商务印书馆,1936:223.)

事人的同意等，以防止证据保全的滥用。此外，证据保全不发生拘束权利的效力，也不发生时效中断的效力。作者还对证据保全的效力进行了比较研究，①并就证据保全申请后的效力问题进行了说明。即申请证据保全后，申请人可自由撤回其申请，并不需要对造当事人的同意。作者认为，因为申请证据保全是以保护申请人的权利为目的，申请人自然可以任意抛弃该项权利，且对于他造当事人并无损害，所以，法院没有干涉的必要。

关于证据保全在诉讼上的效力，作者进行了详细的论述，认为申请证据保全的当事人及对造当事人，都可以在诉讼程序中利用证据保全所调查的结果。他造当事人利用调查证据的结果时，虽于调查期日未受传唤或于申请时未被表明者（被要求释明，笔者注），也可以使用。同时，当事人还可以对证据调查声明异议，但不得对因不具备证据保全的要件，或者申请不符合形式，或者法院无管辖权而表示异议。②

关于证据保全的结果，作者认为，证据保全中调查结果的利用，应当在言辞辩论时。陈述该调查笔录，由法院审酌。不可以将调查笔录作为书证而利用。受诉法院认为有必要时，可以依照申请或依照职权命令补充或再行调查，是否进行此类调查，根据法院心证的需要。

与周荣观点一致，蒋澧泉认为证据保全的适用对象应当包括证人、鉴定人、书证、物证等，至于当事人本人的讯问，由于是法院调查当事人所提出证据的结果，是对于应证事实真实与否不足以得到心证时所进行的证据调查，因此不能视为证据保全。

作者关于民事证据保全分民事证据保全之意义、民事证据保全之要件、民事证据保全之裁判、民事证据保全之调查、民事证据保全之效力、民事证据保全之费用6部分，其阐述的内容与其他著述相近。与作者关于证据法理论述的其他部分一样，作者关于证据保全的论述，观点简明，具有较强的操作性。例如，作者将证据保全的要件分为实体要件和形式要件，其中实体要件是要有证

---

① 周荣引述德国立法例，说明在德国申请证据保全将发生瑕疵担保请求权时效中断的效力，或者为维持某种请求权抗辩权抵消权的效力。但在中国当时的立法中，则不发生此类效力。（周荣. 证据法要论［M］. 上海：商务印书馆，1936：225.）
② 作者对此的理由是，上述异议即使真实，实体上也没将已完结的证据调查，归于无效的理由。因而，此项异议法院可以不加审酌。（周荣. 证据法要论［M］. 上海：商务印书馆，1936：229.）

据灭失或碍难使用之虞，以及经他造当事人同意两个理由。形式要件为向有管辖权的法院申请，以及申请可采用书面或言辞的方式。虽然在内容上与此前的著述差别不大，但这种论述方式较之其前学者的论述方式更加注重理论的逻辑层次，也使论述本身清晰明了，值得肯定。

东吴大学法学院关于民事证据保全的论述居于《证据法学》第九章，该章序言中首先探究了证据保全的性质，认为证据保全是"证据调查之特殊规定，非如普通证据调查，应于诉讼已系属后且有调查必要时为之"，因此，"其程序之开始，基于法定原因（要件）；其调查之结果，双方当事人均得于审理时利用之；其费用，则作为诉讼费用之一部分"[1]。该书认为，基于这样的判断，如果认为非属于诉讼行为，似乎于理不合。该章其后分证据保全程序之实施、法制史上关于证据保全之比较观两节，对民事证据保全进行了论述。其中，关于证据保全程序之实施分保全之要件、保全之申请、保全之职权裁定、调查程序之费用4部分。就其具体内容来看，与前述相关著作的内容区别不多，故不拟赘述。

四、启示与借鉴

同一时期，有关证据保全的论述还有石志泉、陈瑾昆等学者的论述，从各家理论上判断，各家有关证据保全的理论有较多的一致性。其中主要原因，一方面是理论来源的影响，即各家多受以松冈义正为代表的大陆法系证据保全法理及同一时期英美法系的证据保全法理的影响。另一方面是来自对其时民刑事诉讼与证据制度的诠释，因此，表现出较多的一致性并不令人感到诧异。这是本章总结中首先需要说明的内容。

其次，这一时期证据保全制度与理论都保持着刑事诉讼中的搜索、扣押，民事诉讼中人证、鉴定、勘验（检证）的知识格局，并形成一种稳固的结构。时至今日，有关民刑事诉讼中证据保全的理论依然如此。笔者以为并非如此。因为，如前文所述，从证据保全的本义来看，设置该制度就是防止证据在后续程序中存在灭失、伪造、变造、藏匿或其他难以取得的情形，而由当事人及其辩护人、诉讼代理人向专门机关提出申请后所采取的预防性保全措施。根据证

---

[1] 东吴大学法学院. 证据法学 [M]. 北京：中国政法大学出版社，2012：197.

据在实践中可能面临的各种风险,据此可以推断,不论是何种证据方法,均存在灭失、伪造、变造、藏匿等的可能,因而对其采取合适的方式予以保全,均在情理之中。此其一。其二,从诉讼制度来看,刑事或民事诉讼都是为了实现对社会纠纷的解决,都是以"两造具备,师听五辞"的方式,在既定的被创设的"法的空间内"(王亚新语),通过证据的提出、论辩等,由独立且中立的第三方(法官)对纠纷做出裁决。所不同者,刑事诉讼中的一方当事人为执掌公权力的国家机关,即便如此,作为庭审中的一方当事人的身份,与民事诉讼中或者刑事诉讼中的被告人,在诉讼地位上并无二致。由此可以断言,证据搜集与保全中需要注意的只是,如何防止公权力机关在此过程中对公权力的滥用,以此维持"平等的武装"(fair play)。基于以上分析,笔者认为,无论是在刑事诉讼还是在民事诉讼中,只要发生需要保全证据的情形,都应当从保全证据本身的实际需要出发,采取相应的保全措施,而不论其为刑事或民事诉讼。易言之,不仅民事诉讼中证据的保全应该包括所有证据方法,只要各类证据可能发生证据灭失、伪造、藏匿等情形时即可进行,刑事诉讼中的证据保全也应该包括人证、书证等的保全。此可谓"举轻以明重"的方法而得到的合理的结论。就民事诉讼而言,对于物证的扣押、搜索等方式的刑事证据保全手段,如果符合法益中的比例原则,也应该是可以运用的手段。笔者据此推断,民事诉讼中的假扣押,除其预为执行的功能外,也应可以作为一种证据方法的使用。这样的合理性应该没有疑问。因此,拓展刑事、民事诉讼中既有的证据保全手段,既有法理上的合理性,也有制度上的合法性,还具有制度功能的合目的性。

就当下的中国刑事诉讼制度而言,对于近代证据保全法理的梳理还具有另外一层意义,即能否在历史中寻找到在刑事诉讼中设立证据保全制度的法理。由于我国现行刑事诉讼中,尚无关于证据保全的制度及理论,这不仅使刑事证据制度缺乏法理、制度的完备性,也使诉讼实践在进行实质的证据保全时缺少了可资凭借的依据。[①] 我国现行立法仅将证据保全设定在民事及行政诉讼中,《刑事诉讼法》则没有规定。虽然该法第102条规定了刑事附带民事诉讼中的

[①] 笔者认为,刑事证据保全只是名实有别而已,虽然无名,但实质上的刑事诉讼中,是存在证据保全的手段的。笔者将在下文中关于电子数据的保全论述中对此进行进一步的分析。

财产保全制度，但是对证据保全依然没有任何涉及，显然缺乏统一和合理的立法逻辑。从刑事诉讼的实践来看，证据的保全可以固化证据的信息，这既是控方行使权力的一种有效方式，同时也是对其权力设立的一种边界，消除"刑不可知，则威不可测"所产生的威权主义权力恣意，使传统的侦查取证行为由于证据保全制度的明确规定而多了一层限制，尤其是为了维系控辩双方在诉讼中的平衡，证据的保全对辩护方及其当事人尤为重要。有学者因此认为设立证据保全制度是刑事诉讼立法中一项不可或缺的基本制度，是弥补被追诉方取证手段不足的重要防御武器，还可以弥补刑事附带民事诉讼制度的立法缺陷，对于查明案件事实，保证刑事诉讼活动高效运行具有不可替代的作用。① 而且，我国现行民事、行政诉讼法律规范以及一些刑事诉讼法律规范已经确立了保全或类似保全的规则，具备了相应的立法基础。

横向来看，借鉴其他法域国家地区的刑事诉讼制度可以发现，证据保全制度也是其刑事诉讼的应然选项。依据美国《联邦刑事诉讼规则》第15条的规定："由于特殊情况，从司法利益考虑，一方当事人预备提供的证人证词需要先行采证并保存至审判中使用时，法院可以根据该当事人的申请和对有关当事人的通知，命令对此类证人的证词采证。"而"反对保全证词、证据或其中的某一部分，应当在证据被保全时提出异议并阐明理由"。其保全执行的主体仅限于法院，而申请的主体则与其对抗式侦查程序相一致，没有专门赋予犯罪嫌疑人或其他非公权力主体的一方。日本和意大利为了适应对抗制改革的需要，均在各自的刑事诉讼中增设了证据保全制度，以增强被追诉人的取证手段和防御能力。日本《刑事诉讼法》第179条也规定："被告人、被疑人或者辩护人，在不预先保全证据将会使该证据的使用发生困难时，以在第一次公审期日前为限，可以请求法官做出保全扣押、搜查、勘验、询问证人或者鉴定的处分。收到前项请求的法官，对于该项处分，有与法院或者审判长同等的权限。"② 另

---

① 参见张泽涛.我国刑诉法应增设证据保全制度[J].法学研究，2012（2）：164-180.需要说明的是，笔者关于证据保全制度立论的基础与张文有所不同，张氏的主张基于刑事被告人、嫌疑人及辩护人的权利保护，以致视证据保全为被告人、嫌疑人及辩护人独有的行为。具体理由笔者将在下文中予以陈述。

② 有关域外刑事证据保全制度更为全面的介绍，可参见张泽涛.我国刑诉法应增设证据保全制度[J].法学研究，2012（2）：164-180.笔者认为，本书引用的日本及我国台湾地区刑事证据的保全理念具有一致性，应是台湾地区"法律"移植日本刑事诉讼法律情势下的产物，与主张当事人进行主义的弹劾制侦查程序的美国有所不同。

外，2003年，我国台湾地区"刑事诉讼法"即增设了刑事证据保全制度。台湾地区学术界在刑事诉讼理论中，将其界定为"预定提出供调查之证据有湮灭、伪造、变造、藏匿或碍难使用之虞时，基于发现真实与保障被告防御及答辩权之目的，按诉讼程序进行之阶段，由告诉人、犯罪嫌疑人、被告或辩护人向检察官，或由当事人、辩护人向法院提出声请，使检察官或法院为一定之保全处分"[1]。该条基于诉讼平衡理论明确规定了实施保全行为的申请主体、执行主体及程序等，将保全申请赋予了非公权力的诉讼主体。

总之，刑事诉讼中证据保全制度的缺乏，既不能从理论上得到有效的辩护（justification），也无法回应来自刑事诉讼实践的诉求，这已成为理论研究和制度设计都必须认真对待的问题。

这里尤值一提的是，立足大数据时代网络空间的急剧发展以及网络犯罪数量急速增加的现实，在网络电信犯罪中增设电子数据的保全，已经成为当前证据保全理论亟待解决的问题，也是惩治网络电信犯罪必由之路。

在惩治网络交易的犯罪中，如何收集、提取电子数据，以及取证后如何保管好该类证据，确保其真实、合法是首要的基础性环节，其重要性不言而喻。因为唯有符合真实性、合法性要求的电子数据才能成为法庭调查的对象，使法庭对电子数据的采信成为可能，并成为法庭进一步认证和综合判断证明力的基础。实践中有关电子数据使用问题中的困境，更能证明对电子数据取证和保管的重要性。伴随着审判中心主义方式改革的推进，改善证据的质量以完善证据调查、强化法庭中证据的辩论和质证，推进庭审实质化改革，将是这一改革的必然诉求。尤其是在互联网已渗透到生活的每一个角落，成为犯罪的重要手段和工具的新形势下，电子数据的妥善取证及取证后的保管将概莫能外。因此，应该在既充分认识到规范电子数据取证的同时，又要重视如何规范对此类证据的保管。

然而，实践应用及学理探究相对领先而立法滞后，我国刑事司法实践中有关电子数据的取证、保管概念复杂且极不统一：迟至2012年，随着《刑事诉讼法》的修正，电子数据才作为一种证据走进立法，然而该证据如何取证和保管的规定仍付之阙如，只有最高人民检察院在其有关《刑事诉讼法》的解释和施行规则中做了简约的规范。实践中，为解决立法的缺失，各部门

---

[1] 林钰雄.刑事诉讼法（上册总论编）[M].北京：中国人民大学出版社，2005：414.

根据自己的理解已制定了相应的规则,形成了自己的概念体系,并已植入司法人员的观念之中。在"两高一部"2014年颁布实施的《关于办理网络犯罪案件适用刑事诉讼程序若干问题的意见》(以下简称《办理网络犯罪若干意见》,现已失效)第五部分中,以及"两高一部"2016年颁布的《关于办理刑事案件收集提取和审查判断电子数据若干问题的规定》(以下简称《电子数据规定》)第5条中,虽然规定了扣押、封存、完整性校验等几种保护电子数据完整性以保障其真实性和合法性的具体手段,但由于缺乏统一的上位概念,各类保护电子数据完整性的程序是否应该遵循共同的原则及基本规范,以及遵循哪些共同的原则和基本规范等,仍然处于真空状态。不仅如此,由于该规定自身所具有的便宜侦查和公权力优位的特点,其中有关电子数据取证及固定的行为还有程序规范不明确、对公权力的软约束以及相对人权利保障缺乏等问题,因而极易危及电子数据真实性和合法性的保障。同时,该规定还延续了作为基本法的《刑事诉讼法》的知识逻辑,没有区分任意侦查取证和强制侦查取证,将作为强制侦查的技术侦查且以电子数据为表现形式的记录监控、行踪监控、通信监控、场所监控等取证手段,纳入收集、提取电子数据行为的范围之内,或者界限不明,使该类电子数据取证、保管问题依旧成为规范的盲区。①

在关于电子数据学理的探究中,以创新为特色和己任的学术研究,对有关电子数据的取证、保管的界定也极不统一,甚至还卷起概念之争的硝烟。就网络交易犯罪的电子数据收集、提取而言,通信监控类的监听、监视是主要的手段。然而,既有的研究都只论及几种被动型方式所收集的电子数据,对与主动型侦查相关的电子数据收集、保管方式则没有论述,即没有将其作为刑事诉讼中电子数据收集、保管方式的整体进行研究,造成人为的知识断裂。不难推断这一人为割裂背后潜存的知识逻辑:电子数据的收集、保管不包括监听和监视等。而且,此种知识逻辑为通行的证据法学著述共同遵守,

---

① 有关"两高一部"《关于办理刑事案件收集提取和审查判断电子数据若干问题的规定》中缺乏电子数据收集、提取行为与《刑事诉讼法》关于技术侦查的知识统一性逻辑的分析,可参见龙宗智. 寻求有效取证与保障权利的平衡:评"两高一部"电子数据证据规定[J]. 法学,2016(11):7-14. 受本书讨论的主题限制,这里仅做概略性说明。

令人遗憾。① 立法、实践及学理概念使用上的不统一不仅交互影响，还形成一种"路径依赖"，造成锁定效应（lock-in），不仅影响着法律的稳定性、普遍性和可预期性，也影响了理论研究基于共识基础上的进一步推进，还使实践中产生部门和地域等方面的差异，造成制度执行中的"不可通约性"。

上述情况表明，统一电子数据在收集和保管中的相关概念十分必要。因应电子数据收集方式的多样性，其相关概念应以一种系统化的方式构建，即以一个统一的种概念涵摄目前多样化的电子数据收集、保管方式属概念。但在此种属概念系统的建构中，应充分参酌当前既有的立法和理论资源，以求实现在此概念系统构建中最大限度的共识。在选取电子数据提取、收集、保管的种概念中，笔者认为，使用"电子数据保全"作为概念应是一种适切的选择。在网络电子数据的保全中，既要因应网络电子数据自身的特点，对保全的主体、保全程序及保全方式中与网络电子数据的易变性、技术性、存储的复杂性等特殊性因素予以特别的关注，以探究其独特的学理②；又要认识到，网络电子数据独特的个性并不能动摇其作为刑事诉讼中一般证据保全所具有的属性。因此，有关网络电子数据保全制度的建构，应当立足刑事证据收集、保全所应遵守的基本法律原则及收集、保全的逻辑顺序，结合网络电子数据的特点，依次进行探究。限于篇幅，将另文进行专门研究。

---

① 以通行的证据法学或刑事诉讼法学教科书为例，笔者接触到的此类著述都遵循着这样的知识逻辑，恕不一一列出。还需说明的是，在技术侦查中，应注意区分视听资料和电子数据这两种证据形式。其区分标准是存储方式及表现形式的不同，以录音带、录像带、微型胶卷等方式存储者为视听资料，而以电子数据为承载形式者即为电子数据（虽然是循环概念，但意思很清楚）。

② 鉴于现行刑事诉讼体制的特点及未来基于刑事法治价值理念下的刑事诉讼改革的应然方向，包括电子数据在内的所有证据保全申请、审批都宜走渐进式变革之路，以二阶方式分步实现。即目前体制下可由检察机关负责审查批准，其后应将此项权力交由法院，还此项权力于司法令状制度本身。由于该项制度的施行在各类证据保全中存在着广泛的共性，故此文不再赘述。可分别参见何邦武，张孔文. 职务犯罪批捕权上提一级改革制度分析［J］. 西南政法大学学报，2011（5）：126-130. 何邦武，杨勇. 完善职务犯罪批捕权上提一级改革的思考［J］. 中国刑事法杂志，2011（7）：101-104.

第八章

证据调查与辩论的法理评析

一、引言

总体来看,近代各家证据法学著述中都有关于证据调查的论述,虽然在证据调查上使用的概念不同,且具体内容有差异,但对于证据辩论似乎有明显的分歧:一种是著述中没有出现证据辩论的论述,而是将调查与辩论综合论述的,如周荣的《证据法要论》,松冈义正的《民事证据论》;另有一种即以东吴大学法学院的《证据法学》为典型,视证据辩论为证据整个知识结构中一个独立且重要的部分(四编之末),而将证据调查仍旧作为总则内容的一部分(证之通则)。近代各证据法学理论著述中的这种极度不一致,使近代证据法学理论的体系化面临着如何梳理的难题,亟待理论研究者从各家表面的差异甚至相互抵牾之处,确定证据调查与辩论的学理及其在近代整个证据知识体系中应然的位阶,并由此寻绎其中的证据知识构成的应然逻辑。

笔者认为,调查证据与围绕证据展开辩论实际上是法庭上提出证据后进行质证、认证的一体两面,难以将二者人为分割。[1] 同时,在证据制度内部,纵

---

[1] 我国现行庭审制度中,将法庭调查与法庭辩论分作庭审的两个环节,如果将法庭辩论理解为单纯的诉讼争点的论争,这样的分割尚有其实践意义,即有利于控辩双方聚焦案件的事实认定和法律适用;但如果辩论超出了这个范围,涉及证据的理解及由证据产生的言辞的解读,就使人感到某种人为的割裂带来的不妥,表现为庭审中本属自然的认知逻辑的人为断裂。而且,实际上诉讼争点本身的论辩,也无法与证据调查分割开来单独进行,后者正是近代证据调查与辩论天然联系在一起而不同于当下证据调查与法庭辩论分割的庭审结构。因此,现行庭审制度的这种法庭辩论与法庭调查二分的模式缺乏理据。反对将二者割裂的相关论述,还可参见龙宗智. 刑事庭审制度研究[M]. 北京:中国政法大学出版社,2001:200.

向来看，证据的调查与辩论又是以证明为中心的一元化的证据知识体系中最为关键的一部分：证据只有经过调查和辩论，才能作为法官心证形成的依据，完成证据自身的使命。因而，证据的调查与辩论是证据知识体系中重要的一环，应参照东吴大学法学院《证据法学》的编排体例，将其放在四编之末，并超越东吴大学法学院的编排范式，将证据调查与证据辩论合为一部分，以此厘清整个证据知识体系内外知识的结构与逻辑。

有鉴于此，本章专以近代各主要证据法学著述为对象，梳理其中的证据调查与辩论的知识与学理，并借此勾勒出二者在整个证据知识体系中位阶，即证据调查与辩论在整个证据知识体系中的位置。还应说明的是，这里的证据调查取狭义，仅指法官（包括受委托的法官）主导下的证据调查活动，包括庭审过程中的证据调查及庭审外法官主导的证据调查，但不包括庭外其他人员的证据搜集行为。相应地，证据辩论也以该狭义上的证据调查活动中的附随行为。作为例外，不排除法官委托其他主体进行的证据调查行为。此外，本章所述证据调查方法为一般证据调查方法，针对各种证据方法的个别证据调查还有更为具体的规定及学理，本章均没有涉及。

二、证据调查的基本程序

松冈义正关于证据调查及证据辩论的论述见其《民事证据论》第四章"证据手续"中。本章分证据之申请、证据之陈述、证据之决定、证据之调查、对于调查证据结果之辩论、上诉审中之证据手续 6 节。作者首先阐明，证据手续（beweisvenfahren）有广、狭两种，狭义即指证据调查，广义则包括证据方法的申请、证据方法的陈述，以及命令调查证据的决定，调查证据或调查证据的结果等的总称。从其阐述的内容看，证据的申请、陈述等实为狭义的证据调查的有机组成部分，因此，可以将该书"证据手续"全章的内容均视为证据调查。

证据的申请即请求调查证据的声明，证据调查原则上应当以申请为要件，作为例外，由法院依职权进行证据调查。[①] 申请证据调查时，首先应达到需要

[①] 民事诉讼采不干涉主义，因此，证据调查申请以当事人申请为原则。只有例外情形下，采取干涉主义，由法院依职权调查。（松冈义正. 民事证据论 [M]. 张知本，译. 北京：中国政法大学出版社，2004：74.）

调查的必要程度；其次应表明应当证明的事实，应结合不同的证据方法，列出法定的事项。证据调查申请可以在裁判前撤回，法院不得对此进行干涉。① 不过证据申请的当事人在撤回人证及鉴定申请时，如果发生在讯问证人及鉴定人以前，可以自由抛弃此种证据方法，但在讯问开始后，应当得到对方的承认，才可以撤回。书证在举证者提出证书后，也应该得到对方承认方可撤回。证据调查申请的时间，作者认为应当在紧接判决的言辞辩论终结前进行。

对于证据调查的申请，第一，可进行相关性的权衡，但不能以其不能影响心证的预断而驳回申请。然而，如果申请的证据所要证明的事实已经被证明，或者与已经被证明的事实相矛盾，或者其他证据方法可证明该申请无价值的，可以驳回申请。这里需要说明的是，在近代其他证据法学著述中，关于证据调查范围的界定标准，均以与本案系争事实有关联者为限。笔者认为，这种与本案系争事实关联性的考量，实与英美法系国家证据的相关性类似，足见关联性为证据法理中的普适性和公理性问题。第二，对证据调查申请可以对其与所要证明事实的重要程度进行衡量。如果所要证明的事实重要，就不能驳回申请；如果是不太重要的事实，就可以驳回申请。第三，如果申请调查的证据所欲证明的事项，是审判官所不认识的实验法则，不得驳回申请；如果为审判官所认识的实验法则，则因为没有必要可驳回申请。第四，如果申请调查的证据为唯一可以用来证明某项事实的证据，则不得驳回申请，否则将使某待证事实无法证明。但是，如果申请调查的证据是检证或鉴定，法院可依职权调查者，或由法院依据已经调查的结论②及其他调查的结果，认为无调查必要者，即使是唯一的证据方法，也可驳回该申请。第五，逾期提出的证据调查申请，可以驳回。对于驳回证据调查申请的裁决，由于属于法院的诉讼指挥权，因此法院可随时取消该裁决。在申请人一方，该裁决可与本案判决的上诉，一同声明不服（提起上诉）。对于证据调查的申请，应当给对方当事人以陈述机会，即就该申请陈述该证据方法不被允许或无效用的机会。对方当事人还可在紧接判决的辩论终结时提出证据抗辩，对申请调查的证据提出异议，但该抗辩与证据申请一

---

① 作者这里论述的是民事诉讼中的情形，当时的刑事诉讼是否也如此，笔者尚未进行考证，但在大陆法系国家，刑事诉讼采职权主义，此种申请的撤回应该是受限的。
② 本处原文是"依据结论之全部旨趣"，意思不甚清晰，作者将其理解为既有检证或鉴定已经形成的结论，不知是否妥当，期待方家指正。

样，不得逾期提出。作者还就证据调查申请的裁定从内容、性质变更等方面进行了详尽的论述。

松冈氏关于证据调查的论述以界定证据调查的含义开始，即证据调查是法院以发现证据方法的内容为目的的诉讼行为。其证据调查一节共论述了内国之证据调查、外国之证据调查、当事人之在场、调查证据之限度、调查证据不定时间之障碍、调查证据费用之预缴、调查证据之终结及其完成并补充等内容。

关于内国证据调查，松冈氏阐述了以下内容：以受诉法院执行为原则。其依据的法理是直接言辞审理原则和自由心证主义。作者认为，如果不是受诉法院调查证据，就不能满足调查的直接审理，也就不能就其调查的结果，作自由心证的判断。基于此，只有在例外的情况下，才能由受诉法院命部员一人（受命推事）或嘱托初级法院在决定调查的范围内，进行委任的证据调查。① 由于种种原因，需要在外国进行证据调查的，受诉法院应当做出证据调查的决定，同时还应决定在外国调查证据的主要内容。受诉法院审判长可以决定由外国管辖官署或者由本国大使、公使或领事进行证据调查。

当事人在证据调查时，有在场的权利。作者引述德国学者的理论认为，由于证据调查结果对当事人有重大利害关系，因此调查证据时，应要求当事人在场。但当事人在场与否，对证据调查没有拘束力。如果是在外国调查证据时，当事人有无到场权，应当依照调查证据的外国法决定。

关于调查证据的限度及调查障碍，作者认为，对当事人申请的多种证据调查，受诉法院基于诉讼指挥权，根据诉讼需要，可自由决定调查的种类和次数。遇有调查证据的障碍时，如申请调查的证人已死亡（绝对不能得出的障碍）或该证人现住址不明（非绝对不能调查的障碍）等，受诉法院应视具体情况分别对待，决定相应的期限，并由对方书面申请，以进行证据调查。

---

① 作者还就这种委任调查进行了详尽的论述：对于受诉法院委任其部员一人或初级法院调查证据的决定，不得以声明或上诉的方式表示不服。同时，受诉法院可以不经言辞辩论，随时变更调查证据方法的决定。在调查证据期日因有某种故障不能举行时，法院可依职权指定新日期举行。当受命推事或受托推事调查证据时，如当事人之间发生争执，则非完结其争执，不得再行调查证据，如其推事无裁判争执的权限，则应由受诉法院完结之原书在校勘过程中似有些差讹，其中有些表述顺序模糊。这里只能摘其要者略做介绍。(松冈义正. 民事证据论 [M]. 张知本, 译. 北京：中国政法大学出版社，2004：88.)

证据调查费用的缴纳是证据调查中的一项重要内容。对此，该书进行了以下论述：调查证据时，证人及鉴定人可依民事诉讼费用法的规定，对于国库有请求给付日费、宿费、旅费及其他垫费（尤其是送达费用）的公法请求权。国库对于有切近利害关系的举证者，则有令其偿还此种调查证据费用的权利。而且为保全此种权利，"法院得于相当之期限内，命举证者预缴此种调查之费用，若于期限内不预缴者，则不为证据之调查"①。未经缴纳者，则对于申请证据不加考虑，而继续进行诉讼程序。

证据调查可基于以下情形终结：一是证据调查全部完成；二是起辅助作用的当事人在调查期日不到场，或者举证者不预缴费用，或者被传的证人已经死亡等事由，以致事实上不能进行调查；三是法院取消证据决定及举证者抛弃证据方法。② 但证据调查可因当事人一方或双方没有于调查期日到场以致不能调查时，追行调查（nachholung）；或者当事人一方或者双方没能在调查期日到场以致不能在场调查者，为使之与在场调查具同一形式，从而补行调查。具体而言，即当事人一方或双方因于调查期日不到场以致因此失去其调查上的权利，或因此失去在场调查主张利益的权利，如果不延迟诉讼程序，或者没有释明不到场并非由于举证者过失，而实有不能到场的事由者，可以于判决相接的言辞辩论终结前，凭举证者的申请，追行或补充调查。与此相关，如果经合法传唤，当事人一方或双方于调查证据期日不到场，以致妨碍全部或部分证据调查时，尤其是如果当事人一方为举证者，没有于调查期日到场提出书证以及就其他证据调查中作为其应当作为的行为，以致妨碍证据调查，可以认为当事人怠于诉讼行为而丧失证据调查的权利。但仅限于未到场不能调查的证据，对于当事人提出的新主张，仍旧可以使用其已失使用权的证据方法。另外，作者认为，"此种失权之结果，不妨碍当事人提出同一证据方法于上诉审之权利"③。

周荣关于证据调查的论述位于其书第五章，从逻辑结构来看，将其作为总论部分的内容，与松冈义正书所作安排一致。该章分调查之范围、调查之程序

---

① 松冈义正. 民事证据论 [M]. 张知本，译. 北京：中国政法大学出版社，2004：116.
② 作者还援引日本民事诉讼法典的规定论述了缺席审理及诉讼中止的问题，与证据调查终结不同，前二者可以施行于证据调查终结之后，而不能施行于证据调查进行之时，且不能因此妨害当事人以合意中止诉讼程序或变更调查证据日期的权利。（松冈义正. 民事证据论 [M]. 张知本，译. 北京：中国政法大学出版社，2004：119.）
③ 松冈义正. 民事证据论 [M]. 张知本，译. 北京：中国政法大学出版社，2004：121.

<<< 第八章 证据调查与辩论的法理评析

两节,并于该章结尾附有中外判解例。

作者首先就证据调查的范围进行了阐述,认为"调查之范围应以构成系争事实之证据,及足以印证或证明关系本案事实之证据为限",因此,"凡惟一之证据或其他重要证据,有互相证明之用,或于释明事实有重要关系者,自应调查"①。作者还介绍了英美法系关于证据调查的范围理论:一是处理本案时,当事人所为之事,或者其所实行的准备行为,或者事后基于该事件所行之事,如果构成事件的一部分,并认为有关系者,应对其进行调查;二是证据调查范围仅限于当事人处理本案当时所言之事,当事人对此可以提出有利或不利证据以为证明,如在本案处理之前或之后所言之事,则仅可以作为对其不利的证明;三是当事人在处理本案以外事件时所为之事,因与本案无关,一般不在调查范围之内;② 四是第三人在当事人前所为之事,如果足以释明当时的言行举止,可以提出作为调查的证据,因为该第三人的行为,往往与当事人有连带关系,由此可推知事情的真相;③ 五是第三人于当事人前所为之事,如果当事人不应保持沉默而默不作声者,可以提出为推定其承认该事实的证明,但在应当保持沉默的正当场合除外;④ 六是第三人于当事人背后所为之事,因当事人不在场,无法主张异议,即与当事人无关,本来不得作为调查的对象,但如果足以证明或释明本案事实关系或与本案具有密切因果关系,由此可推知本案争议事实存

---

① 周荣.证据法要论[M].上海:商务印书馆,1936:54.
② 作者认为以下情形属于例外,有必要进行证据调查:凡案外事件与本案是同一种类或本于同一原因,或参酌先后二事可以证明当事人的习惯,或者足以释明该当事人处理本案时的心志情状者,可以提出为调查的证据。
③ 作者举例说明了此第三人情况:甲乙为夫妇,乙杀死其子,并告诉甲实施情形。警察拘捕乙时,甲在乙前背述乙所述之言语以告诉警察。乙在甲陈述时,放声痛哭。在诉讼过程中,甲所述事项,足以释明乙痛哭的缘由,因此可以提出作为对乙不利的证据,法院对此应加以调查。(周荣.证据法要论[M].上海:商务印书馆,1936:56.)但笔者以为本案例似不准确,作为杀死自己儿子的人,乙的痛哭与其行为之间似无作者所想象的因果关系。
④ 这里的内容仍比较难以理解,因此援引作者在书中所述的案例进行说明:甲被控犯盗窃罪,乙被控收受赃物罪,在警署中,甲当着乙的面承认盗窃,并称将赃物卖给乙,乙沉默不做抗辩。在审判中,乙被告的沉默可以推定为收受赃物的释明。作者还将这种沉默与其他情形下的沉默做了区别,如被告被控犯盗窃罪,证人于庭上陈述被告盗窃的事实时,由于法庭纪律规定被告不得争论而保持沉默,被告此时的沉默是正当的。(周荣.证据法要论[M].上海:商务印书馆,1936:57.)

195

在或不存在者，可以作为调查对象；七是共同当事人间，如果有结伙同谋、共同侵权等项情事者，其共同从事某事所言所行之事，不问其他当事人是否在场，可以提出为其他共同当事人不利益的证明，如果不是共同从事某事，不能作为证据，进行调查；八是第三人对于本案的意见，完全与本案无关，法院不得调查，但是法院所调查的事实，非有特种专门学识技能经验不能明了时而命令鉴定人进行鉴定并采用其意见，或者遇有特别案件，其真相确实无其他任何证据足资证明时，法院可以调查当事人的意见，作为证明参考时，都可进行相关的证据调查。比较而言，周荣关于证据调查的范围的论述远较松冈义正的论述翔实。

作者关于证据调查程序的论述分为调查之机关、调查之期日、调查之处所、调查之补充及再行、调查结果之辩论、调查之笔录、调查之费用等7项，内容大体与松冈义正所述相当，因此不拟赘述。关于调查机关，作者引述当时修正后的民事诉讼法，增加了公署学校商会交易所或其他相当的团体作为调查的主体，提出法院认为适当时，为便利调查起见，可以嘱托公署学校等进行调查。关于证据调查笔录，作者认为，受诉法院于言辞辩论中调查证据者，应将调查结果记录在言辞辩论笔录中而不必另外制作笔录。但于言辞辩论前进行的证据调查或由受命推事、受托推事进行的证据调查，书记官应制作证据调查笔录，制作方式适用言辞辩论的规定。受诉法院对此类受托、受命调查的笔录可作为附卷归档，不必另外制作笔录。

蒋澧泉关于证据调查见于其著述第十七章"证据调查总纲"、第十八章"特别程序之证据调查"。作者在第十七章首先明确表示该章是关于证据调查的一般规则的理论。第十七章分调查之范围、调查之机关、证据之声明、调查之期日及期间、调查之处所、调查之次序、调查之补充及再行、调查结果之辩论、调查之笔录、调查之费用10节。第十八章分上诉审之证据调查、抗告程序之证据调查、再审程序之证据调查、简易诉讼程序之证据调查、刑事诉讼非常上诉之证据调查、刑事附带民事诉讼程序之证据调查、督促程序之证据调查、公示催告程序之证据调查、人事诉讼程序之证据调查等节。其证据调查的知识结构与其他著述明显不同。以下首先对其第十七章的内容做一评述。

蒋氏关于证据调查的范围从相关性入手，认为证据调查的范围，以本案的系争事实，或者虽然不是系争事实，但足以证明或印证有关本案的关系事实为限。作者还就这种相关性问题各自两大法系处理的方式进行了论述：大陆法系由审判官逐案认定，而无概括的抽象标准。英美法系因采用陪审制，所以证据的提出，须先经法官认为有关系者，才可以向陪审团提出。如认为没有关系，即口头裁定驳回。当事人对此裁定，不许抗告，但可以作为上诉的理由。作者随之详细介绍了英美法系中关联性的有关规则，并表明虽然中国不能以其为依据而在实践中采用，但可以作为借鉴的法理。①

---

① 作者关于英美法系关联性的理论一共阐明了 18 种可资借鉴的情况，至今仍不失其理论意义：1. 实际上有关系的事实，依照法律人为没有关系者，非关系事实；2. 实际上无关系，依照法律有关系的事实，为关系事实；3. 当事人在处理案外事件时所言所行之事，原则上应认为有关系，但也有例外不认为有关系事实者；4. 当事人在处理案外事件时所言所行之事，原则上不认为有关系，但也有例外认为有关系事实者；5. 当事人于处理本案之外事件时的举动，如足以印证本案事实或其意思状态时，为关系事实；6. 当事人于处理本案前所实施的准备行为或事后基于该事件所行之事，都可以作为该当事人不利益的关系事实；7. 当事人处理本案事件时所言之事，一般可以作为关系事实，但以前或以后所言之事，则仅可以作为不利益的关系事实；8. 确认不动产所有权之诉，如果一部分田地，依照位置、性质，应认为与他部分田地有连带关系者，当事人可以引用其一部分田地行使收益、处分权之凭据，作为其他部分田地所有权或占有权的证明；9. 第三人对于本案的单纯意见，原则上无关系，因此第三人对于本案所能陈述者，仅以亲见者为限（但鉴定人除外）；10. 第三人于当事人前所言所行之事，如果足以释明当事人之举止言行者，可以提出作为该当事人不利益的关系事实；11. 第三人于当事人前所言所行之事，当事人于不应保持缄默之时而默不发言，可以推定为默认，但依当事人所处之境地，如果是缄默为正常状态，则不可以此缄默为关系事实；12. 第三人在本案以前另一案件中，或下级审诉讼中的陈述，如果先后诉讼原因大致相同，当事人也相同，该第三人的不利于当事人陈述，当事人已经对此进行了辩论，如第三人现已死亡、疯癫，被当事人藏匿、出国或无处寻觅者，可以将该第三人之陈述，作为关系事实，但刑事案件对于出国或无处寻觅的第三人陈述，不许采用；13. 第三人于当事人背后所言所行之事，非关系事实；14. 第三人在当事人背后所言所行之事，如果足以见证或释明本案事实关系，或与本案有密切因果关系，可据以推定本案事实之存在或不存在，则可作为关系事实；15. 如第三人于当事人背后所言所行之事，可为关系事实者，则该第三人于实施该行为时，或接近期间内所言之事，亦视为关系事实；16. 共同当事人间，如有结伙、同谋之情事，如同谋犯罪、共同预谋、共同侵权行为等，共同当事人中之一人，因进行共同事项所言或所行之事，不问言行时其他共同当事人是否在场，都可以作为其他共同当事人不利益之关系事实；17. 被害人于未死前自述受害或致死的原因，如果陈述当时确是自知即将死亡而无生存希望者，可以作为刑事被告不利益的事实；18. 当事人于相对人背后所述精神、体力、状态或其他受病之征兆，如该当事人陈述当时的现状与本案确有关系者，可以作为关系事实。（蒋瀁泉. 民刑诉讼证据法论 [M]. 北京：中国政法大学出版社，2012：138.）作者所言的各项关系事实中，有的与周荣所述相近，有的又属于传闻证据的例外，如第 17 项。这里暂且记存下来，以维持其理论原貌。

关于调查的机关，作者秉持其著述实践性的特点结合当时的法典进行了有针对性的分析。调查机关在其书作中共分为受诉法院、检察官、受命推事、受托推事、受托检察官、公署学校商会交易所或其他相当之团体、外国官署、住在外国之大使公使或领事等8类，这与周荣关于调查机关的界分相似。本部分有以下内容值得传述。一是民事诉讼中的证据调查，法院认为适当时，可以根据各种情形，使受命推事或嘱托其他法院推事或嘱托公署、学校、商会、交易所等调查，或嘱托外国官署或驻在外国之中华民国大使、公使、领事调查。该项决定，如在第一审，由独任推事决定，第二审则根据合议庭全体推事过半数意见决定。受诉法院进行调查时，可以对任何认为合适的证据进行调查，包括传唤证人、交付鉴定、实施勘验、察勘证物、讯问当事人等。进行证据调查时，应当由推事亲自为之，由书记官制作调查证据笔录，不得由书记官或由法警或执达员为之；否则将"违反直接调查主义，不得作为判决基础"①。二是具体证据调查时，应注意的一些基本问题。讯问证人、鉴定人，除已偕同当事人到场者外，应由法院传唤方可到庭，不得随意命当事人邀约到场。证人有数名者，应隔别讯问。法院应为证人、鉴定人特备候讯室，最好于法庭上特备座席，如不能特备座席时，推事可临时于当事人席指定其座位。② 一方当事人提出书证时，推事查阅后，应即交与他造当事人阅览，讯问其是否承认该文书的真实性，如他造认同，则进一步讯问其关于文书内容的意见。他造如否认该文书，则除依法可以推定其具有真实性外，应当令举证人证明其真实性。其间，法院还可以以职权调查关于该文书真伪的证据，如核对笔迹、察看纸张新旧等，以确定真伪。刑事诉讼中对被告的讯问，固然重在辨别犯罪事实的有无，但与犯罪构成要件、加重要件、量刑要件，或减免原因有关的事实，都应在讯问时予以注意。公诉案件的告诉人，虽非当事人，但法院为证明事实起见，认为有审问必要时，可以依照证人的规定，予以传唤并讯问。无正当理由不到庭

---

① 蒋澧泉. 民刑诉讼证据法论 [M]. 北京：中国政法大学出版社，2012：143.
② 作者还就证人如何传唤及传唤不到庭或到庭不作证的处罚等进行了论述，由此可以看出，蒋氏关于证据调查是将其他著述中证据方法的内容融入此处。作者关于书证等的调查亦与其他著述中证据方法的内容联系在一起。（蒋澧泉. 民刑诉讼证据法论 [M]. 北京：中国政法大学出版社，2012：146. ）

者，可适用有关法律规定予以惩戒。

关于刑事证据调查的主体，蒋氏将检察官纳入其中，实际上是混淆了作为刑事诉讼一方主体的公诉方进行证据搜集的刑事侦查与法庭证据调查二者的关系，表明其证据理论具有大陆法系职权主义的背景。与之相应，有关审判中心主义的法理也未能充分体现在作者关于证据的法理中。①

蒋氏还阐述了证据调查的一般顺序（调查之次序），认为通常而言，"民、刑诉讼，法院或检察官调查证据，法律并无一定之次序；应就特定案件，依法院依自由意见定之"②。证据调查过程中，应首先进行诉讼合法与否及有无管辖权的证据调查。其次进行起诉原因事实的证据调查（包括对抗辩事实证据进行的调查）。如果对于同一种事实有数种证据方法，可先就预先估计的效力强者进行调查。因为如果效力强的证据足以证明案件事实时，可以不用再去调查效力弱的证据。如果证据调查的结果不合法或不完备，或尚不明了，或者法院对已经调查的证据没有记忆，必要时可以补充或再行调查证据。这种补充或再调查无次数限制，其方法与未经辩论终结者相同。

关于调查笔录的阐述，作者论述尤详。民事证据调查笔录由书记官在调查时当场负责制作，但应服从审判长或推事的命令。其应记入笔录之事项，审判长或推事可以口授书记官记述，书记官认为审判长或推事命令不当者，应于笔录内记明意见。笔录中应记载：诉讼标的的舍弃、认诺及事实的自认，或者经晓谕而无须陈述的情形；证据的声明或舍弃；证人或鉴定人的陈述及勘验的结果；依照法律规定应记载的其他声明或陈述；不做裁判书附卷的裁判、为驳回声明证据的裁定及关于裁判的宣示等。在笔录的具体记述方法上，作者提出，笔录通常应记明"证据之提示、当事人之辨认及当事人经讯问不答或轻率、言词吞吐及喜怒哀乐等行为"，即尽可能还原证据调查时的场景。此外，其他调查的附随物应记录于笔录中。同时，笔录内引用附卷的文书或表示将该文书作为附件者，该文书中记载的事项与记载笔录有同一效力，书记官无须将该文书

---

① 作者在其后关于调查的期日、场所等处的论述中同样坚持着检察官等作为证据调查主体的理念，是其理论不足之处。
② 蒋澧泉. 民刑诉讼证据法论[M]. 北京：中国政法大学出版社，2012：176.

内容记入笔录。①

刑事证据调查笔录的制作，如果是在审判期日，只需记录于审判笔录中即可，不必另做调查笔录。笔录应记载以下内容：期日、处所、年月日；推事、检察官、书记官的官职、姓名，以及自诉人、被告人或其代理人、辅佐人、通译人的姓名；被告不出庭的事由；禁止公开的事由；检察官或自诉人关于起诉要旨的陈述；辩论要旨；受讯问人的讯问及其陈述，证人、鉴定人或通译如果没有具结的事由；当庭曾向被告宣读或告以要旨的文书；当庭曾经出示给被告的证物；当庭实施的扣押及勘验；审判长命令记载及依照诉讼关系人的声请许可记载的事项；给予被告最后陈述的机会；等等。②作者还论述了非于审判期日调查证据的笔录制作问题，但作者有关搜索、扣押笔录的制作应非本章所述的证据调查。

蒋氏关于特别程序证据调查的论述结合当时的刑事和民事诉讼法典，主要是对当时规则的理解、注释。总体而言，各类特别程序证据调查的基本精神是按照直接言辞审理原则的要求，其共同的调查方式、笔录制作等均同于一审程序，故不再赘述。

东吴大学法学院《证据法学》中关于证据调查居于该书第三章，该章分调查之权限、调查之程序、调查结果之辩论3部分。关于调查的性质，该章前言部分指出，"证据调查者，乃法院以发见证据内容为目的之诉讼行为也"，明确肯定证据调查是法院发现案件事实的行为，因此，"凡审理事实之法院，对于当事人所提出之证据未为相当之调查，则心证之根据已失，其裁判必不能确信无误也"。③

关于调查的权限，该书论述了4方面内容：不必要之证据、必要证据之职权调查、已举证证据之调查、释明证据之即时调查。不必要的证据即与案件事实毫无关系或者法官对该证据所欲证明的事实已经有了相当的心证，为防止诉

---

① 蒋澧泉. 民刑诉讼证据法论 [M]. 北京：中国政法大学出版社，2012：191. 作者指出，调查时如果有绘图、照片、模型等，或者勘验时，在侵犯场所捡到的凶器，被告所遗留的物件、毛发、指纹、足印，被害人染有血迹的衣物或投毒用的物品等，必须在笔录中注明并予以保存。
② 作者此处所述参照了当时的刑事诉讼法律。
③ 东吴大学法学院. 证据法学 [M]. 北京：中国政法大学出版社，2012：80.

讼拖延，法院可对此类证据不进行调查。但法院不能依照当事人主张的证据形成心证，或者因其他情形认为必要时，可以调查有关证据。在民事诉讼中的证据调查，按照辩论主义，仅就当事人主张的证据进行调查，但为了发现案件事实，在例外的情形下可依职权进行。① 已举证证据的调查，是指内国习惯、地方法规和外国现行法。对于此类事项，如果法院不知晓，当事人就有举证责任，法院可以依职权进行调查。当事人如果不尽举证责任，且法院也没有进行调查，那么不得作为裁判的基础，当事人不得视其为违法。当事人主张习惯作为攻击或防御证据时，除该习惯在当事人间没有争执或者属于显著事实，或者属于法院职权中已知的事实外，应负举证责任。法院对于习惯事项的调查，应审查该习惯是否具有以下4种情形：法律无明文规定；确定属于一定时期内，就同一事项，反复发生的同一行为；该地民众均信服其有拘束力；不违背公共秩序、善良风俗。地方制定的法规常常因地而异，不能要求法院全部知晓。对其中法院已经知晓者，可以依职权直接援引适用。如果法院不知晓，那么主张适用的当事人应该负举证责任，法院对其进行调查。外国现行法规也非法院完全知晓者，且其职务上也没有应当知晓的责任。因此，当事人如果主张适用，应负举证责任。释明证据的即时调查要求相对较低，指的是法律规定仅需释明的事项，法院不用达到确信的程度的证据调查。但如果法院不能相信其证据达到大概真实的程度，需要详细地调查时，可不适用有关释明证据调查的规定。

该书关于证据调查的程序、笔录制作等与其他著述基本相同，故不拟赘述。但书中所述以下几点值得注意：一是法院证据调查的期日，通常在言辞辩论期日进行，法院为便于做好调查准备，应允许当事人在言辞辩论期日前，进行证据声明，使裁判时所有证据可以迅速终结，以免诉讼迟延；二是证据调查通常在受诉法院管辖区域内进行，受诉法院、受命推事或受托推事必要时可以在管辖区外的本国领域内，调查证据，如非必要时，可以依法律协助，嘱托有管辖权的法院代为调查；三是调查证据时，应当命令当事人到场，使其直接得知调查证据的结果并利用该结果，如果当事人之一造或两造不到场时，除因其不到场而不能调查者外，法院可依职权进行调查，以防止诉讼延迟和拖累证人。

---

① 该书援引各国在民事诉讼中证据调查原则的通例：一为声明主义，即须经当事人声明而进行；一为职权主义，即证据的收集，不仅为当事人的责任，法院也有相应的义务。

三、证据辩论的基本内容

松冈义正援引当时日本及德国的民事诉讼法典就证据辩论进行了阐述。辩论是证据调查终结后,当事人双方就证据调查结果进行的论辩。因为法院"对于言辞辩论目的物之证据方法,非使当事人得有认识其调查结果之机会,得有对此提出证据抗辩之机会,即不能提供为裁判之资料也"①。并且,证据调查终结后就其结果的辩论,与之前已经中止而其后继续进行的辩论,都可以援用证据调查的结果进行,并合为诉讼事件的一体辩论。

关于具体辩论的展开,有以下3种情形。

一是受诉法院调查证据时,如果于同一期日进行调查及辩论,或者于延续的期日中(原文是延展日期)从事辩论,且原判法院的推事尚未变更,同时该推事尚未遗忘其调查结果时,因为没有违背直接言辞审理原则,无须陈述调查的结果,只要表明诉讼关系,就其调查结果进行辩论即可。反之,如果推事有变更,或者延续的时间过长,以致推事已经遗忘其调查结果的,则须当事人进行陈述,不能只表明诉讼关系即行辩论,因为这时已经违背了直接言辞审理的原则。二是受命推事或受托推事调查证据时,受诉法院必须在言辞辩论期日让举证者朗读原审问记录,陈述证据调查的结果;否则,受诉法院即不能依照直接言辞审理原则,斟酌该调查结果。至于双方当事人援用同一证据方法时,究竟应由何方当事人陈述证据调查的结果,可依双方当事人协议决定。② 三是在外国调查证据时,法律上虽无特别规定,但依照日本当时民事诉讼法的规定,仍应由当事人就证据调查的结果进行陈述。

---

① 松冈义正. 民事证据论 [M]. 张知本,译. 北京:中国政法大学出版社,2004:122.
② 作者还就证据调查结果的陈述进行了详细的论述:更正或补充陈述的,可由未做陈述的对方本于防御权依据审问记录进行。如果言辞辩论终结后,发现陈述有谬误或不完全者,法院不但不可以当事人未陈述的调查结果作为裁判的资料,而且不得依据当事人的谬误或不完全陈述作为裁判资料,必须再次辩论,使该陈述得到更正补充。未经当事人陈述的调查结果,法院不得以之作为裁判资料,因其已为当事人抛弃的原因。但是证据调查是由法院以职权进行的,或者由法院以职权斟酌进行的,即使当事人没有陈述该调查结果,法院也可以其作为裁判资料。法院职员代当事人进行证据调查的陈述的,因为违反了直接言辞审理原则,不得允许。(松冈义正. 民事证据论 [M]. 张知本,译. 北京:中国政法大学出版社,2004:123.)

<<< 第八章 证据调查与辩论的法理评析

　　杨兆龙关于证人讯问的论述以英美法系的交叉讯问制度为基础，其实就是法庭辩论的重心。作者将英美法系中的证人讯问界定为当事人讯问主义，阐明该讯问分为3个阶段：初讯问（examination-in chief, direct examination）、反讯问（cross-examination）、再讯问（re-examination, re-direct examination）。作者论述了交叉讯问几个环节的基本内容和需要遵守的原则。初讯问是声请传唤的当事人对于证人的诘问，其目的在使证人陈述事实，并使法院确信其陈述为真实，因此，不得有引诱之诘问（诱导性讯问，leading question）应注意区分其中的非诱导性讯问，① 也不应进行对证人表示不信任的诘问。但证人对其当事人有仇视时，当事人可以进行以下讯问：足以证明本案事实的诱导性讯问；或者证人从前陈述与当前陈述是否有差异。反讯问是当事人对于对造当事人的证人进行的讯问，其目的在于使对己方有利事实或对于他方不利事实的证明出自证人之口，或者证明对造当事人的证人不可信任，即攻击其信用。在反讯问阶段，可以进行诱导性讯问，也可以使其证言前后矛盾，甚至可以提出品格证据（曾经是否为罪犯等）。再讯问是当事人在对于造当事人诘问后，对于己方证人的再次讯问，其目的在解决由反讯问中所发生的疑问，其规则同于初次讯问。杨氏系统地阐明了交叉讯问制度，应该是汉语世界完整介绍英美法系交叉讯问制度第一人。交叉讯问制度涉及庭审证据调查中各种类的证据方法，因此，该制度实际上是法庭辩论的重心。就此而言，杨氏阐述了法庭辩论的实质。

　　周荣关于证据调查结果的辩论与松冈义正大致相近，但阐述的内容远较松冈义正简略。不过以下几点内容值得关注：一是关于证据调查与辩论的关系。作者认为，受诉法院对于可以即时调查的证据，可以在言辞辩论期日进行调查。如果为了明了案情起见，也可以在言辞辩论前的特定期日进行调查。二是虽然证据调查不以当事人到场为要件，但应当通知其到场，以使其知晓证据调查信息。如不到场，应在辩论前告知调查结果，这种告知方式可由一方当事人

---

① 作者详细列明了非诱导性讯问的事项：所问之事与本案事实无关，如证人姓名、职位等；证人的记忆力薄弱，用其他方法不能引起其记忆，经过法院许可时，可进行诱导性讯问；法院认为被诘问的证人对传唤的当事人有仇意而允许进行诱导性讯问；所问之事为他方已经证明的事项时（杨兆龙. 杨兆龙法学文集［M］. 北京：法律出版社，2005：173.）。但作者关于许可在证人有仇意时的诱导性讯问与下文提出的内容重叠，应是作者没有注意的缘故。

203

陈述，也可由审判长命令庭员或书记官朗读调查证据笔录，以此为辩论的基础。与此相关，言辞辩论后的证据调查即非合法。对此的解决办法应当是，审判长应当指定其他期日作为言辞辩论的续行期日。①

蒋澧泉将证据的辩论分为民事诉讼证据调查结果的辩论和刑事诉讼证据调查结果的辩论两部分进行论述。关于民事诉讼中的辩论，作者认为有广、狭两种。广义是指包括法院、当事人及第三人在辩论期日所做的一切行为；狭义辩论仅指调查证据后当事人的辩论，此即证据辩论。作者随后指出其辩论属狭义，并阐述了这种辩论的法理。由于当事人对证据调查的结果有辩论的权利，因此审判长应当给当事人辩论的机会。如当事人对其享有的辩论权不知情，审判长应当告知当事人该权利，否则判决即存在瑕疵，并可成为上诉的理由。作者还论述道，在判决做出前，围绕证据展开的辩论，在辩论终结前，可以随时进行。作者还论述了辩论在裁判中的作用，推事对作为判决基础的材料如果没有进行言辞辩论，不得以之做出判决。因此，开始辩论后、判决做出前，如果推事发生变更，应重新就相关事项进行辩论，才可以作为判决的基础。但当事人以前的辩论，经记明在笔录中的，仍不失其效力。重新进行辩论时，可以由审判长命令庭员或书记官朗读以前辩论笔录。另外，辩论是就实体事实而言，有关程序、证据问题的裁定，可以不经过辩论。"唯除有明文绝对不许经言词辩论者外，如法院认为适当，于裁定前亦得行言辞辩论"②，但此类辩论的要求较实体事项辩论要求低。

作者援引英国哲学家密尔（穆勒）《逻辑体系》一书中的有关逻辑理论，就辩论展开的具体逻辑加以论述，这些观点值得关注。为保持其知识原貌，同时就其对穆勒《逻辑体系》中的翻译一并照录。首先是本证中的辩论方法，作者认为可援用演绎法。一是合同法（契合法）。即"联合凡能发生某种现象之各个事件而比较之"，"若诸现象仅有一公共情形，且均仅在此情形中相合，则此种情形为此等现象之因或果"。作者还以举例的方式对此进行了说明。二是差异法。同种事实的一项事实，因加其他行为，即生另一现象，不加其他行

---

① 作者阐明了这种续行辩论期日的确定方式，如果审判长能够预料证据调查的终结日期时，可以先行指定该辩论期日，并告知当事人。如果不能预料，可以在证据调查终结后，再行传唤。（周荣. 证据法要论 [M]. 上海：商务印书馆，1936：64.）
② 蒋澧泉. 民刑诉讼证据法论 [M]. 北京：中国政法大学出版社，2012：184.

为，即不生另一现象，则该行为即为另一现象之因。① 此外，还有3种方法，第一，同异联合法（契合差异并用法），如果"有二件或多数之事，均发生此现象。其中，仅有一情形为公共者，另有二件或较多之事，不生此现象；其中，除共缺前种情形外，无事相同，仅以此种情形而使二事差异。则此情形，即此现象之因或果，或其因之必须分子"。第二，共变法。即无论何时，如果一现象的变化，引起另一现象变为某种状态，则此现象即为另一现象的因或果，或者与因果事实相关联。第三，剩余法。即在一种现象的发生中，除其之前由归纳法而推知的是何种前件的结果外，其余部分，即为其余前件的结果。其次是反证中的辩论规则。关于反证，作者在其第八章证据法上证据之种类中提及，这里就其辩论方法一并予以梳理。作者认为，反证的性质可分为解释、否认及另举新事实3种。例如，自诉人主张被告人为加害人，因曾于被告人身上搜得凶器。对于该凶器，被告人举出证明该凶器为援救自诉人自刎所得者，即为解释性反证；如果反证该凶器非其所有，即为否认的反证；如果证明双方始终没有争斗，即为另举新事实的反证。其中，解释的反证又分为矛盾情形的解释、不同状态的解释及累积相反事实的解释3种。作者特别指出，反证与证据抗辩不同，后者是当事人对于对方的证据主张不能信任，仅陈述即可。反证则是对于对方主张的事实，证明与之相反的事实，需要另外提出证据方法进行证明。②

民事诉讼中的证据辩论，还要注意的是，必须由当事人双方到场。如当事人不到场，不问其原因如何及当事人有无过失，均可按照申请一方进行辩论。如果当事人不到场，是因为未有传唤或传唤未于相当时期进行，或送达不合法或其不到场是由于不可抗力，或者法院未将到场当事人所提出的作为判决基础的实体上的证据，在相当时期通知对造，或者到场当事人于诉讼要件之存在未做出必要的证明者，不得进行只有一方当事人在场的辩论。因此，辩论的进行是指"到场当事人求为实体上判决而言，故无论到场者为原告或被告，如求为本案判决，应就诉讼要件存在举证，否则应以不合法而驳回原告之诉，无一造辩论之适用"③。进行一造的证据辩论，对于举证责任不发生影响。即当事人

---

① 蒋澧泉．民刑诉讼证据法论［M］．北京：中国政法大学出版社，2012：186．
② 蒋澧泉．民刑诉讼证据法论［M］．北京：中国政法大学出版社，2012：25．
③ 蒋澧泉．民刑诉讼证据法论［M］．北京：中国政法大学出版社，2012：188．

一造不到场，如他造请求为本案实体上的判决时，除就诉讼要件是否具备，应当依照一般原则与未到场人分配其举证责任外，需要由到场人证明诉讼要件事项的存在，如果不能完成此项证明，则法院视为诉讼不合格的判决或者驳回到场人的申请，不得做出实体判决。另外，已经就证据调查结果进行辩论后，如果认为心证尚未充足而需要继续（延展）辩论时，前项辩论的效力不因当事人以后缺席而受影响，因此，缺席人在以前辩论时没有争执的事实所产生的效力，仍继续存在。

作者关于刑事诉讼中证据调查结果的辩论，结合当时的法典进行了分析，并主张凡民事诉讼中所遵循的辩论规则，除与刑事诉讼相冲突外，均可参照遵行。因与其他书著的论述相近，不拟赘述。

东吴大学法学院《证据法学》中，其第三章关于证据调查结果的辩论论述较为简略，从中只能看出辩论是证据调查结果的一个必要安排。但该书又以一编的结构共4章的内容，专门讨论证据辩论的问题，是较其他各家著述完全不同的方式，也体现出两种不同的证据知识逻辑。该书关于证据辩论包括讯证程序、证据辩论、评证标准、供证图解共4章。其中，从知识的关联度判断，评证标准及供证图解两章实际上是有关证明程度的论述，笔者在前文关于证明程度的论述中已对其做了介绍。笔者认为本编其余两章确属证据辩论的内容，而且还拓展了此前著述关于证据辩论的内容。

在本编序言部分，作者陈述了证据辩论的意义。"倘法院于言辞辩论时，无确定讯证程序；承审法官评证时，无权衡标准；对于当事人之提证解说，不规定相当范围；则非仅审理时程序纷扰、争点混杂，即案情真相，亦不易明了"。因此，"凡遇证之辩论时，由审判长将其次第先行谕知。倘任何一造当事人，请求变更此程序，除应得审判长许可外，更宜予对造当事人有同样之辩论机会"。"如是而后法庭之辩论程序，易于指挥；诉讼上之争点，易得清楚；而法官评证之标准，庶可公允确当焉"[1]。除了关于对评证标准和供证图解意义的肯定，该书有关证据辩论意义的评论较为客观、全面。

该书关于讯证程序的论述分为证据之声明、证据之传讯、证人之讯问、讯证于法制史上之比较观4节。其中，由于采当事人处分主义，证据声明即证据

---

[1] 东吴大学法学院. 证据法学［M］. 北京：中国政法大学出版社，2012：213.

调查的申请是民事诉讼程序中的必要行为,未经当事人提出,法院不得进行此类调查。在刑事诉讼中,由于以法院的职权主义调查为原则,因此,只在必要时由当事人申请。关于证据的传讯,基于审判中心主义的要求,无论民刑案件,法院审理事实时,应当传讯当事人或证人到案并进行询问。该书还系统地阐述了传唤的权限、传票如何送达及传票应当记明的内容,体现了较强的操作性。随后,该书论述了证人讯问的顺序、处所和方法。该书结合当时的法典阐明了讯问的顺序,"吾国立法意旨,讯证顺序,采法院直接审理主义与自由顺序主义。故法院调查事物、审问口供,均可自由进行;而当事人之提供证料、辩论诘究,亦得于言辞辩论终结前,随时提出。惟宣告辩论终结后,不能再讯问证人"。虽然如此,为了避免诉讼拖延,提高诉讼效率,"审判长虽得指挥一切诉讼进行手续,然究不如于审理时,就诉讼案件之繁杂与简易,预行宣告本案审问序列之为愈也"。① 因此,在民事诉讼中,证据的提供与审理,先由审判长发问,审判长讯问证据时,陪席或列席推事可在告知审判长后,亲自向当事人或证人讯问,或者由审判长在审理时指定受命推事,命其讯问被告或调查证据。随后,各当事人及证人依次陈述、答复。其顺序有两种,在原、被告分别讯问制中,依次为原告举证陈述、原告证人证明陈述、被告的防御陈述、被告证人的反证陈述。在原、被告混合讯问制中,先由原告举证陈述,次由被告作防御陈述,其后是原告证人的证明陈述,被告证人的证明陈述。刑事诉讼中,由审判长先查验被告身份,然后告知被告犯罪嫌疑及所犯各罪,其顺序为:审判长对被告的讯问,检察官陈述案件要旨,被告有罪或无罪的答复,原告(控方)证人的证明,被告的防御陈述,被告证人的反证。此间,民事诉讼当事人可以申请审判长对证人发问,审判长也可以准许当事人直接对证人发问。刑事诉讼中,除审判长讯问外,两造当事人也可诘问证人或鉴定人,但审判长认为诘问不当时,可以禁止此类诘问。

该书第十二章证据辩论中,共论述了辩论顺序、供证方式及法制史上辩护制度之比较三方面的内容。民事诉讼中的辩论顺序通常有:普通辩论,即原被两造的争点,均于辩论时一次辨明,先由原告或其代理人进行,后由被告或其代理人续行辩论;合并辩论,即分别提起的诉讼,不问当事人相同与否,可以

---

① 东吴大学法学院. 证据法学 [M]. 北京:中国政法大学出版社,2012:215.

合并辩论，其辩论顺序也是先原告、后被告；分别辩论，即当事人以一诉主张数项标的时，可以分别进行辩论。刑事诉讼中的辩论顺序是检察官、被告、辩护人。辩论后，审判长可以命令再行辩论，但被告有最后辩论权（现时刑事诉讼中名之为最后陈述权）。

供证方式是该书关于举证与反证的分析。其中，举证（propnent's probative process）包括本证与佐证两项。本证（assertive evidence）即主张有利于己事实的当事人，就系争的原来事项所举出的证据。① 佐证（coroborative evidence）是辅佐某事实主张所提出的证据。提出佐证，通常均在被告答辩之后，为了加强本证的证明力而提出的。该书随之论述了本证、佐证的辩论规则，即"采用论理学中的演绎法与归纳法之原理，而尤以归纳法为最常适用，演绎法只于必要时行之（在情状证据中各种推论，包括一切自然科学上假定的一般真理；在供述证据中各种推论，包括一种供述心理上假定的一般真理）。除此，尚有其他协助的、偶然的，逻辑学中二种基本规律"②。其理论来源同样是穆勒的逻辑理论。该书将其表述为合同法（method of agreement）、别易法（method of difference）、类比法（analogy）、合并法（又称归纳演绎法，the joint method of inductive and deduvtive）等，因与蒋澧泉所述较为近似，故不赘述。

反证即当事人为推翻对造主张，提出相反事实的举证。其中，如果不另举相反的新事实，仅就对造主张的证据予以否认、攻击者，属于抗辩。反证辩论（opponent's probative processes）的方法包括：1. 辩解（explanation），即对对方当事人的举证，用一种解释方法进行防御，使其证据不发生效力，具体包括矛盾情形的辩解（inconsistent instances）、不同状态的辩解（dissimilarity of conditions）、累积相反事实的辩解（cumulative contrary instances）；2. 否认（denial），即被告对于原告所陈述的事实，可以完全否认；3. 另举相反的事实（rival fact）。

该书在供证方式一节最后的结论中指出，供证方式的适用，从举证、反证的角度来看，可归纳为5种程序：举证方提出证据；反证方辩解；反证方否认；反证方提出相反事实；举证方佐证。作者并引述威格摩尔的观点，认为在

---

① 原文为就系争之原来事物所举出之证据也，其中，"原来事物"似不确，因此笔者以原来事项代替。
② 东吴大学法学院. 证据法学 [M]. 北京：中国政法大学出版社，2012：227.

任何一项诉讼中，对于任何一个法律关系构成事实的争点，都可按照前述程序调查其中的证据。在此基础上，再进行综合与分析，加上经验的融汇与观察，可达到最后的结论。

四、本章小结

与其他证据知识构造逻辑不一致，有关证据调查和辩论的知识体系，在近代各家著述中存在着明显的知识分野：一种是以松冈义正的《民事证据论》为代表，证据调查与辩论被视为证据法学知识体系通论部分的内容，从此研究范式者有蒋澧泉、周荣等；另一种是以东吴大学法学院《证据法学》为代表，将证据辩论作为独立的一编并置于四编之末，与通论、证据方法、证据保全处于同一位阶的证据法学知识单元，提升了证据辩论的地位。

分析其背后的原因，笔者认为，两种不同的知识结构实际是两大法系证据法学理的体现。可以断言，将证据调查与辩论视为证明通则一部分者，是大陆法系职权主义法庭调查理念影响下的产物；而将证据辩论作为独立的一编者，则是英美法系当事人主义法庭调查理念影响下的产物。申言之，在大陆法系及受其影响的法域的证据法理中，证据调查是公权力的职权行为，当事人对证据的辩论亦以服务于公权力的调查行为为核心。即使是证据的保全、证据方法的运用也应以公权力的有效行使为中心；反之，在英美法系的证据法理中，由于奉行当事人主义的证据调查模式，证据调查与辩论成为当事人在法庭指导下履责的事项。与此相关，以当事人为中心展开的证据调查与辩论（尤其是证据的辩论）就成为诉讼证明中十分重要的环节，自然走进证据法学知识体系的中心。[①]

单就东吴大学法学院《证据法学》中证据辩论安排的结构来看，有关证据辩论的知识逻辑尚不成熟。如笔者在前文所述，该书关于证据辩论的知识糅杂了法官心证的内容，且将证据调查与辩论分割开来，或者说仍旧维系大陆法系证据法学知识的结构逻辑，将证据调查放在其通则部分。这样安排的结果使得

---

① 时至今日，两大法系在法官角色、庭审结构、证据调查与辩论等方面还存在较为明显的差异。述可参见龙宗智. 刑事庭审制度研究 [M]. 北京：中国政法大学出版社，2001：94.

其整个证据法学知识体系呈现杂糅的色彩，在较有独创性的同时仍然有着旧的证据知识逻辑的影子。尽管如此，作为近代中国英美法系法学教育的重镇，东吴大学法学院能够兼采两大法系证据知识结构之长，真正践行了"折中各国大同之良规，兼采近世最新之学说"法律移植的原则，成为汉语世界证据法学知识构成逻辑的典范，其对后世法律移植方法论上的借鉴意义不容低估。从近代证据知识逻辑发展的时间轴上看，其创新意义及历史影响理应得到充分肯定。

结束语

重撼汉语世界证据法学的研究传统

远自明末万历四年（1576年），从西班牙传教士庞迪我出版的中文著作《七克》开始，作为近代证据法学知识体系基本元素的概念，即已在汉语世界出现。如果以此为起点，汉语世界近代证据法学知识体系的形成经历了300多年长时段的演绎。这一时间跨度实与中西法律文明交汇、冲突的时间等长。可以想见，当中西交汇，尤其是古今绝续之际，曾经拥有辉煌的经济文化发展历史和深厚政治法律传统的中国社会、政府和民众，如何告别中华法系——无论是主动还是被迫——实现法制文明的创造性再生，调谐外来法律文化与本土法律文化之间的关系并将其安放于中土？其间，两种不同的制度文化观念发生怎样的冲突和理解上的错位，同时，在这样的冲突与错位背后，又存在怎样的社会、文化乃至心理、意识的角力？或者，用黄源盛先生的话说，法律应如何因应新旧文化价值的冲突？为了合理主导社会变迁的方向，又该如何处理"超前立法"或"超文化立法"的可能性？[①] 这些都是值得认真探究的课题。此外，由于不同法域法制文明的交流及相互借鉴是持久的和不可阻遏的，因此，上述问题的探究将会常旧常新，因不同的时代、不同的主体和不同的问题意识而研究得出新的观感，触发新的启示。

对近代证据法学知识体系成长历史的梳理，可以从一个重要的侧面折射出上述问题的冲突、博弈直至最终调谐的过程，为理解近代中西法律文化的冲突、交汇提供了一个重要的视角。逐渐成长起来的近代中国证据知识体系，作为一种理论类型，在尝试进行本土言说的同时，其语词、概念是如何层累起来

---

① 黄源盛. 中国法史导论［M］. 桂林：广西师范大学出版社，2014：447.

的；同时，与同一时期域外证据法学理论相比，在共相与特质之间，存在怎样的取舍与互融关系，该理论如何实现其在守恒与嬗变之间的均衡？这些问题及由此产生的挑战，同样是近代中国整个法律文化在证据法学领域的投影。而且，十分幸运的是，近代法律学人的努力已经为汉语世界证据法学知识体系的建构确立了坚实的基础。具体而言，这一基础就是确立了以证明为中心的一元证据法学知识体系。这种知识结构符合有关证据法学知识体系的公理性逻辑，理当成为中国证据法学研究的逻辑起点。在英美法系，其经验主义哲学和陪审团审判的长期司法实践，使强调证据规则的首位性成为证据知识与学理成长的传统，从而使其证据法学知识中证据规则的学理十分发达，以致其证据法学理论被长期误读为证据法规则的原理与知识的累积。同时，在英美法系国家内部，对这样的误读也缺乏应有的反思，除边沁与威格摩尔两位证据法学专家对此有过反思并尝试以一个一般的理论（证明的理论）为中心对英美法系证据法学知识进行重新建构外，英美法系的证据法学知识在应然逻辑上是以证明为中心的理论体系，仍然是不争的事实。① 如果承认以证明为中心的证据知识体系为应然的证据法学理，那么，所谓的从证据到证明的转型只是一个伪命题，与此相应，汉语世界证据法学知识体系就必然面临着重新建构的问题，而这一知识工程的完成，必然要以近代证据法学知识体系为其逻辑起点。当然，承认这一命题的真实性并不意味着完全否弃1979年以来证据法学研究的成果，而且，实事求是地说，当前证据法学研究在很多领域已经远远超越近代证据法学的研究水平；但微观领域的研究成就仍需要整体知识结构的重塑。

对近代证据法学研究的评价，从汉语世界近代证据法学知识体系内在发展的逻辑来看，以下几方面研究方法与研究成果也应得到充分肯定。

---

① 反思英美法系证据法学研究的得失，需深入探究其发展的历史，这无疑是一个宏大的工程，笔者寄希望于将来的研究。这里只是一种学术直觉和断言，当然也有一定的历史资料等理论支撑。边沁1827年在其《司法证据原理》（*Rationale of Judicial Evidence*）中，威格摩尔1937年在其《司法证明科学》（*The Science of Judicial Proof*）中，都尝试建构以证明为中心的一般性理论，只是没能得到应有的重视。时至今日，英美法系国家的证据法学者似乎对此仍缺乏应有的反省。这与哲学史上将"是"理解成"存在"，将"真"理解为"真理"一样造成长期的误读有相似性。相关研究可参见威廉·特文宁. 证据理论：边沁与威格摩尔[M]. 吴洪淇，杜国栋，译. 北京：中国人民大学出版社，2015：163-252；王路. 为什么是"真"而不是"真理"[J]. 清华大学学报（哲学社会科学版），2018，33（1）：161-171，197.

<<< 结束语 重掇汉语世界证据法学的研究传统

一是在近代证据法学知识体系形成过程中，法律新语词的创设对当下仍具启示意义。如前所述，现行汉语法律语言与现行法律制度一样，是近代中西交汇以后，中国对西方法律语言移植的结果。在此过程中，作为其先在的基本元素的法律概念，在大量吸收外来语词（主要源自日本）或创设新词的基础上形成，呈现出与传统的中华法系法律语言迥异的风貌。围绕现代法律概念的创设，移植们主要进行了以下两方面的实践，即语词如何确立以实现能指，以及语词的意义如何为他人理解并接受以实现所指。关于前者，既有的研究表明，移植者主要通过借用外来词、改造旧词和创设新词的方式实现。其中，对外来词——主要来源于日本——的借用和对旧词的改造，因其赋予了这些词在新的汉语语境中的意义而得以确立，所以属于广义上的新词创设。① 总体而言，近代法律新词发展演变的轨迹，经历了词形上由不固定到固定、意念上由附会到理性、译法上由音译到意译、来源上由英美到日本、内容上由公法到部门法等方面的发展，逐步摆脱了语词对应上的混乱现象，获得了能指与所指的同一，这标志着近代法律新词系统已基本形成。

然而，真正的移植工作远没有完成，如何实现新词意义与汉语表达环境的圆融，仍然颇费思量。仅就自由心证在早期的移植过程来看，傅兰雅就曾将其中的"良心"理解为"天理人情"。类此的例子可以举出很多，至今仍然饱受争议的有关严复的翻译，即是明证。而在这一现象的背后，是难以拒却的不同法律文化传统、伦理观念、价值取向等深层次的异质文明间的鸿沟，尽管我们不能舍弃文明的普遍性原理。从现在研究的情形来看，移植者在引入新词时，通常采取夹注式解说、集中式解说和编纂词典以解说等几种方式。② 无论是早期的附会性释读，还是后期基于现代法律理念的理解所做出的理性诠释，都使

---

① 参见崔军民. 萌芽期的现代法律新词研究 [M]. 北京：中国社会科学出版社，2011：213 页以下. 需要说明的是，在移植概念的时间节点上，通说认为，法律概念移植的起点，始自 1840 年林则徐组织翻译《各国律例》。然而，根据笔者在前文对有关自由心证的考释，出于沟通的现实需求，这一过程远在传教士与中西文明甫一交汇时即已发生，其间经历的过程漫长曲折。（参见俞江. 近代中国法学语词的形成与发展 [J]. 中西法律传统，2001，1（0）：24-66.）

② 参见陶静. 中国近现代法学用语翻译 [J]. 安徽农业大学学报，2002，11（2）：121-123. 该文谈到的几种方法原为在引入日文词时所采取，笔者以为在其他几类新词语义的构建中亦不例外。

213

语词因此具有了丰富的蕴含。在今天的跨文化法律对话中，毫无疑问，人们仍然面临着当年移植者所面临的问题，即如何构建法律概念语词和语义的二度空间。因此，当翻译者为了"一名之立，旬月踟蹰"（严复语）时，回望这段历史，循沿早期法律移植者的行迹以找寻灵感，相信将不无启示和借鉴意义。

需要特别说明的是，由于现行汉语法律语言仍然以传统的汉语言文化为底色，隶属于汉藏语系，与现代法律输出国所属的印欧语系法律语言存在明显的差异，因此汉语世界法律语言的构建形成了天然的难以挣脱的"语言牢笼"（詹姆逊语）。① 与此同时，翻译或者跨文化对话活动中固有的"不可通约性"②，也成为汉语世界现代法律语言建构的窒碍，需要以理性的方式应对。可以断言，由于汉语世界法律语言所依存的汉藏语系与现代法律产生和成长的印欧语系之间存在着前述较大的差异，而且，人类语言与其思维方式之间存在着共生关系，汉语世界的法律思维方式也必然受此影响；加之不同文明一定程度上存在的"不可通约性"的阻滞给跨文化的法律移植带来的困难，这些将使法律语言、概念的冲突与融合长期地存在着，由此，对法律语言、概念的研究将任重而道远。③ 鉴往所以知来，近代证据法学概念语词形成中的诸多方法、

---

① 一般说来，汉藏语系和印欧语系存在着以下几方面的差异：一是在语音方面，印欧语系语言清浊音对应存在，汉藏语系除个别种类语言外，每一个音节都以不同的声调表示不同的意义。二是在词汇方面，印欧语系拥有大量共同来源的词语，具有相似的语音形式和相似的结构形式，汉藏语系则单音节词根占绝大多数，而且大都可以自由运用。三是语法上，印欧语系最富曲折变化，要求数、性、格等保持形式上的一致，词汇要有丰富的人称、时态和格的变化。而在汉藏语系中，基本上不用形态表示语法意义，语序和虚词是表达语法意义的主要手段。总体而言，印欧语系的语言有着丰富的形态变化和条分缕析的系统化规则，比较适合于科学表达。而汉藏语系的语言则因其单音节表义、缺少形态变化、词类界线模糊、词的语法功能不固定、句法关系的灵活多变等个性，给语言的使用者以较大的自由度，比较适合于叙事、写景、状物、抒情。毫无疑问，这些语言特征将对现行汉语法律语言在中西法律对话中形成先天的制约。参见佚名. 藏系与印欧语系有哪些差异［EB/OL］. 非物质文化网，2023-03-15；戴昭铭. 文化语言学导论［M］. 北京：语文出版社，1996：54.

② "不可通约性"由库恩在《科学革命的结构》中首次提出，其后衍散沿用至其他学科领域，本书特指在跨文化翻译中的情形，奎因又将其称为"译不准原则"。参见奎因《经验主义的两个教条》，转引自俞吾金. 二十世纪哲学经典文本：英美哲学卷［M］. 上海：复旦大学出版社，1999：277.

③ 参见何邦武. 法律实践教学中的语言学方法探索：以刑事诉讼法为视角［J］. 临沂大学学报，2011（1）：71-75.

翻译者在翻译过程中的心路历程，仍值得时时回眸。

二是近代证据法学知识体系建构中兼容并蓄的理性主义精神。近代中国证据知识体系是自清末开始的中国法制现代化的应然之果，是中国"新轴心时代"迸发的众多文明成果之一。① 经由几代法律学人的努力，至1940年，以东吴大学法学院编撰的《证据法学》为标志，汉语世界里有关证据法学的知识体系始克告竣。② 本书在先的关于清季至民国时期证据法学知识体系的分析，已大致勾勒出有关该知识体系在近代以迄民国的历时性发展轨迹，以及这一知识体系在1940年的最后样态。在近代中国证据知识体系形成过程中，最值得关注的是，对两大法系证据法理、制度，在学习、接纳上的兼容并包。由于在早期的法律移植中受日本的影响，近代中国证据制度及其法理逐渐定格为大陆法系证据法学的知识及逻辑，即以证明为中心，从证明通则到证据方法、证据保全等的一元知识逻辑结构。自20世纪三四十年代开始，英美法系证据法学发展至新一轮高峰，经过了19世纪以斯蒂芬（Stephen）和赛耶（Thayer）为代表的一大批证据法学者更为深入的研究，证据法学得以建立在相关性和可采性基础上，确立了独立于实体法和程序法的地位。至20世纪，英美证据法学发展进入成熟期，出现了威格摩尔（Wigmore）、克罗斯（Cross）、摩尔根（Morgen）、莫尔（Moore）、麦考密克（McCormick）、米谢尔（Michael）等一批证

---

① 德国哲学家雅斯贝尔斯曾提出了著名的"轴心时代"理论，认为公元前800年至公元前200年之间，尤其是公元前600年至公元前300年间，是人类文明的"轴心时代"。这段时期是人类文明精神的重大突破时期，各个文明都出现了伟大的精神导师，他们提出的思想原则塑造了不同的文化传统，也一直影响着人类的生活。伴随"轴心时代"理论而起的"第二轴心时代""新轴心时代""后轴心时代""前轴心时代"等，也成为最重要的新术语。"新轴心时代"主要是指，"文艺复兴"开启了近现代西方的科技工业文明，这一新型文明的意义绝不亚于雅斯贝尔斯所说的"轴心时代"，航海运动则将这种新型文明带给了全世界，从而将全世界都带入"新轴心时代"。中国的"新轴心时代"，应该从1840年鸦片战争算起，至今未结束。"新轴心时代"的显著特点就是其"跨文化"特征，因为当代社会就是建立在一个"全球化"的基础之上，东西方思想、文化的对话与交流日益密切，因此不同于以前仅在某一文明内部产生影响而没有交流的"轴心时代"。

② 这里需要说明的是，以教材为当时证据法学知识体系成长程度的标志，是基于其可接受性程度和影响力的考虑，这与学术专著以标新立异为尚不同。就此而言，后者可能不具备这种"公共知识"的性征，因而不能作为衡量一个时代或社会某种知识的整体状况。

据法学者，其中，最著名的还是杨兆龙的授业之师威格摩尔。在其代表作《普通法审判中的英美证据法专论》中，威氏将英美证据法阐述为一个由原则和规则组成的体系，深度探讨了主要证据规则的历史和理论基础，并着力梳理互相冲突着的司法判例，使之形成由原则和规则组成的一致性成果。① 1930年以后，以杨兆龙的证据法学为代表，英美法学的证据法理论在中国的影响力日渐增强。杨氏在谈到两大法系的证据法律知识时，不避率直，认为大陆法系不如英美法系，前者和后者无法相比，直言"今之研究证据法者舍英美法莫属，大陆法不过聊资参考而已"②。面对证据知识来源的多样性，当时的证据法学者对此采开放的态度，在证据法学的著述中兼采两大法系证据法学理而为己所用，从当时周荣、蒋澧泉以及东吴大学法学院的《证据法学》所援引的参考书目中均不难得出以上结论。尤其是东吴大学法学院，尽管是当时英美法系教育的重镇，教学以传授英美法系知识体系为特色，但其《证据法学》仍然承续其前由松冈义正开启的知识传统，体现了一种理性主义的精神。值得充分肯定的是，东吴大学法学院还在其《证据法学》教材中，创造性地糅合了两大法系证据法学理和知识，将以证明为中心的证据法学知识结构第一次划分为四编，并将证据辩论独辟为其中的一编，由此形成了既不同于大陆法系（包括日本），也不同于英美法系的证据知识结构，在折中之中展现了一种独创的精神，变达马斯卡和法学界认为不可能的事情为可能。③

三是近代证据法学知识体系建构中创新与守成共谐的价值立场。1940年，庞德教授应邀来到中国，发表了一系列演讲，内容涉及两大法系的基本属性、

---

① 有关英美法系证据法学在19、20世纪的发展情况，可参见易延友. 证据法的体系与精神：以英美法为特别参照 [M]. 北京：北京大学出版社，2010：21页以下；汤维建《英美证据法学的理性主义传统》，作为译者序言部分，收入 [美] 约翰·W. 斯特龙. 麦考密克论证据 [M]. 北京：中国政法大学出版社，2004：1-18.
② 杨兆龙. 杨兆龙法学文集 [M]. 北京：法律出版社，2005：156.
③ 达马斯卡认为，尽管两大法系在证据法理、证据制度上不断地吸收借鉴，但存在于二者之间的天然沟壑如庭审结构、证明理念等并不因此可以弥合，所以，二者虽然有不断的互相借鉴，但两大法系将永远在各自的轨道上继续运行下去（米尔建·R. 达马斯卡. 漂移的证据法 [M]. 李学军，刘晓丹，等，译. 北京：中国政法大学出版社，2003：200.）。这一观点也是法学界的通说。

中国法制建设应该采取的立场等,引起了当时学界的争议。① 不过庞德教授的有些观点,虽然距今已有时日,但仍然不失其指导意义。如庞德教授在论述了两大法系的制度特点、历史成因及各自优劣后认为,"中国之仿行现代罗马法(成文法,笔者注)制度的制定法,为一明智选择"。"如果要在短期内去模仿英美法来适应中国环境,而复由官方公布出来以便法庭适用,几乎是不可能的。"同时,由于"中国拥有关于民族习惯的传统道德哲学体系,这或是一个优势,它有可能成为关系的调整和行为的规范可以形塑的理念体系"②。除在对待两大法系法律文化上的理性主义立场外,如何秉持理性主义的立场,用马克斯·韦伯所言的客观、中立的价值观对待既有的传统,尤其是有着几千年之久的中华法系法律文化传统,也是国人面临的持久的问题与挑战。在这一点上,近代证据法学知识体系在其构建过程中,其守先以待后的价值选择,同样有值得学习和借鉴的地方。

在东吴大学法学院的《证据法学》中,编者即十分注重用现代的法学理论对传统中国法律文化进行诠释。从人证制度的学理阐述开始,该书依次对法制史上的人证、鉴定、书证、勘验、情状证、证据保全、证据评断等进行古今中西的比较,并力求得到持平和中庸的结论。如果仔细阅读该书的这些论述,可以发现阐述者的用心,即对待古今中外的证据制度,以统一的证据法学理进行"一以贯之"的阐释,并确实得到如钱钟书先生所说的结论:"东海西海,心理攸同;南学北学,道术未裂。"善于从传统中国证据法中找寻出相同的证据法理,从通说的古今绝续中找到可以相续的内在精神,正是该书的另一个重要学术贡献。同一时期,沿着这样的学术理路进行中国古代证据法律整理的还有董康,其学术贡献同样值得肯定,尽管与其学术人生相比,社会对其政治人生

---

① 包括庞德曾于南京写就的发表于《哈佛法律评论》1946 年第 61 卷上的 *Comparative Law and History as Bases for Chinese Law*(《以中国法为基础的比较法和历史》)等。庞德关于中国宪法的演讲《论中国宪法》,即受到上海《大公报》及时人戴文葆的批评,分别见大公报社评《辟"不合国情"说》和戴文葆《异哉,所谓内阁制不合国情!》,详见王健.西法东渐:外国人与中国法的近代变革 [M].北京:中国政法大学出版社,2001:121 页以下.
② 王健.西法东渐:外国人与中国法的近代变革 [M].北京:中国政法大学出版社,2001:423,84.

的评价是负面的。① 董康在其《集成刑事证据法》中,以现代证据法知识结构为依准,分通例、分例两章,其中分例又分为物证、人证、证据之选择,民事上之证据等,对中国古代证据进行了梳理。在《集成刑事证据法》序言中,作者满怀信心地指出,"明刑弼教"为我国相传的古训,用现在的学说衡量,刑为制定法,教即礼教,为自然法。但是,"自改从大陆法系分法律、礼教为二事,遂酿成今日纲纪之沦替。是编融合二法为一治,一洗世俗胶柱之见。异时,若准以修正六法,不难重睹东方法系之光明",更信守"古今一也"的道与理。②

这里需要说明的是关于"传统"的概念。通常关于传统的观点,总是将其视为固定不变的某种存在,但在文化人类学者看来,文明犹如一条不断流的河,传统就是流水中逐渐沉淀下来的泥土,在一层一层的累积中形成的。如此说来,从中西法律文化开始交汇时起,人们对于西洋法律的认识(包括证据法学知识),也是一种传统,需要理性地对待。关于这一问题,只要回顾一下近代法律知识在中国的演变历程,就不难得出结论。因此可以断言,近代证据法学知识体系的形成,离不开几代人的接续努力。其中,体现了知识建构者的良苦用心,即既有立足于本土的阐释,这在自由心证早期的移植中表现最为显著,也有在对所确立的规范的分析中,本乎法教义学立场,以证据法的基本法理为宗,对基本原则原理的守护。

法学是"以特定法秩序为基础及界限,借以探求法律问题之答案的学问"③。在有关近代证据法学知识体系形成的研究中,笔者遵照现代证据制度的基本法理,并以其作为理想类型,梳理了自清季以迄民国证据法学的制度、学理等知识体系的演变脉络,力图展示一幅证据知识体系如何在中国渐次展开的知识图谱。在研究路径上,笔者立足法教义学的立场,在钩沉这一时期有关证据法学的制度与学理的同时,基于"同情的理解"的学术立场和"述而不

---

① 根据现有资料介绍,早年的董康在学成回国后,在政法两界十分活跃,也发挥了一个法律人应有的才干。但1937年日本侵华后,董康接受日本侵略者之邀,出任伪华北政权的要职,沦为汉奸,历任伪华北政府临时政府委员、议政委员会常务委员、司法委员会委员长、最高法院院长等职。1940年改任汪伪国民政府华北政务委员会委员、汪伪国民政府委员。抗战胜利后,董康被以汉奸罪逮捕,1947年病死。
② 董康. 董康法学文集 [M]. 北京:中国政法大学出版社,2005:745.
③ 拉伦茨. 法学方法论 [M]. 陈爱娥,译. 北京:商务印书馆,2003:译者序言2.

作"的研究方法，力求系统且尽可能还原近代证据法学知识体系的全貌。由于时间仓促且现有资料有限，笔者的研究仅就这一时段的文本而展开，因此本研究只能算是一种近代证据法学纸上的知识。有关清季至民国司法档案的阅读，并从中可以窥见当时证据知识的实践面向的研究，还未能在本研究中展开。对此，笔者只能寄希望于将来的研究。①

史学的研究需要研究者自身具备"才、学、识"（刘知己语），三者之中，"识"尤其重要。通俗地说就是，研究者要才情、学养和识见三者都具备，其中，研究的视界又对前二者具有支配性作用。以此为鉴，笔者惶恐有加。而加剧这种惶恐的，还有近代证据法学知识体系自域外传入而产生的语言解读的障碍。如对张知本译作松冈义正《民事证据论》的解读，译者知识背景的隔阂加上译著语言因历史、语境等产生的阅读困难，都成为横亘在笔者眼前的现实障碍，也常常使笔者在解读中有与前贤同样的"一名之立，旬月踟蹰"的困惑和焦虑。唯愿笔者的解读包括误读也能得到"同情的理解"。

---

① 由于种种原因，中国第二档案馆有关民国司法档案尚未全面开放，同时，各地保存完整的近代司法档案尚待继续整理或发掘。另外，从笔者接触的有限的司法档案的情况来看，这些裁决多与实体法律制度有关，而与程序、证据制度联系并不多，或者即使有所涉猎，也非常简单，其中阐明的证据法理也因之十分少见。

参考文献

一、著作

[1] 袁世凯. 袁世凯奏议 [M]. 天津：天津古籍出版社, 1987.

[2] 故宫博物院明清档案部. 清末筹备立宪档案史料 [M]. 北京：中华书局, 1979.

[3] 王健. 沟通两个世界的法律意义：晚清西方法的输入与法律新词初探 [M]. 北京：中国政法大学出版社, 2001.

[4] 罗志田. 裂变中的传承：20世纪前期的中国文化与学术 [M]. 北京：中华书局, 2009.

[5] 余英时. 现代儒学论 [M]. 上海：上海人民出版社, 1998.

[6] [德] 茨威格特. 比较法总论 [M]. 潘汉典, 等, 译. 北京：法律出版社, 2003.

[7] 俞江. 近代中国的法律与学术 [M]. 北京：北京大学出版社, 2008.

[8] 沈德咏, 宋随军. 刑事证据制度与理论 [M]. 北京：法律出版社, 2002.

[9] 陈瑞华. 刑事诉讼的前沿问题 [M]. 北京：中国人民大学出版社, 2000.

[10] 陈一云. 证据学 [M]. 北京：中国人民大学出版社, 2000.

[11] 常怡. 民事诉讼法学新论 [M]. 北京：中国政法大学出版社, 1989.

[12] 廖永安. 民事证据法学的认识论与价值论基础 [M]. 北京：中国社会科学出版社, 2009.

[13] 陈夏红. 百年中国法律人剪影 [M]. 北京：中国法制出版社, 2006.

[14] 张建伟. 证据法要义 [M]. 北京：北京大学出版社，2009.

[15] 陈光中. 刑事诉讼法学 [M]. 北京：中国政法大学出版社，1990.

[16] [美] 罗蒂. 哲学和自然之镜 [M]. 李幼燕，译. 北京：商务印书馆，2003.

[17] 张汝伦. 良知与理论 [M]. 桂林：广西师范大学出版社，2003.

[18] 裴苍龄. 证据法学新论 [M]. 北京：法律出版社，1989.

[19] 卞建林. 刑事证明理论 [M]. 北京：中国人民公安大学出版社，2004.

[20] 何邦武. 刑事传闻规则研究 [M]. 北京：法律出版社，2009.

[21] [英] 路易丝·麦克尼. 福柯 [M]. 贾湜，译. 哈尔滨：黑龙江人民出版社，1999.

[22] [法] 福柯. 知识考古学 [M]. 谢强，马月，译. 北京：三联书店，2003.

[23] 金观涛. 观念史研究：中国现代重要政治术语的形成 [M]. 北京：法律出版社，2009.

[24] 李贵连. 近代中国法制与法学 [M]. 北京：北京大学出版社，2002.

[25] 葛兆光. 思想史的写法：中国思想史导论 [M]. 上海：复旦大学出版社，2004.

[26] [英] R.G. 柯林伍德. 历史的观念 [M]. 何兆武，译. 北京：中国社会科学出版社，1986.

[27] 盛宁. 人文困惑与反思：西方后现代主义思潮评判 [M]. 北京：三联书店，1997.

[28] [德] 伽达默尔. 真理与方法：诠释学的基本特征 [M]. 洪汉鼎，译. 上海：上海译文出版社，1999.

[29] 冯友兰. 中国哲学史 [M]. 上海：华东师范大学出版社，2000.

[30] 梁启超. 清代学术概论 [M]. 北京：中华书局，2010.

[31] 王亚新. 对抗与判定：日本民事诉讼的基本结构 [M]. 北京：清华大学出版社，2002.

[32] 田涛. 接触与碰撞：16世纪以来西方人眼中的中国法律 [M]. 北京：北京大学出版社，2007.

［33］郭士立．东西洋考每月统记传［M］．北京：中华书局，2003.

［34］［英］费利摩罗巴德．各国交涉便法论［M］．［英］傅兰雅，译．江南制造局．

［35］黄遵宪．日本国志［M］．天津：天津人民出版社，2005.

［36］李贵连．沈家本传［M］．北京：法律出版社，2000.

［37］王健．西法东渐：外国人与中国法的近代变革［M］．北京：中国政法大学出版社，2001.

［38］张培田．中西近代法文化冲突［M］．北京：中国广播电视出版社，1994.

［39］谭汝谦．中国译日本书综合目录［M］．香港：中文大学出版社，1980.

［40］汪庆祺．各省审判厅判牍［M］．李启成，点校．北京：北京大学出版社，2007.

［41］许文濬．塔景亭案牍［M］．俞江，点校．北京：北京大学出版社，2007.

［42］蒋铁初．中国近代证据制度研究［M］．北京：中国财政经济出版社，2004.

［43］高桥宏志．民事诉讼法：制度与理论的深层分析［M］．林剑锋，译．北京：法律出版社，2003.

［44］郭卫．大理院解释例全文［M］．上海：会文堂书局，1931.

［45］周伯峰．民国初年"契约自由"概念的诞生：以大理院的言说实践为中心［M］．北京：北京大学出版社，2006.

［46］直隶高等审判厅．华洋诉讼判决录［M］．何勤华，点校．北京：中国政法大学出版社，1997.

［47］夏勤．刑事诉讼法要论［M］．重庆：正阳法学院影印本（西南政法大学馆藏）．

［48］石志泉．民事诉讼条例释义［M］．北京：中国方正出版社，2006.

［49］FENNER G M．The Hearsay Rule［M］．Carolina：Carolina Academic Press，2003.

［50］WHITE H．Tropics of History［M］．Baltimore：Johns Hopkins University

Press，1978.

[51] 郭云观. 法官采证准绳 [M]. 上海静安寺路哈同路口聚珍仿宋印书局.

[52] [美] 米尔建·R. 达马斯卡. 漂移的证据法 [M]. 李学军，等，译. 北京：中国政法大学出版社，2003.

[53] 崔军民. 萌芽期的现代法律新词研究 [M]. 北京：中国社会科学出版社，2011.

[54] 戴昭铭. 文化语言学导论 [M]. 北京：语文出版社，1996.

[55] 俞吾金. 二十世纪哲学经典文本：英美哲学卷 [M]. 上海：复旦大学出版社，1999.

[56] [德] 迪尔克·克思勒. 马克斯·韦伯的生平、著述及影响 [M]. 郭锋，译. 北京：法律出版社，2004.

[57] [德] 马克斯·韦伯. 社会科学方法论 [M]. 杨富斌，译. 北京：华夏出版社，1999.

[58] 易延友. 证据法的体系与精神：以英美法为特别参照 [M]. 北京：北京大学出版社，2010.

[59] [美] 约翰·W. 斯特龙主编. [美] 肯尼斯·S. 布荣，等，编著. 麦考密克论证据 [M]. 汤维建，等，译. 北京：中国政法大学出版社，2004.

[60] 杨兆龙. 杨兆龙法学文集 [M]. 北京：法律出版社，2005.

[61] 郁振华. 人类知识的默会维度 [M]. 北京：北京大学出版社，2012.

[62] [德] 罗伯特·阿列克西. 法律论证理论：作为法律证立理论的理性论辩理论 [M]. 舒国滢，译. 北京：中国法制出版社，2002.

[63] [美] 波斯纳. 法理学问题 [M]. 苏力，译. 北京：中国政法大学出版社，2002.

[64] [德] 哈贝马斯. 在事实与规范之间 [M]. 童世骏，译. 北京：三联书店，2003.

[65] 张志铭. 法律解释操作分析 [M]. 北京：中国政法大学出版社，1999.

[66] 邵勋，邵锋. 中国民事诉讼法论 [M]. 北京：中国方正出版社，2005 年.

[67] 郭卫. 民事诉讼法释义[M]. 北京：中国政法大学出版社, 2005.

[68] 夏勤. 刑事诉讼法释疑（第六版）[M]. 北京：中国方正出版社, 2005.

[69] 松冈义正. 民事证据论[M]. 张知本, 译. 北京：中国政法大学出版社, 2004.

[70] 周荣. 证据法要论[M]. 上海：商务印书馆, 1936.

[71] 东吴大学法学院. 证据法学[M]. 北京：中国政法大学出版社, 2012.

[72] [德] 卡尔·拉伦茨. 法学方法论[M]. 陈爱娥, 译. 北京：商务印书馆, 2003.

[73] 蒋澧泉. 民刑诉讼证据法论[M]. 北京：中国政法大学出版社, 2012.

[74] 林钰雄. 刑事诉讼法（上册 总论编）[M]. 北京：中国人民大学出版社, 2005.

[75] 孙长永. 侦查程序与人权：比较法考察[M]. 北京：中国方正出版社, 2000.

[76] 冈田朝太郎. 刑事诉讼法[M]. 熊元襄, 编译. 上海：上海人民出版社, 2013.

[77] 季卫东. 法治秩序的建构[M]. 北京：中国政法大学出版社, 1999.

二、期刊

[1] 罗华庆. 清末立宪何以仿效明治宪法[J]. 北方论丛, 1991（3）.

[2] 侯欣一. 清末法制变革中的日本影响：以直隶为中心的考察[J]. 法制与社会发展, 2004（5）.

[3] 王敏远, 张继成, 吴宏耀, 等. 证据法的基础理论笔谈[J]. 法学研究, 2004（6）.

[4] 裴苍龄. 证据学的大革命：再论实质证据观[J]. 法律科学, 2010（3）.

[5] 易延友. 证据法学的理论基础——以裁判事实的可接受性为中心[J].

法学研究, 2004 (1).

[6] 陈瑞华. 从"证据学"走向"证据法学": 兼论刑事证据法的体系和功能 [J]. 法商研究, 2006 (3).

[7] 易延友. 证据学是一门法学吗: 以研究对象为中心的考察 [J]. 政法论坛, 2005 (3).

[8] 吴丹红. 面对中国的证据法学 [J]. 政法论坛, 2006 (2).

[9] 朱苏力. "法"的故事 [J]. 读书, 1998 (6).

[10] 王亚新. 关于自由心证原则历史和现状的比较法研究: 刑事诉讼中发现案件真相与抑制主观随意性的问题 [J]. 比较法研究, 1993 (2).

[11] 李政. 中国近代民事诉讼法探源 [J]. 法律科学, 2000 (6).

[12] 何勤华. 中国近代刑事诉讼法学的诞生与成长 [J]. 政法论坛, 2004 (1).

[13] 黄源盛. 民初大理院 [J]. 政大法律评论, 1998 (60).

[14] 黄源盛. 民国初期近代刑事诉讼的生成与开展: 大理院关于刑事诉讼程序判决笺释 (1912—1914) [J]. 政大法律评论, 1998 (61).

[15] 王泰升. 清末及民国时代中国与西式法院的初次接触: 以法院制度及其设置为中心 [J]. "中研院"法学期刊, 2007 (1).

[16] 刘昕杰. 近代中国基层司法中的批词研究 [J]. 政法论丛, 2011 (2).

[17] 董康. 民国十三年司法之回顾 [J]. 法学季刊, 1925 (2).

[18] 江庸. 法律评论发刊词 [J]. 法律评论, 1923年7月.

[19] 卢勇. 民国初年学术领域的职业化进程述论 [J]. 社会科学辑刊, 2009 (2).

[20] 张驷兴. 司法官自由心证是否无弊 [J]. 法律周刊, 1924 (32-33).

[21] 马世复. 对于自由心证主义之我见 [J]. 1924 (34).

[22] 张伟仁. 清代法制研究 [J]. "中央研究院历史语言研究所"专刊, 1983 (76).

[23] 陶静. 中国近现代法学用语翻译 [J]. 安徽农业大学学报, 2002, 11 (2).

[24] 俞江. 清末民法学的输入与传播 [J]. 法学研究, 2000 (6).

[25] 何邦武. 法律实践教学中的语言学方法探索：以刑事诉讼法为视角 [J]. 临沂大学学报, 2011 (1).

[26] 郑成良. 论法律形式合理性的十个问题 [J]. 法制与社会发展, 2005 (6).

[27] 陈弘毅. 当代西方法律解释学初探 [J]. 中国法学, 1997 (3).

[28] 吴泽勇. 动荡与发展：民国时期民事诉讼制度述略 [J]. 现代法学, 2003 (1).

[29] 封利强. 从"证据法学"走向"证明法学"——证据法学研究的基本趋势 [J]. 西部法学评论, 2008 (6).

[30] 裴苍龄. 构建全面的证明责任体系 [J]. 法商研究, 2007 (5).

[31] 张泽涛. 我国刑诉法应增设证据保全制度 [J]. 法学研究, 2012 (2).

[32] 陈永生. 证据保管链制度研究 [J]. 法学研究, 2014 (5).

[33] 何邦武. 刑事非法证据排除规则的结构功能及其完善 [J]. 江海学刊, 2013 (3).

三、报纸

纪坡民.《六法全书》废除前后 [N]. 南方周末, 2003-03-20.

四、其他

[1] 贺卫方. 中国法律教育之路 [C]. 北京：中国政法大学出版社, 1997.

[2] 王敏远. 公法·第4卷 [C]. 北京：法律出版社, 2003.

[3] 张生. 中国法律近代化论集 [C]. 北京：中国政法大学出版社, 2002.

[4] 何勤华. 民国法学论文精萃·诉讼法律篇 [C]. 北京：法律出版社, 2004.

[5] 陈刚. 中国民事诉讼法制百年进程：清末时期·第二卷 [C]. 北京：中国法制出版社, 2004.

[6] 朱勇.中国民法近代化研究 [C].北京：中国政法大学出版社,2006.

[7] 江平.法律的继受性不容否定 [EB/OL].中国新闻网,(2011-04-06).

附录一

亲属作证制度在近代中国的演变及启示[*]

一、导言：问题的提出与研究方法的反思

无可否认，作为对 2004 年修正宪法时所确立的"人权保障"原则的积极回应，2012 年《刑事诉讼法》的修正在中国刑事法治建设之路上无疑具有里程碑意义。这次修正涉及刑事诉讼及证据制度的诸多领域，不仅催生了学界和实务部门理论研究的热情，也增强了国人对刑事诉讼及证据制度进一步改革的预期，为将来刑事诉讼及证据制度更加完善打下了坚实的基础。然而值得注意的是，在应然的刑事诉讼法治理念与修正后实然的刑事诉讼及证据制度之间，仍然存在着过度而非适度的张力。

此轮修正中，其第 188 条（现为第 193 条）第 1 款规定："经人民法院通知，证人没有正当理由不出庭作证的，人民法院可以强制其到庭，但是被告人的配偶、父母、子女除外。"但书条款所规定的"亲属免予强制出庭作证"，是证据制度中引人注目的变革。尽管这是 1949 年以后，作为社会主义法系的中国大陆地区在其证据制度中对亲属拒证权的第一次接近，所传递的是刑事法治建设的"正能量"，但是，本规定仅限于庭审阶段的"免予强制出庭作证"，且没有禁止公、检、法等机关在审判以外的其他场合强制近亲属作证。有学者因之指出，与现代法治社会中的"亲属拒证权"相比对，本规定"确实差距太大"，"诉讼法学界对此很不满意"。[①] 因此，认真检校该"亲属免予强制出庭作证"制度及其潜存理念的缺失，借鉴"类型学"研究方法，回溯到亲属

---

[*] 本文原文发表在《中国法学》2014 年第 3 期，收入时略有修改。
[①] 参见范忠信. 亲属拒证权：普世与民族的重合选择 [J]. 中国审判，2012 (71)：50.

拒证制度的应然法理，以之为"理想类型"，通过比较分析，寻找更加完善的解释或立法以求更新，是较为妥行且通行便捷的研究理路。

本文拟从历史的视角，就清末至民国时期有关亲属作证制度立法及其演变的历史进行初步的梳理，以此为当下的刑事证据立法提供借鉴。需要说明的是，在对这一时期亲属作证制度的叙述中，本文将采用一种"逻辑"的而非"历史"的视角，即关注作为该制度的话语及其依存的制度知识体系在此间从萌生到渐趋成熟的内在理路，而非仅就此间频繁更迭的政权主体所颁行的证据法律制度进行单纯编排和评述，此其一。其二，经由本文，笔者还将探究的是，作为帝制时代体现中华法系家族伦理本位精神传统的"亲亲相隐"制度，在与清季民初法典中的亲属拒证制度表面的断裂中，究竟蕴含着怎样的蜕变关系。在此基础上，笔者还将探究的是，这一蜕变中蕴含的法理能否对"亲属免予强制出庭作证"制度在将来的完善带来有价值的启示。

二、亲属拒证制度在中国的早期历程：自清末至民国

1901年，清政府颁布变法谕旨，开始实施新政，直至清室逊退，在官制、教育、经济等领域推行新制。次年3月，清廷颁布上谕，"著各出使大臣，查收各国通行律例，咨送外务部。并著责成袁世凯、刘坤一、张之洞，慎选熟悉中西律例者，送保数员来京，听候简派，开馆编纂，请旨审定颁发"。袁氏遂与刘、张二人保举"刑名精熟"的沈家本和"西律专家"伍廷芳担任修律大臣。5月，谕令"著派沈家本、伍廷芳，将一切现行律例，按照交涉情形，参酌各国法律，悉心考订，妥为拟议，务期中外通行，有裨治理。俟修订呈览，候旨颁行"（《清实录·德宗朝卷四九五、四九八》）。

1904年，修订法律馆奉旨成立，沈家本、伍廷芳出任修订法律大臣，以现代法治为嚆矢的现代法学教育、法律修订等就此拉开帷幕。基于"欲明西法之宗旨，必研究西人之学，尤必翻译西人之书"（《寄簃文存》六：《新译法规大全序》）的认知理念，法律修订馆组织翻译西方各国政治法律著作和各国当时施行的法典，介绍西方各国的政治法律制度。在袁世凯的直接筹划下，沈、伍两大臣积极推动并直接参与北洋法政学堂和直隶法政学堂的筹办，为顺应法制变革的需要而培养造就法律人才。其后，法政学堂从官办到民办，数量迅速扩

张，法学教育迅速成长起来。① 在官方和民间的共同推动下，现代法学知识经由法政学堂等学校教育、外籍人士（日籍占绝大多数）来华讲授和中国留学日本归国人员译介等方式全面传入。有关亲属拒证权的立法，就是在上述社会政治背景下进行的。

1906年，沈家本、伍廷芳主持编订了《大清刑事民事诉讼法草案》，但在交部议时，受到几乎所有晚清政府各地将军、督抚和都统的反对，遂被无限期搁置。不过，该草案因引入陪审制度、律师制度等而成为近代中国引入现代诉讼和证据制度的逻辑起点。与旧制相比，草案有关原、被告如何陈述及证人如何作证的规定已有较大的改进："凡审讯原告或被告及诉讼关系人，准其站立陈述，不得逼令跪供。"（第15条）且"凡审讯一切案件，概不准用杖责、掌责及他项刑具或语言威吓，交逼原告、被告及各证人偏袒供证，致令混淆事实"（第17条）。证人非有法定不到庭作证事由，不得对其采取强制措施令其到庭作证，而且，"凡证人到堂供证后，听其任便归家"（第239条）。该草案在弃用旧制的同时，也积极学习现代证据制度。尽管如此，该草案的立法动机、所欲实现的目标仍然局限于改善传统行政兼理司法的官府衙门的诉讼审判机制（沈家本奏议），因此，草案没有确立立足于现代法治中公民个人的权利本位的拒绝作证权制度，也就不难理解。

由于《大清刑事民事诉讼法草案》未能颁布施行，为了解决各地审判厅处理案件无所依凭的问题，"以副朝廷整顿法治之丞意"，在时任直隶总督袁世凯的支持策划下，《各级审判厅试办章程》制定颁布，并成为我国事实上第一部具有近代意义的诉讼法典。在有关亲属作证问题上，该法第77条规定，"凡有下列之原因者不得为证人或鉴定人：一、与原告或被告为亲属者；二、未成年者；三、有心疾或疯癫者；四、曾受刑者"。其中第一款规定的是亲属"不得为"证人的禁止性规定，属作证者必须履行的强制性义务而非其权利。这部"调和新旧，最称允协"的法典，和《大清刑事民事诉讼法草案》一样，仍植根于传统的臣民社会，缺乏公民的观念及权利的意识，因而仍然难以寻觅拒证

---

① 最初，清政府试图垄断法学教育，而后，迫于时势而妥协迁就，变成每个省建立一家官办法政学堂。到宣统年间，清政府放开法政教育，私人也可以申领牌照。于是，法政学堂在一年之中翻倍增长。参见方流芳.清末民初法政教育、法律仿造及与中国法学知识传承的关系[EB/OL].豆瓣网，2011-01-07.

制度的踪影。

真正形式意义上的亲属拒绝作证制度一直要到宣统二年（1910年）的《大清刑事诉讼律草案》才得以正式确立。该草案"酌各国通例，实足以弥补传统中国旧制之所未备"。① 其第152条规定，"下列各人得拒绝证言：第一，被告人之亲族，其亲族关系消灭后，亦同；第二，被告人之监护人、监督监护人及保佐人"。沈家本奏进该条立法理由："刑事关系虽重，然立法不外人情。故本条许所列各人，概得拒绝证言。惟拒绝与否，仍听其人之自便。如有自愿证言者，法律并不禁止，亦不免除其为证人及到场之义务也。"与《各级审判厅试办章程》的义务性规定不同，本条有关亲属作证与否的规定已转为一种权利话语的表述，即"前者强调的是亲属不得作证的义务，是证人不适格的规定，后者强调的是亲属不受强迫作证的权利，是赋予证人作证和不作证的选择权"②。尽管如此，新规定仍然没有切断传统法律家族伦理本位的脐带：条文本身将权利赋予有亲族关系者，而不问亲等，其唯一的边界就是亲族。在沈家本过于简约的"立法不外人情"的立法理由说明中，也并无个人权利思想的表达。这样，在国家之外，与之成对极关系的仍然为一个个"同族而居"的家族，而本应作为现代社会对抗国家权力一极的个人退隐到家族的帘幕下，表现出法律变革中的改良属性。如果将本条文的内容置于稍晚制定的《大清民事诉讼律草案》，上述的解读将获得更加确定的意义，该草案第386条规定："当事人之配偶或四亲等内之亲族得拒绝证言，其亲族关系消灭后亦同。"其立法理由是："当事人配偶或当事人之四亲等内亲族，若亦使为证言，殊乖亲属容隐之义。"即使与《大清刑事诉讼律草案》相比，该草案已将拒绝作证的范围限缩到配偶或四亲等内亲族，但如其立法理由所述，其目的仍在于实现对亲族的容隐，是一种对传统伦理的体认。同一时期制定的《大清新刑律》第180条规定："犯罪人或脱逃人之亲属，为犯罪人或脱逃人利益计而犯本章之罪（藏匿罪人及湮灭证据罪——引者注）者，免除其刑。"这里，亲属成为法定的刑事免责事由。《大清新刑律》因其"专重人格，破坏家族主义"（《清实录·德宗朝卷五九四》）备受"礼教派"訾议，对其"亲属关系"的界定或可做出基于现代法理的解释。但事实上，这样的推断仍然过于乐观：主任其事的修订法

---

① 参见黄源盛. 近代刑事诉讼的生成与展开 [J]. 清华法学，2006（2）：95.
② 吴丹红. 特免权制度研究 [M]. 北京：北京大学出版社，2008：29.

律大臣沈家本自身的法律思想意识可以提供明证。这位媒介中西法律文化的"冰人",虽然在引入现代法律思想和制度上厥功至伟,仍然仅只将法律视为社会治理的工具,而坚信"中体西用"的立场又使其认定西律的精义不曾超出"中律之范围",甚至西方的法治主义,也能征之于古。① 尽管如此,现代意义上的亲属拒绝作证制度的"雏型"至此已经具备,上述几部法律草案中的相关制度可视为该制度在中国的逻辑起点。②

1911年,清室逊位。其后,在承继清末修律大部分成果基础上,民国北洋政府于1922年先后颁行了《刑事诉讼条例》和《民事诉讼条例》,《刑事诉讼条例》第105条规定,"左列各人得拒绝证言:(一)为被告之亲属者,其亲属关系消灭后亦同;(二)为被告之未婚配偶者;(三)为被告之法定代理人、监督监护人或保佐人者"。《民事诉讼条例》第364条前三款亦就有亲属关系之人证者享有拒绝作证的权利:"(一)证人为当事人之配偶、未婚配偶或亲属者;(二)证人所为证言于证人或与证人有前款关系之人,足生财产上之直接损害者;(三)证人所为证言足至证人或与证人有第一款关系,或有养亲、养子或监护、保佐关系之人受刑事上追诉或蒙耻辱者,在配偶或亲属其婚姻或亲属关系消灭后亦同。"两部条例还各就拒绝作证的原因如何释明做出规定,足见两部法典理性化程度之深。尤其是《民事诉讼条例》就亲属拒绝作证内容的例外做了规定。其第365条规定了不得拒绝作证事项:"(一)同居或曾同居人之出生、亡故、婚姻或其他身份之事项;(二)因亲属关系或婚姻关系所生财产上之事项;(三)为证人而与闻之法律行为之成立或意旨;(四)为当事人之前权利人或代理人而就相争之法律关系所为之行为。"而且,证人虽有前述情形,如其应守秘密责任已经免除,也不得拒绝作证。由于两部条例的颁行,亲属拒证制度第一次在实践中得到落实。

1928年开始,为南京国民政府时期,在完成形式上统一全国之后,当局开始了一系列全面的立法工作。在有关亲属拒绝作证立法上,1928年《中华民国刑事诉讼法》第98条规定,"左列各人,得拒绝证言:(1)为被告之亲属

---

① 有关沈家本法律思想的局限可参见马作武.中国法律思想史[M].广州:中山大学出版社,1998:310-315.
② 有关论述还可参见范忠信.中西法文化的暗合与差异[M].北京:中国政法大学出版社,2001:72.

者，其亲属关系消灭后亦同；（2）为被告之未婚配偶者；（3）为被告之法定代理人、监督监护人或保佐人者"。与之相应，1928年《中华民国刑法》第177条规定："亲属图利犯人或依法逮捕拘禁之脱逃人，而犯本章之罪（藏匿犯人及湮灭证据罪）者，免除其刑。"1935年《中华民国刑事诉讼法》第167条规定，"证人有左列情形之一者，得拒绝证言：（1）现为或曾为被告或自诉人之配偶、五亲等内之血亲、三亲等内之姻亲或家长、家属者；（2）与被告或自诉人订有婚约者；（3）现为或曾为被告或自诉人之法定代理人，或现由或会由被告或自诉人为法定代理人者"。较之前法，这里拒绝作证者的范围更加清晰、明确，具有越来越明显的"可计算的工具理性"。但基于家长的关系而得以行使拒证权的规定，显然是对当时社会普遍存在的宗族组织的肯认，而使该制度具有明显的中国烙印。同时，1935年《中华民国刑法》第167条延续了1928年刑法的规定，为亲属利益而藏匿犯罪、销毁证据的，可以减刑或免刑，间接便利亲属脱逃者得减轻其刑（第162条），为犯盗窃罪之亲属销赃匿赃者得免除其刑（第351条）。与此同时，民事诉讼法方面的相关规定也不断完备。1932年《中华民国民事诉讼法》规定，"证人有左列各款情形之一者，得拒绝证言：（1）证人为当事人之配偶、七亲等以内血亲或五亲等以内之姻亲或曾为此姻亲关系者；（2）证人所为证言，于证人或有前款关系，或有监护关系之人足生财产上直接损害者，或致受刑事上追诉或蒙耻辱者，其在亲属关系或监护关系消灭后，亦同"。1935年修正《民事诉讼法》就因亲属关系而享有拒证权的范围明显缩小，新法规定"证人为当事人之配偶、前配偶、未婚配偶，或四亲等内之血亲、三亲等内之姻亲或曾为此亲属关系者"，可以拒绝证言。1945年《中华民国民事诉讼法》第167条规定亲属的证言特免权，第307条特免权规定了配偶不利证言。

1949年之后，随着对"六法全书"、伪法统的废除，作为权利的亲属拒绝作证制度在中国就此消失，成为中国法制史上的"失踪者"①。

纵观自清末到民国有关亲属作证制度的立法，从基于传统的家族本位所诉求的"亲亲相隐"而加诸亲族成员之间不得作证的义务，到立足个人本位的现

---

① 关于亲属拒绝作证制度消失的原因，有以下几种说法：对"六法全书"的过度性批判、对苏联诉讼理论及制度的盲目性效仿、历次政治运动的破坏性影响等。可具体参见王剑虹. 亲属拒证特权研究［M］. 北京：法律出版社，2010：168.

代法理而赋予亲属成员享有拒绝作证的权利,其间自传统向现代渐进变革的轨迹十分清晰。这种渐变的特点还表现为:制度系统自身的新旧交杂,以及与此相应,趋新的制度与固有的理念之间的交缠。上述状况在清末几部修订法律草案中表现得最为明显,及至1935年《中华民国民事诉讼法》及《中华民国刑事诉讼法》的修订,仍能感受到这种既新且旧的渐变式变革对亲属作证制度的复杂影响。①

三、从伦理到法理的蜕变:促成亲属作证制度权利化的内外因素辨析

有关亲属作证制度法理及价值基础的中外文研究成果浩如烟海,不乏穿透力的论断,而且引人注目的是,在大陆学界关于此论题的研究中,还引来其他学科领域研究人员的争论和围观。② 归纳言之,与宏观的类型学研究方法一致,大陆学界既有研究多就各法域关于亲属作证制度理论与价值基础做横向和静态的描述性评析,并提炼出其中超越法系的普适性价值,进而实现在中国大陆建立亲属拒绝作证制度该当性论证的目的。③ 然而,循依历史主义的研究视角,对既有研究尚可追问:亲属作证制度在历史演进中,是如何逐步转化为权利,完成从基于身份认同的家族伦理向以个人为中心的现代契约伦理的创造性转换,并获得其法理正当性的?

由于亲属作证制度自义务向权利的演变不仅关涉权利理论自身的演进逻

---

① 如修订《刑事诉讼法》时,行政院提出第112次会议咨立法院查照审议。该草案修正要点共有39项,但大部分为立法院采纳,照案通过,但有5项被废弃,其中之一即是对于直系亲属血亲尊亲属不得告诉、告发或自诉的规定。旧有观念的强固由此可见一斑。参见谢振民.中华民国立法史[M].北京:中国政法大学出版社,2000:1022.

② 仅在中国大陆,为回应社会转型及诉讼、证据制度改革的需求,据范忠信教授不完全统计,就有2000多篇论文或学术研讨会发言论及亲属作证制度,参见前引范忠信.亲属拒证权:普世与民族的重合选择[J].中国审判,2012(1):50-51.而围绕这场争论的论著主要有:邓晓芒和郭齐勇两位教授及两位旗下几位学者发表在2007年《学海》期刊上的文章,以及早于此前直接导致这场论争的郭齐勇《儒家伦理争鸣集》(湖北教育出版社2004年版),内中收录了范忠信教授《中西法律传统中的"亲亲相为隐"》一文。

③ 有关亲属拒证普适价值较有代表性的论述可参见前引范忠信.亲属拒证权:普世与民族的重合选择[J].中国审判,2012(1):50-51。

辑，而且，社会结构、国家性质乃至植根于国家与社会之上的理念的嬗变，都是促成权利理论及观念渐次变化不可或缺的因素。因为无论不得或拒绝作证作为亲属的义务或者权利，国家都将作为法律关系相对方存续其间，成为必要的"在场"者。而二者的消长，又与一定的社会结构有着深切的联系。因而，笔者在梳理亲属作证制度及其理论形成的同时，将一并就作为义务或权利场域的社会与国家在组织及其原则、理念上的变更作简略分析。

首先，从一般意义上说，社会由传统向现代的转型，使个人作为个性自由且具有独立人格的社会角色日渐彰显，个人权利获得了坚实的社会基础。现代社会与传统社会本质差别在于：组成现代社会的最基本单元是个人，组织机制是契约；而传统社会是有机体，是认同某种共同价值的社群，文化和血缘等天然有机联系比契约在社群结合上起着更大的作用。[①] 因此，断定一定社会由传统向现代演进的核心，是个人主体地位或独立人格的有无。社会由传统向现代的演进，在内生、先发型现代化的欧洲，始自中世纪中晚期，从纪元1000年开始。此时的欧洲已经汇集着许多新的可能性，包括农业技术的革新、教育的普及以及商业的复兴等。此后，社会的流动性增加，社会结构日渐复杂。[②] 而此前，个人缺少自由，"每一个人都被锁住了，在社会的秩序里，只能扮演指定的角色。一个人在社会上，没有机会，可以从某一阶级转到另外一个阶级中，他也几乎不能从某一城市或国家，迁往另外一个城市或国家"。因此，"人只能意识到他自己是一个种族、民族、党派、家族或社会集团的一分子——人只有透过某普通的种类，来认识自己"[③]。在盛行的地方习俗法中，集体保护家庭成员和维护群体安宁受到高度重视，表现为一种团体本位主义。直至10

---

① 金观涛. 探索现代社会的起源 [M]. 北京：社会科学文献出版社，2010：13. 这里社会的概念取其广，狭义上的社会（society），是个人为了达到自己的目的而自愿形成的组织，与由等级、共同的文化以及血缘组成的共同体或有机体不同，如此，社会并无传统与现代之说。

② 参见朱迪斯·M. 本内特，C. 沃伦·霍利斯特. 欧洲中世纪史 [M]. 杨宁，等，译. 上海：上海社会科学院出版社，2007：159. 这里需要说明的是，欧洲在古代希腊和罗马时代，曾经有过辉煌的文明，即便如此，个人仍然是社会有机体的一部分，公民只能是合法而自足的家庭统治者，即家长，没有公民身份的其他人在某种程度上都被归为家庭内部。（有关古希腊、罗马个人地位的详尽论述可参见金观涛. 探索现代社会的起源 [M]. 北京：社会科学文献出版社，2010：17.）

③ 弗洛姆. 逃避自由 [M]. 哈尔滨：北方文艺出版社，1987：18-21.

世纪后，伴随着社会由身份到契约的转变，以个人主义为核心的正义观逐渐取代了此前的社群主义正义观，个人权利的概念，尤其是主观权利的概念初次形成（11世纪末到12世纪），个人权利作为社群利益体系的基本组成部分得到保护。① 此后，"个体意识"日渐觉醒。据考证，用 individual 指涉社会组织中的个人发生在16世纪，意味着将人从家庭、国家等组织中区别出来的意识开始显现。②

至17世纪，在工具理性和个人权利这两个现代性核心价值的交互作用下，作为现代社会组织原则的社会契约论，完全取代了早期理性主义和共和主义理想。至此，社会自结构至理念方始完成了现代性转型。这一现代性转型的重要意义在于，除使个人权利"凸显出来成为主要公共价值外，更重要的是它成为论证社会制度正当性的最终依据"，而且，"一旦把个人权利作为正当性最终根据，正当的社会组织再也不是高于个人的有机体，而是为个人服务的大机器，甚至家庭和国家亦变成了一个契约共同体"③。

其次，现代民族国家的兴起，尤其是宪政理念的滥觞，夯实了权利，特别是与公权力相对应的基本人权的制度和观念基础，促使包括亲属拒证权等在内的一系列基本权利的产生。在奉行宪政主义的国家产生之前，传统国家的性质确如马克斯·韦伯所言，是拥有使用合法暴力的垄断性权威的社会中介机构。就其与民众的关系来看，此类性质的国家是一种自外于民众并对其进行统治和管理的"利维坦"，并且曾是东西各文明中的共同形态。例如，1911年以前被韦伯称为"家产官僚制"的中华帝国，作为一种超稳定的政治社会共同体，由于血缘关系的强韧，帝国以"亲亲、尊尊"的伦理本位为立国基础，对臣民强调"忠君事上"的片面道德义务，在"忠"与"孝"发生冲突时，更要求移孝作忠，忠君是首要的义务。如《唐律疏议》即规定：如所犯为常罪，亲属和同居者可以相隐不告，但谋反、谋大逆与谋叛等

---

① 伯尔曼. 信仰与秩序 [M]. 姚剑波，译. 北京：中央编译出版社，2011：242.
② MAXWELL MACMILLAN. The Macmillan Student Encyclopedia of Sociology [M]. London：Macmillan Publishers Limited，1983：901.
③ 金观涛. 探索现代社会的起源 [M]. 北京：社会科学文献出版社，2010：12. 对现代性的界说向来莫衷一是，限于本书"器物"倾向的分析视域，笔者采纳了金观涛先生的研究框架，即关于现代性的源起，离不开工具理性、个人权利及立足于个人的民族认同三个重要因素。

重大犯罪不得相隐。亲属或同居者将从要求履行家族伦理的义务转向要求履行效力君王的义务。

在西方,尽管共和时代的罗马,国家权力的确受到了重要的约束,但"这种约束来自罗马政府的制度结构,而不是来自人民的福利"。而且,直到18世纪,除了英格兰和荷兰,欧洲的民族都是由专制君主统治的,"在君主与辅佐他的亲信一起决定国家政策时,很少考虑到人民的福利,更不会关心他们的自由。认为国家已经通过'人民'在其中行使政治权力的政治制度的发展得到转型的信念不过是一种幻觉"①。

15世纪,民族国家在西欧出现。其后,经由社会与国家的互动,社会契约的原理催发了新型的政治契约理论,有关国家的理念也实现了现代性转向。所谓现代(民族)国家,"是指民族认同使得现代政治(契约)共同体得以形成,它通过立法保障私有制、市场经济以及现代价值的主导地位,以使社会契约关系可以互相整合并不断扩展"②。受此影响,以17世纪英格兰为主要发源地,以控制政府权力、保护人权为核心的立宪主义现代政治理念逐渐发达,③最终定鼎于1789年法国的《人权宣言》所宣称的:在一个人权和公民权利没有保障,权力分立没有确立的国家中,没有宪法可言。这代表了现代宪政的核心理念,在此后各国大规模的立法中得到落实。④ 亲属拒绝作证的权利正式进入法典。1810年制定的《法国刑法典》及1871年制定的《德国刑法典》皆规定:对亲属犯罪知情不举、令人隐匿自己亲属、为犯罪亲属作伪证、帮助犯罪亲属逃逸等不能认为有罪。其后,近亲属可拒绝提供不利于被告人的证言,先

---

① 斯科特·戈登. 控制国家:从古代雅典到今天的宪政史[M]. 应奇,等,译. 南京:江苏人民出版社,2005:3.
② 金观涛. 探索现代社会的起源[M]. 北京:社会科学文献出版社,2010:12. 另外,在现代国家的形成过程中,立足于个人的民族认同及与之相应的民族主义政治情感,作为不可或缺的因素,发挥了重要的影响(参见金观涛该书第15页以下的论述)。
③ 从制度上看,英格兰现代立宪政治还可追溯到1215年的《自由大宪章》,但立宪主义政治哲学的繁盛,实自17世纪始。参见斯科特·戈登. 控制国家:从古代雅典到今天的宪政史[M]. 应奇,等,译. 南京:江苏人民出版社,2005:284.
④ 这里叙述的是一种逻辑发展的历程,现实世界的宪法中,不乏如拉德布鲁赫所言的"纯粹的表面立宪的极权主义国家"。参见拉德布鲁赫. 法学导论[M]. 米健,译. 北京:法律出版社,2012:37.

后出现在法国和德国的刑事诉讼法典中。①

进入20世纪，刑事诉讼和证据制度中人权和诉讼权利日渐扩展，并呈现宪法化和国际化的趋势。仅以美国的证据立法为例，除了其《联邦宪法修正案》关于诉讼和证据制度中的人权保障条款，其司法判例中逐渐发展起来的"非法证据排除规则"堪为证据宪法化的经典。类似的情形还出现在包括大陆法系在内的其他国家。② 上述发展历程充分印证了："刑事程序的历史，清楚地反映出国家观念从封建国家经过专制国家，直到宪政国家的发展转变。"③

再次，亲属拒绝作证权的形成，也是基本权利自身逻辑发展的应然之果。这里所说的基本权利，是指个人等私主体针对权力（如国家）所享有的权利，包括两个方面的内容：一是公权力不得不当侵犯，包括通过立法不当侵犯；二是公权力必须针对其他方面的侵犯而予以保护，包括通过立法予以保护。④ 前者属于基本权利中传统的消极防御权，而后者属于积极保护权。⑤ 在基本权利的发展过程中，最先得到确认并予以保护的是消极的防御权，其后是对积极保护权的确认与维护。⑥

由于立宪主义的价值目标，即在维护人的最起码的尊严，保障人的基本权利，所以，现代宪政国家都倾向于将公民基本权利规定在宪法当中。不过，这并不意味着基本权利完全依赖于宪法，如果宪法不加规定就不存在。目前，基

---

① 由于普通法系法律制度发展的渐进性特征，亲属拒绝作证特权也是通过判例和立法逐渐形成的，不过其形成时间大约与大陆法系同步。有关其发展历程可参见王剑虹. 亲属拒证特权研究 [M]. 北京：中国政法大学出版社，2000：36.
② 何家弘. 外国证据法 [M]. 北京：法律出版社，2003：42.
③ 拉德布鲁赫. 法学导论 [M]. 米健，译. 北京：法律出版社，2012：141.
④ 林来梵. 宪法学讲义 [M]. 北京：法律出版社，2011：196.
⑤ 关于基本权利种类划分的理论渊源，可追溯到德国近代法学家耶利内克，耶氏最早根据个人与国家之间的关系，确立了个人相对于国家的一种义务和三种权利，这影响了后世的相关理论，其后英国的伯林关于积极权利和消极权利的划分即是典型。参见林来梵. 宪法学讲义 [M]. 北京：法律出版社，2011：213. 此外，德国学者最先将此二者区分为主观性权利和客观性权利，有关德国学界的研究评述可参见赵宏. 作为客观价值的基本权利及其问题 [J]. 政法论坛，2011（2）.
⑥ 权利的这一发展轨迹可参阅前引林来梵《宪法学讲义》所介绍的法国学者瓦萨克的"三代人权说"理论。参见林来梵. 宪法学讲义 [M]. 北京：法律出版社，2011：199.

本权利已发展成包括人格权、平等权、人身自由权、精神自由权、经济自由权、参政权、社会权和权利救济权八个方面。① 基本权利的范围之所以不断扩展，乃在于伴随着经济社会的发展，新的利益阶层不断涌现，不仅有关权利的观念逐渐发生变化，而且，为满足这些新的社会群体与阶层的利益与权利诉求，新的权利类型也层出不穷。据美国法律史学家施瓦茨的观察，在美国，自20世纪下半叶，在公民权利领域存在着一种在法律史上绝无仅有的自发衍生现象，由此带来了一个史无前例的权利膨胀时代，法律保护的重点逐渐从财产权领域转移到人身权领域。②

根据权利衍生的轨迹，从基本权利的视角审视亲属拒绝作证权，后者无疑属于一种个人针对国家的现代宪法意义上的人格权，并且是其晚近发展的产物。一般意义上的人格权，自其产生至今，已经有数千年的发展历程。其最初内容主要是一些物质性人格权和个别的具体人格权。其后通过一般人格权制度的建立，人格权保护的范围逐渐扩大。由此，人格权不再仅仅局限于法律的列举，人格利益上升为权利，人格权的内容得到了极大的扩展。同时，具体人格权的类型逐步增多。在文明社会的初期，人只享有生命权、健康权，大约在公元前数世纪，才出现名誉权、贞操权的内容。至罗马法，自由权的概念才正式出现。近代立法确立了姓名权、肖像权，直至现代，才出现一般人格权、隐私权、信用权、了解权等所有的人格权。③

所谓宪法上的人格权，即基于人的尊严，为人格的独立、自由和发展所不可缺少的权利。这种个人针对国家的人格权，其狭义是那些与个人的人格价值具有基本关联性的不可侵犯的权利，主要包括名誉权、荣誉权、姓名权、肖像权、隐私权、自我决定权等；其广义则还包括生命、身体、精神以及与个人的

---

① 这里采用的是林来梵教授的划分法，参见林来梵. 宪法学讲义 [M]. 北京：法律出版社，2011：227.
② 伯纳德·施瓦茨. 美国法律史 [M]. 王军，等，译. 北京：法律出版社，2007：182. 这里需要说明的是，权利在两大法系衍生方式各不相同，可将其分别概括为经验论的权利理论实践模式（英美法系）和先验论的权利理论实践模式（大陆法系），详细论述可参见陈林林. 从自然法到自然权利——历史视野中的西方人权 [J]. 浙江大学学报（人文社会科学版），2003，33（2）.
③ 李昱霖. 人格权的发展轨迹研究 [EB/OL]. 中国法院网，2008-12-03.

生活相关联的权利或利益。① 因为人的认知能力的有限性、成文宪法本身的局限性和基本权利内容的发展性,任何国家都不可能在宪法文本中将应当受到保障的基本权利尽数列举,由此必然产生宪法未列举权利的问题。② 由于"宪法中列举的某些权利,不得被解释为否认或轻视人民所拥有的其他权利(美国宪法修正案第9条)",所以,必须通过某种途径解决新产生的权利如何证成的问题。对此,在美国 1965 年的格瑞斯沃尔德诉康涅狄格州案(Griswold v. Connecticut)中,主笔撰写法庭意见的联邦最高法院大法官道格拉斯所提出的"权利伴影理论",实为一种较为妥行的方法,也给权利在新的社会情势下的发展打开了通道。③

对照人格权发展的内涵和外延,因亲属拒绝作证权涉及婚姻家庭保护和隐私权保护,该项权利应是隐私权派生的权利,并且,与隐私权一样,亲属拒绝作证权是现代社会不断扩张以后而新生的一项权利。

四、启示:"亲属免予强制出庭作证"献疑——基于制度场域的分析

本书关于亲属作证制度如何从义务向权利衍生的论述,重在梳理该制度在其历史演进中与一定的社会及国家结构之间互为因果或共生的关系,并以此证验亲属拒证权制度的正当性法理:一种由传统的基于家族本位的身份伦理的创造性转化而来的植根于现代社会个人本位的契约伦理,或曰由一种个人对社会、国家必须履行的义务理论转向个人对抗国家以保护自身的权利理论。尽管

---

① 林来梵. 宪法学讲义 [M]. 北京:法律出版社,2011:302.
② 参见王广辉. 论宪法未列举权利 [J]. 法商研究,2007(5):60-67.
③ 道氏在该判决中写道:权利法案中的明示权利具有伴影。伴影是因明示权利的"扩散"(emanations)而形成,并赋予它们以生命和内容。多种明示权利创造了"隐私区域"(zones of privacy)。正如我们所见的,包含在第 1 条修正案的伴影之中的结社自由就是这样一个区域。第 3 条修正案禁止士兵在和平时期未经主人同意驻扎在任何住宅,这又是这种隐私的另一方面。第 4 条修正案明确肯定了"人民的人身、住宅、文件和财产享有安全而不受物理搜查和扣押的权利"。第 5 条修正案禁止"自证其罪"的条款给人民创造了一个隐私区域,在该区域中政府不得强迫他自证其罪。第 9 条修正案规定"本宪法对某些权利的列举,不得被解释为否认或轻视由人民保留的其他权利"。参见 REYNOLDS G H. *Penumbral Reasoning on the Rights* [J]. University of Pennsylvania Law Review,1992,140(4):1333-1348.

<<< 附录一 亲属作证制度在近代中国的演变及启示

二者都是对亲族伦理的体认,但现代法治视域中的亲属拒证制度及其理念,在表面的轮回中蕴藏着更多的变革,远非向该制度固有道德伦理的简单回归。事实上,伴随着从义务到权利的转换,支撑该制度的理念或曰制度伦理已从传统社会身份道德的应然性转向现代社会个人权利的正当性。易言之,个人从前近代到近代的"成长",已经倒逼着该制度的伦理必须"弃旧从新",这是理应注意到的事实。然而,这并不意味着亲属拒证权制度对亲族伦理的拂悖,由于法律是最低限度的道德,权利的正当性必将天然地植入人类的某些道德伦理。① 也因此,在有关该制度的解读中,如果单纯以权利的道德基础衡校亲属拒绝作证权利,虽然可以说是其合理性的原因,但原因背后的原因即个人权利观念的兴起,在这里应更具说服力。

有关亲属作证制度理论基础前后变化的情形,还具有普适性,说明该制度因应社会结构而变化的某种共相。尽管中西法律文明在此间表现不一:西方在完成此一蜕变时,呈现内生和先发的变化情势,而中国则表现为被动和后发的样态,但是,变化趋势及其间的原理则是共通的。换言之,任何国家或地区的法律,只要其社会由传统向现代法治转型,就必须服膺于宪政理念下有关该权利的基本法理。尤应重申的是,作为现代法治社会公民基本权利之一,该权利与宪政制度及其理念下的其他刑事诉讼和证据制度相须而存,构成一个由内向外完整的制度系统,如果缺乏后二者的支撑,该权利将成为一种跛脚的制度而难免实践中的尴尬。

回到本文开头讨论的有关"亲属免予强制出庭作证"制度问题,笔者认为,除前文对该制度自身的分析外,为了求得更深的理解,不妨循沿本书的思路,分析在该制度外部与之相关的诉讼和证据制度系统乃至当下中国的宪法制

---

① 事实上,在法理学史上最为壮观和旷日持久的自然法学派与分析实证主义法学派之间的论战中,作为论战一方的分析实证主义并没有否认法律所具有的道德性。他们孜孜以求的是一种将法律和正义、哲学和社会学分开的"纯粹法理论"(凯尔森),即"从结构上去分析实在法,而不是从心理上或经济上去解释它的条件,或从道德上或政治上对它的目的进行评价"。他们所警惕的是将实在法的理论同政治意识形态混淆起来的倾向,从而形成一种对正义的形而上学的空论,或伪装成自然法学说。(凯尔森. 法与国家的一般理论 [M]. 沈宗灵,译. 北京:中国大百科全书出版社,1996.) 而这与自然法学派在理论上的诉求是一致的。有关资料可参见强世功. 法律的现代性剧场:哈特与富勒论战 [M]. 北京:法律出版社,2006.

度环境，通过对该制度的系统和目的论解释，以明了其中的得失。参酌拉伦茨关于法律解释的方法，这样的分析理路将依次涉及对该制度所处整个刑事诉讼制度系统的整体性语义脉络、立法意图、刑事诉讼法的目的以及立足宪法位阶的解释。① 不过，本书所欲达到的理论目的，是力图从多角度还原"亲属免予强制出庭作证"制度存在的场景，以此还原该制度设立的"原初意旨"，而不是寻求一种为了适用该制度的"语义弥补"（后者容笔者另文撰述）。易言之，本书将通过对该制度语义脉络、居于其上的刑事诉讼制度目的及我国宪法价值属性的分析，还原该制度的场景，以期获得对该制度的系统和完整的理解。

首先是亲属免予强制出庭作证制度的语义脉络。如果将新《刑事诉讼法》在证人作证问题上的有关条文串接起来，不难发现，该法实行的是普遍的无条件作证的义务，强调作证义务的绝对性和无限性，即"凡是知道案件情况的人，都有作证的义务"（第60条第1款），因此，与一方义务的绝对性相比，则是公权力机关在调查取证时权力行使的至上性，"人民法院、人民检察院和公安机关有权向有关单位和个人收集、调取证据。有关单位和个人应当如实提供证据"（第52条第1款）。所以，依据这两则规定所提供的语境，对第188条第1款的规定："经人民法院通知，证人没有正当理由不出庭作证的，人民法院可以强制其到庭，但是被告人的配偶、父母、子女除外"，其后半部分符合脉络的唯一可解的语义应该是，尽管客观上亲属有无须被强制出庭作证的效果，但这只是对此类人员出庭作证义务的酌免，是一种对公权力的羁束制度而非将其作为拒绝作证的权利。② 如果对这样的语义脉络推定尚存疑虑，还可从下文关于刑事诉讼的目的乃至宪法的价值取向中得到验证。

其次，我国刑事诉讼以惩罚犯罪为嚆矢，奉行国家优位的理念。新《刑事诉讼法》第1条承袭了旧法规定，其内容可以被解读为我国刑事诉讼的目的和任务条款，但用福柯权力与话语的关系理论考量，可以发现，这里话语

---

① 拉氏详尽地分析了每种解释方法选择适用的条件和可能的次序。卡尔·拉伦茨. 法学方法论［M］. 陈爱娥，译. 北京：商务印书馆，2003：200.
② 值得注意的是，上述规定无疑与第50条规定的"不得强迫任何人证实自己有罪"直接产生冲突。如何解决这种规则与规则之间的冲突，将同样涉及解释方法的运用，此不赘述。

的主体是国家，体现的是国家优位的权力结构和"威权式"诉讼理念。以此为统摄，《刑事诉讼法》确立了人民法院、人民检察院和公安机关以"分工负责，互相配合，互相制约"为原则的刑事治罪模式。尽管该原则用语本身缺少法律语言的意蕴而很难做精当的分析，但置于中国的刑事司法语境，对此原则文本的解读只能是：我国刑事诉讼是一种有特定倾向即以"治罪"为宗旨的"政法体制"，公、检、法三家为实现"准确有效地执行法律"的目标，在分工、制约的"显规则"之下，实行的则是分工负责、互相配合的"潜规则"。法典对于各诉讼法律关系主体的界定，十分耐人寻味，即公、检、法三机关是刑事诉讼的"专门机关"，而对犯罪嫌疑人、被告人、被害人、证人等皆以"诉讼参与人"名之，并不视其为诉讼的一方主体，在规范法学中关于主体权利和义务的规定自然无足轻重。由此造成的影响是，在刑事审判实践中，即使本应中立的法官也热衷于事实的发现，表现出强烈的控诉欲望，甚至不惜主动放弃自己的裁判权或者怠于履行自己的裁判职责，而甘愿沦为继侦查人员、检察官之后的第三追诉者。[①] 泛化的治罪观念使刑事诉讼从制度到观念都没有给权利以名分，人权保障的目标仍然停留在宣示性条文中，缺乏足够的制度保障。

再次，我国宪法有关公民权利的保障、救济手段仍然面临着改革和完善的问题。从文本上看，我国现行宪法大部分基本权利条款没有明确规定其具体内容，法院也不能在司法过程中引用宪法基本权利条款加以具体解释，所以这些条款只能依赖普通立法加以具体化。从宪法到普通法律所能提供的保障来看，我国基本权利单纯依赖法律保护，但未得到全面保护。可以说，我国宪法仍处在"走向权利的时代"这一转型过程中。

20世纪50年代之后，在废除"六法全书"，斩断伪法统的运动之下，伴随着对苏联法学的引进，"中国法学一直把阶级性作为法学的基调或者说基石，阶级性几乎成为人们观察、认识、评价法律现象的惟一视角和超稳定的定势。法学的言论、推论、结论、结构、体系，对法律资料和法律文献的收集、分析、使用，以至法学的引文方式和语言，无不围绕着阶级性这一中轴旋转，法学实际上成了阶级斗争学"[②]。与此相应的社会形态则是，1949年后，中国社

---

① 何邦武. 刑事传闻规则研究 [M]. 北京：法律出版社，2009：251.
② 张文显. 改革开放新时期的中国法理学 [J]. 法商研究，2001（1）：33.

会逐步开始施行严格的户籍制度,社会成员被清晰地划分为工、农、兵、学、商几类群体,并相应地确认了工人、农民、干部等"身份",每一个体又因其出生的背景被划归不同的成分,社会曾一度奉行"以阶级斗争为纲"。这种社会及意识形态直至1979年之后才逐步发生变更,受各种因素的影响,社会结构至今尚处在逐步转型的过程中。限于篇幅,本书不拟就此一时期公民个人权利观与经济社会及其相关的意识形态的关联做详尽的分析,但后述诸因素对前者的影响应不难想见。

五、结语

本文仅只梳理亲属作证制度的历史和与之相关的社会、国家制度及理念的变更,以及前者与后者诸因素之间复杂而深沉的勾连及互动关系,在行文理路上是真正的"述而不作",并且,限于作者的"前见"(伽达默尔语),这一"述说"本身的错漏难免。唯一欣慰的是,笔者借此完成了"亲属作证制度"基础理论自身份伦理向现代法理转向的证立,并由此廓清了关于拒证制度法理传统论述中的模糊和笼统之处。因为,如果将拒证制度的法理仅仅视为对人类亲族伦理及道德的体认,那么,古今中外并无变化和例外,所谓的法理探寻将陷入混沌。如此一来,探寻亲属拒证制度的法理似乎变得没有意义,个中原因,前文已做了论述,此不赘述。同时在这一证立过程中展示的,还有这种转型的趋势及所诉求的现代法理的普适性,无论中西,并无畛域且无远弗届。但这种趋势和原理的普适性并不否认,因成长的阶段性或地域性,"亲属拒绝作证制度"对"元规则"及其原理主动或被动的偏离。如何参酌本土资源,经由该制度在规范法学意义上的原理与技术,实现该制度的"本土叙事",将是一项复杂而系统的工程,是后发型法治国家必须完成的法治建设任务之一,此点容笔者今后研究。

放宽历史的视域,可以发现,作为一种知识体系的亲属作证制度,在中国已然经历了帝制时代的"亲亲相隐",清季及民国时期的"亲属拒绝作证",以及此次新《刑事诉讼法》的"亲属免予强制出庭作证"共三次变更,在历史的磨道中留下了深浅不一的"亲属不予或免予作证"的辙印,呈现出诡异的历史轮回。柯林伍德认为:"历史的知识是关于心灵在过去曾经做过什么事的知识,同时它也是在重做这件事,过去的永存性就活动在现在之中。"① 柯氏此言揭示了历史与现实关系的一面,而其另一面则是,通过厘清某一历史现象的流变,在对其原因的分析中,也能为现实找到某种参照物,以启迪来者。而这,同样是历史的魔力。

---

① R.G.柯林伍德.历史的观念[M].何兆武,译.北京:中国社会科学出版社,1986:247.

附录二

博士后出站报告后记

近世中土，外患内忧，国运蹇促，危机四伏，以是之故，国人恒思发愤图强。甲午一役，国族更形危殆，变革之志益坚，然激进之声亦已潜滋。至巴黎和议，国运危在旦夕，国人悲愤难以自抑，革故鼎新之欲望日烈，激进之声遂得以畅行，终成"救亡压倒启蒙"（李泽厚语）之势，民众咸以趋新厌旧为风尚，深欲以今日之我非昨日之我。百多年之中国法治进程，亦受此习熏袭，以致众多早期法治研习资料，皆因"意缔牢结"（唐德刚语）之故而见弃，以致踪迹难寻，令人扼叹。

余合作导师李浩教授，甚忧于目下证据法学研究中，因知识传统中绝所致治丝益棼之窘局，命余以民国证据法学为进站研究对象，期望甚殷。李师，著名民事诉讼法专家西南政法教授常怡先生之高足也，学术成就斐然有闻，然卑虚自守，以谦谦德风闻于士林。有缘投身于李师门墙，聆受先生德业，何其幸矣！然余质性愚钝，虽勤力有加，犹不能悟道于万一，纵于落笔之初，曾发厘清清季至民国自由心证知识体系之宏愿，终因驽劣之资而难遂己志，以致距李师理想甚遥，每虑及此，惶愧弗如。

犹忆进站答辩之际，李力教授即预言资料搜求之难，其后之事与先生之言若合符契。进站之后，南北搜求，先后查阅国家图书馆、国家第二档案馆、浙江省图书馆、浙江省档案馆、绍兴县档案馆、余杭区档案馆、中山市档案馆、安徽寿县档案馆以及大成老旧期刊网等藏收之资料。其间，或因资料遍寻而不得，或因散佚而无法寻获，或因历经艰辛而意外求得，一则以悲，一则以喜，此中况味，难以尽数，为之一叹。

在站之际，南京师范大学博士后流动站诸管理老师、师母林婷女士关爱有加，俾余研究得诸多便捷，谨此以致谢忱！

二〇一二年九月谨识于杭州

跋

何处乡关锁离愁

与中国近代证据法学结缘已逾十年。2009年3月，我通过南京师范大学法学院博士后流动站进站答辩后，在李浩教授的指导下，开始近代证据法学的研究。在中国第二档案馆及其他地方的档案馆、室搜寻资料时，面对庞杂且卷帙浩繁的资料，常常感到无从下手，陷入苦闷和彷徨之中。后经李老师多方指点，选择以自由心证为论题，梳理其在近代从概念到制度、从观念到实践等逾一百年的演进历程与内在发展逻辑，以此管窥证据法学知识在近代生发的逻辑。出站答辩时，答辩委员会虽然对出站报告给出了优秀的评定，但也提出其中存在的问题，如报告中使用的近代证据知识系谱学的概念内涵应如何界定和把握，由此使我产生了就近代证据法学知识进行体系化研究的想法。2014年，我以"近代中国证据法学知识体系形成研究"为题，申报了国家社科基金项目并获准立项，本书即为该课题研究成果。

本书旨在为汉语世界现代证据法学知识的研究提供一个历史的"他者"。以此为目标，在梳理近代证据的基本概念、先后产生的证据制度及证据法律实践，以及作为前述因素筋骨的证据法学理论等基本元素时，笔者勾画了以证明为核心，将前述元素串缀成围绕着证明这一证据知识中的"核心"的证据知识体系，在由近及远的排序且相互勾连中，共同构成以证明为核心的一元化证据知识体系。有关证成该一元化证据知识体系、研究范式的理由及研究方法，笔者在书中已有论列，此处不再赘述。十分遗憾的是，对于证据法律实践这一近代证据知识的重要且直接的源头，因为近代司法档案正处于馆藏单位中国第二档案馆重新整理的过程中而无从考察，使其在全书中很少涉及，也使本书意欲完成的证据知识体系缺少了重要的一部分而显得残破。只能寄希望于将来这些司法档案整理完毕对外开放后，对其再做研究。

　　本书的论述已表明，由于近现代本身界限时间维度的模糊性和概念内涵广泛的可争议性，加之近代证据法学知识之于汉语世界现代证据知识的"元叙事"地位，所谓的历史他者因此具有了先在的制约性，与当下的证据法学知识实际上存在着难以割断的渊源。质言之，汉语世界的证据法学因之存在着一以贯之的证据知识传统与话语逻辑。于是，变换观察的视角，这一历史的他者即可视为故乡，只是在你出走之后因相隔多年并因尘烟的遮蔽而使故土的容颜老旧以致相见却不相识。然而，因隔世绝尘而有的陌生感并不能阻断你与养育你的故乡的情缘、血脉。你拼尽全力想挣脱的故乡，因为浸骨入髓的存在而如影随形，让你无法抛却。或许，终有一天，在倦怠了浪迹天涯的旅程，行囊空空、满怀惆怅直至尘满面、鬓如霜时，回望来时路，你会发现，曾经拼尽全力想挣脱的世界，正在你来时的路上用充满怜爱的眼神，默默地注视着你。即便浮云遮望眼，故乡仍然伫立在原处！谁不是出走一生，终究走不出构成自己生命底色的童年？！

　　感谢我的家人，尤其是我年近九秩的父母。十年中，家里变故最大、对父母及我们全家造成精神上重创的是2013年正值壮年的三哥邦喜和弟弟邦勇的先后离世。他们与同年代其他农民一样，离开家乡的几亩薄田，先是进城务工，后来经营依靠在体力之上的一点生意，胼手胝足，勉强在城市立足，即使负重前行却从无所怨，努力谋生持家，但无常的人生击碎了他们曾有的一点过上好日子的梦想。尽管滚滚红尘中，他们寂寂无闻于身前与身后，然而留给年迈的父母、兄弟姐妹和家人的永久伤痛，却是异样的真实和沉重，且时不时扎向心头。就在不久前的一个早上，看到校园中新入学的学生，想起他们俩在1993年曾经送我到芜湖上学时的情景，历历如在眼前，仍然情伤不已，悲恸难抑。手足斫斩之痛，何其惨毒！所幸的是，年迈的父母在经受这样的打击后，生活尚能自理，使远离家乡的我能够安心工作，也是上苍施予我们的大德。

　　感谢南京航空航天大学为本书的顺利出版提供的帮助。感谢《中国法学》《法学评论》《东方法学》《求索》《中南大学学报（社会科学版）》《扬州大学学报（人文社会科学版）》等期刊的编辑老师，书中部分章节曾以论文形式发表，部分成果还被人大复印报刊资料中心转载，在此深表谢忱。这些发表的成果收入本书时，均有不同程度的修订，恕不赘言。感谢光明日报出版社为本书的编辑出版倾注了大量的心血。感谢女儿何元迦同学为本书摘要提供的英文翻译基础稿，感谢我的研究生胡凌宇、王苗苗同学对全书格式所做的修订工作。最后，感谢内子许梁军女士多年来操持家务，任劳任怨，使我能够在相对安闲的环境中，得以在故纸中与前哲进行精神上的交游，完成本书的写作。

二〇二一年十月谨识于杭州

补记：

二〇二一年十一月三十日，母亲因心衰骤然离开我们。母亲不识字，却曾经将我的第一本书悄然带回家，放在她房间的桌子上。那张桌子也是我原来在家时用的书桌。冬天的晚上，母亲家里家外忙完一天的事情后，还会轻声走到我的房间，将两只热水壶靠书桌放下，再静静离开……哀哀吾母，生我劬劳，欲报深恩，昊天罔极！谨以此书告奉吾母！

二〇二二年九月谨识于杭州